银行业专业人员职业资格考试（初级）

机考题库与高频考点

公司信贷

◆ 机考题库·真题试卷（一）
◆ 机考题库·真题试卷（二）
（含参考答案及解析）

微信扫码领取图书增值服务

视频课程	全套名师教材精讲课，单科约61课时
智能题库	套题10套/科，章节题1100+题/科
全真机考	网页端模拟机考环境，提前走进考场
直播互动	考前每周2~3次直播课，名师在线答疑，带您科学备考
答疑指导	助教邀请进入学习群，提供报考指导和产品使用咨询等
备考资料	免费获取思维导图、考试大纲、考试百事通等资料

微信扫描上方二维码领取增值服务

注：因银行业专业人员职业资格考试题量不固定，命题研究组参照历次考试中较多的题量编写本套试卷。本套试卷题量仅供参考，具体题量以当次考试为准。

《公司信贷》机考题库·真题试卷

机考题库·真题试卷(一)

本试卷采用虚拟答题卡技术,自动评分

考生扫描右侧二维码,将答题选项填入虚拟答题卡中,题库系统可自动统计答题得分,生成完整的答案及解析。题库系统根据考生答题数据,自动收集整理错题,记录考生薄弱知识点,方便考生在题库系统中查漏补缺。

一、单项选择题(本大题共80小题,每小题0.5分,共40分。在以下各小题所给出的四个选项中,只有一个选项符合题目要求,请将正确选项填入括号内)

1. 下列关于贷款分类的说法,错误的是( )。
   A. 公司信贷按货币种类划分,分为人民币贷款和外汇贷款
   B. 公司信贷按贷款期限划分,分为短期贷款、中期贷款和长期贷款
   C. 公司信贷按贷款经营模式划分,分为一次还清贷款和分期偿还贷款
   D. 公司信贷按贷款利率划分,分为固定利率贷款和浮动利率贷款

2. 按贷款用途划分,公司信贷的种类不包括( )。
   A. 自营贷款   B. 固定资产贷款   C. 流动资金贷款   D. 并购贷款

3. 下列选项中,不属于委托贷款特征的是( )。
   A. 贷款对象由委托人指定
   B. 委托贷款的主体是政府部门、企事业单位及个人
   C. 银行不承担贷款的风险、不代垫资金
   D. 银行确定贷款的金额、期限、利率等

4. 下列选项中,不属于度量银行风险内控管理水平指标的是( )。
   A. 分支机构信贷资产质量   B. 稳定性
   C. 盈利性   D. 流动性

5. A银行2007年以购买国债的方式向冰岛政府贷款1000万欧元,2年后到期。到2009年,冰岛在全球经济危机中面临"国家破产",无法按时归还A银行本息,此种风险属于( )。
   A. 清算风险   B. 利率风险   C. 流动性风险   D. 主权风险

6. 下列选项中,主要通过流动资产与流动负债的关系反映借款人到期偿还债务能力的指标是( )。
   A. 成本费用率   B. 存货持有天数   C. 应收账款回收期   D. 流动比率

7. 贷款借款人的经营管理要满足合法合规的要求,以下不符合这一要求的是( )。
   A. 借款人的经营活动符合国家产业政策和区域发展政策
   B. 借款人的经营活动符合企业执照规定的经营范围和公司章程
   C. 新建项目所有者权益与总投资比例可以适度低于国家规定的资本金比例
   D. 借款人的经营活动应符合国家相关法律法规规定

8. 下列关于借款人经营管理合法合规性的说法,错误的是( )。
   A. 符合国家相关法律法规规定   B. 符合国家产业政策和区域发展政策
   C. 符合营业执照规定的经营范围和公司章程 D. 资本金制度适用于公益性投资项目

9. 下列不属于项目建设必要性评估的是( )。
   A. 项目所属行业当前整体状况   B. 项目产品所处生命周期
   C. 项目产品的市场情况   D. 项目的盈利能力与清偿能力

10. 根据《贷款通则》的有关规定,下列关于借款人权利的表述中,错误的是( )。
    A. 有权按借款合同约定提取和使用全部贷款
    B. 可以自主向其开户银行或其他银行申请贷款
    C. 有权向银行的上级监管部门反映、举报有关情况
    D. 无须征求银行意见,可以直接向第三方转让债务

11. 商业银行受理新客户贷款申请后,信贷客户经理通常要( )。
    A. 通过面谈进行前期调查
    B. 确立贷款意向
    C. 正式开始贷前调查
    D. 直接作出贷款承诺

12. "5C"标准原则的内容不包括( )。
    A. 品德   B. 实力   C. 资本   D. 担保

13. 银行的促销方式不包括( )。
    A. 广告促销   B. 人员促销   C. 公共宣传   D. 销售联盟

14. 下列属于商业银行固定资产贷前调查报告内容要求的是( )。
    A. 对贷款担保的分析
    B. 借款人财务状况
    C. 借款人生产经营及经济效益情况
    D. 还款能力

15. ( )是指公司由于各种原因造成了资金的短缺,即公司对现金的需求超过了公司的现金储备,从而需要借款。
    A. 借款需求   B. 借款目的   C. 借款用途   D. 借款环境

16. 下列关于借款需求和借款目的的说法,错误的是( )。
    A. 一般来说,长期贷款可以用于长期融资、中期融资和短期融资
    B. 借款需求指的是公司为什么会出现资金短缺并需要借款
    C. 借款需求的原因可能是由于长期性资本支出以及季节性存货和应收账款增加等导致的现金短缺
    D. 借款目的主要是指借款用途

17. 下列文件中属于担保类文件的是( )。
    A. 贷款备案证明
    B. 保险权益转让相关协议或文件
    C. 已缴纳印花税的缴付凭证
    D. 法律意见书

18. 银行在对客户进行借款需求分析时,通常更关注企业的( )。
    A. 借款需求原因
    B. 还款来源
    C. 还款可靠程度
    D. 还款动机

19. 贷款档案管理的原则不包括( )。
    A. 集中统一管理
    B. 分散管理
    C. 定期检查
    D. 按时交接

20. 银行为了作出合理的贷款决策,通常需要对借款公司的借款需求进行分析。银行在对客户进行借款需求分析时,要关注企业的( )。
    A. 借款目的和信誉
    B. 借款目的和财务状况
    C. 借款的用途和还款来源
    D. 借款的用途和经营状况

21. 办理贷款重组,除了须满足其他贷款条件没有因此明显恶化的条件外,还应具备的条件不包括( )。
    A. 通过债务重组,借款企业能够改善财务状况,增强偿债能力
    B. 通过债务重组,能够弥补贷款法律手续方面的重大缺陷
    C. 通过债务重组,能够使银行债务先行得到部分偿还
    D. 通过债务重组,可以在所有方面最大限度地减少银行风险

22. 某地区拥有丰富的淡水资源,因而养鱼成为该区域的主业和农民致富的主要渠道。随着鱼产量增加,为解决乡亲们卖鱼难的问题,该地区政府筹资组建了一家股份制成品鱼供销公司,利用企业做风帆引领农民闯市场,则该企业成立的动机是基于(　　)。
　　A. 人力资源　　　　B. 客户资源　　　　C. 产品分工　　　　D. 产销分工

23. 在客户历史分析中,创始人拥有某个行业的下端客户资源,或独自或邀人入伙而成立新公司,这描述的是基于(　　)方面的成立动机。
　　A. 行业利润率　　　B. 人力资源　　　　C. 技术资源　　　　D. 客户资源

24. 信贷人员可以从客户的生产流程入手,通过(　　)三个方面分析客户的经营状况,也可以通过客户经营业绩指标进行分析。
　　A. 贷、供、产　　　B. 贷、产、销　　　C. 供、产、销　　　D. 供、贷、销

25. 信贷人员需要对客户法人治理结构进行评价,评价内容包括控制股东行为、激励约束机制、董事会结构和运作过程,以及财务报表与信息披露的透明度四个方面。下列选项中,属于对董事会结构和运作过程进行评价的关键要素的是(　　)。
　　A. 是否被注册会计师出示了非标准保留意见
　　B. 董事长和总经理的薪酬结构和形式
　　C. 股东之间是相互独立还是利益关系人的关系
　　D. 董事会的业绩评价制度和方式

26. 下列贷款损失准备金的计提原则中,(　　)是指商业银行应当随时保持足够弥补贷款内在损失的准备金。
　　A. 及时性原则　　　　　　　　　　B. 审慎会计原则
　　C. 保守会计原则　　　　　　　　　D. 充足性原则

27. 一般来说,股东背景为外资背景的客户在经营、管理上所具有的特点为(　　)。
　　A. 风险意识强,经营上精打细算
　　B. 管理较多资金、技术力量较强,有可能通过关联交易转移利润
　　C. 具有政策资源上的优势,行业竞争性强,管理效率低
　　D. 管理较规范,有集团经营优势,关联方复杂,关联交易较多

28. 对公司高管人员素质的评价不包括(　　)。
　　A. 修养品德　　　　B. 相貌　　　　　C. 经营作风　　　　D. 商业经验

29. 在分析影响借款人还款能力的非财务因素时,可以通过(　　)查阅借款人的不良记录,查看其过去有无拖欠银行贷款等事项。
　　A. 中国银行保险监督管理委员会客户风险统计系统
　　B. 中国人民银行企业征信系统
　　C. 中国银行业协会企业征信系统
　　D. 国家税务总局企业纳税信用等级查询系统

30. (　　)对货品的质量和价格都起着决定性影响。
　　A. 客户关系　　　　B. 规格标准　　　C. 进货批次　　　　D. 进货渠道

31. (　　)是控制客户产品成本的第一道关口。
　　A. 上游厂商资质　　　　　　　　　B. 把好进货价格关
　　C. 把好生产技术关　　　　　　　　D. 控制好销售费用

32. 一个企业有6年的历史,其中前2年主要生产白酒,中间2年从事农副产品加工,后2年从事对外贸易,且股权发生完全变更。银行分析该客户的品质时,(　　)。
　　A. 因主营业务和股权变更较大,应给予大力支持
　　B. 由于贸易行业利润丰厚,应当给予适当支持
　　C. 因主营业务和股权变更较大,应保持足够警觉
　　D. 由于该企业敢于创新突破,应给予大力支持

33. 进货价格除了市场供求关系外,影响进货价格的因素不包括( )。
    A. 客户关系　　　B. 运输费用　　　C. 进货数量　　　D. 进货渠道

34. 商业银行在对客户供应阶段分析中,下列说法中错误的是( )。
    A. 进货渠道分析可以从四个方面着手:有无中间环节、供货地区的远近、运输方式的选择、进货资质的取得
    B. 客户采购物品的质量主要取决于上游厂商的资质,知名供应商一般较为可靠
    C. 付款条件反映了客户的市场地位,如果客户通过预付货款或现货交易采购,说明其资信较高
    D. 原材料价格除了受市场供求影响外,还取决于进货渠道、客户关系等多方面因素

35. 原材料等物品供给不仅是企业资产循环的基础性环节,也是企业真实融资需求分析的重要方面。下列不属于信贷人员对企业供应阶段分析内容的是( )。
    A. 货品价格　　　B. 付款条件　　　C. 目标客户　　　D. 进货渠道

36. 银行如果让质押存款的资金存放在借款人在本行的活期存款账户上,会面临( )。
    A. 汇率风险　　　　　　　　　B. 司法风险
    C. 虚假质押风险　　　　　　　D. 操作风险

37. 信贷人员以技术为核心进行分析的阶段是( )。
    A. 生产阶段　　　B. 销售阶段　　　C. 研发阶段　　　D. 供应阶段

38. 某人贷款10000元,日利率万分之二,如银行按单利计息,每年应还利息( )元。
    A. 600　　　　　B. 650　　　　　C. 720　　　　　D. 730

39. ( )为银行提供了一个可以影响或控制的潜在还款来源,从而增加了贷款最终偿还的可能性。
    A. 抵押　　　　　B. 担保　　　　　C. 留置　　　　　D. 保证

40. 对于借款人经营、管理或是财务状况等方面存在问题而形成的不良贷款,银行可以采取的不良资产处置方式是( )。
    A. 以资抵债　　　B. 现金清收　　　C. 重组　　　　　D. 呆账核销

41. 贷款担保是指为提高贷款偿还的可能性,降低银行资金损失的风险,银行在发放贷款时要求借款人提供担保,以保障贷款债权实现的( )。
    A. 自律行为　　　B. 法律行为　　　C. 主动行为　　　D. 强制行为

42. 出口打包贷款是( )凭进口商所在地银行开立的信用证及该信用证项下的出口商品为抵押向出口商提供的短期贷款。
    A. 出口商　　　　　　　　　　　B. 出口商当地的银行
    C. 进口商　　　　　　　　　　　D. 进口商当地的银行

43. 下列关于贷款担保中人的担保的说法,不正确的是( )。
    A. 担保人可以是法人,也可以是自然人　　　B. 担保人是借款人和贷款人之外的第三人
    C. 担保人将特定财产抵押给银行　　　　　　D. 若借款人未按期还款,担保人承担还款责任

44. 某企业有一处商业办公楼,经评估价值为500万元,将此房屋作为抵押物向银行申请抵押贷款,贷款抵押率为70%,银行对该企业放款金额最多不超过( )万元。
    A. 350　　　　　B. 500　　　　　C. 450　　　　　D. 400

45. 下列关于信贷授权中转授权的说法,不正确的是( )。
    A. 受权的经营单位在总部直接授权的权限内进行授信审批权限的转授
    B. 受权的经营单位对本级行各有权审批人、相关授信业务职能部门和所辖分支机构转授一定的授信审批权限
    C. 贷款人应建立健全内部审批授权与转授权机制
    D. 审批人员报上级批准,秉持审慎原则,可越权审批贷款

46. 商业银行应根据各业务职能部门和分支机构的经营管理水平、风险控制能力、主要负责人业绩以及所处地区经济环境等,实行有区别的授权,这是信贷授权应遵循的( )原则。
    A. 差别授权　　　B. 授权适度　　　C. 动态调整　　　D. 权责一致

47.下列关于质押贷款的说法,错误的是( )。
   A.银行在放款时占主动权,处置质押物手续比较复杂
   B.质物价值稳定性好
   C.银行对质物的可控制性强
   D.质物易于直接变现处理用于抵债

48.商业银行应兼顾信贷风险控制和提高审批效率两方面的要求,合理确定授权金额及行权方式,以实现集权与分权的平衡。这是信贷授权应遵循的( )原则。
   A.权责一致   B.差别授权   C.动态调整   D.授权适度

49.( )是指银行业金融机构根据业务管理要求,针对某项业务制定的在机构内部普遍使用的格式统一的合同。
   A.非固定期限合同   B.非格式合同
   C.格式合同   D.固定期限合同

50.下列关于贷款合同的说法,错误的是( )。
   A.贷款合同是从借款人主体角度提出的
   B.贷款合同的内容主要包括当事人的名称(姓名)和住所、贷款种类、币种、贷款用途、贷款金额、贷款利率、贷款期限、还款方式等
   C.贷款合同分为格式合同和非格式合同两种
   D.银行业金融机构贷款合同应当依据法律法规、部门规章、现行制度规定、业务操作规程以及业务需求制定

51.在贷款合同的制定原则中,贷款合同不违反法律、行政法规的强制性规定是指( )。
   A.不冲突原则   B.适宜相容原则
   C.维权原则   D.完善性原则

52.根据贷款新规的相关规定,贷款人应在合同中与( )约定提款条件以及贷款资金支付接受贷款人管理等与贷款使用相关的条款。
   A.借款人   B.中介机构   C.第三方   D.银行

53.下列关于贷款合同填写要求的说法,错误的是( )。
   A.合同文本可依据贷款的不同适用不同的格式
   B.合同填写必须做到标准、规范、要素齐全
   C.合同条款有空白栏,根据实际情况不准备填写内容的,应加盖"此栏空白"字样的印章
   D.贷款金额、贷款期限、贷款利率、担保方式等条要与贷款最终审批意见一致

54.下列关于填写合同文本规范的说法,错误的是( )。
   A.合同文本应该使用统一的格式
   B.合同填写必须做到标准、规范、要素齐全、数字正确、字迹清晰、不错漏、不潦草,防止涂改
   C.需要填写空白栏且空白栏后有备选项的,在横线上填好选定的内容后,对未选的内容应加横线表示删除
   D.合同条款有空白栏时,必须把空白栏填写完整

55.下列选项中,不属于合同复核人员职责的是( )。
   A.复核合同文本及附件填写的完整性   B.复核合同文本及附件填写的准确性
   C.复核合同文本及附件填写的合规性   D.复核合同文本及附件填写的有效性

56.下列关于行业风险分析的说法,正确的是( )。
   A.目的在于识别同一行业所有企业面临的某一方面的风险,并评估风险对行业未来信用度的影响
   B.银行可根据各行业风险的特点,给予不同的信贷政策
   C.行业风险评估的方法有波特五力模型与行业风险分析框架两种
   D.波特五力模型与行业风险分析框架中的各因素是按重要程度先后排列的

57. 某食品企业经营状况最近发生如下变化,银行应重点监控的是( )。
   A. 企业上月产量5000件,本月产量下滑至4900件
   B. 企业主业务由零售业转向餐饮服务业
   C. 企业利润率再次居行业首位
   D. 企业在北京拥有多家食品分店,最近又在当地新开一家食品分店

58. 下列对现金流量的理解,正确的是( )。
   A. 是存量的概念,反映一段时间内现金的发生额
   B. 主要讨论现金及现金等价物之间的变动
   C. 可分为经营活动的现金流量、投资活动的现金流量和融资活动的现金流量
   D. 计算时,要以资产负债表为基础,根据损益表期初、期末的变动数调整

59. 2017年6月,某集团董事局主席王某因涉嫌经济犯罪被警方拘留,该集团临时更换董事局主席,这将为其提供贷款的银行带来( )。
   A. 经营状况风险   B. 管理状况风险
   C. 财务状况风险   D. 与银行往来情况监控

60. 下列关于借款需求和借款目的的说法,不正确的是( )。
   A. 借款需求是指公司对现金的需求超过了公司的现金储备,从而需要借款
   B. 未分配利润增加会产生借款需求
   C. 借款目的主要指借款用途
   D. 一般来说,长期贷款用于长期融资

61. 水力发电站规模主要根据水源流量和落差来确定,这里的水源流量和落差属于( )项目规模制约因素。
   A. 行业技术经济特点   B. 环境
   C. 设备、设施状况   D. 其他生产建设条件

62. 关于我国银行贷款分类的核心定义,下列说法正确的是( )。
   A. 正常类贷款是指债务人能够履行合同,有客观证据表明本息、利息或收益不能按时足额偿付
   B. 关注类贷款是指虽然存在一些可能对履行合同产生不利影响的因素,但债务人目前有能力偿付本金、利息或收益
   C. 次级类贷款是指债务人已经无法足额偿付本金、利息或收益,金融资产已发生显著信用减值
   D. 损失类贷款是指在采取所有可能的措施后,能收回金融资产,或损失全部金融资产

63. 下列情形中,意味着企业可能出现较大财务风险的是( )。
   A. 董事会和高级管理人员以短期利润为中心
   B. 短期负债增加失当,长期负债大量增加
   C. 企业发生重要人事变动
   D. 借款人在银行的存款有较大幅度下降

64. 根据《贷款通则》的相关规定,长期贷款展期期限累计不得超过( )年。
   A. 3   B. 5   C. 10   D. 15

65. 对于( ),一般而言,当借款人信用状况较好、贷款安全系数较高时,银行业金融机构可不要求借款人开立专门的还款准备金账户。
   A. 固定资产贷款   B. 项目融资
   C. 流动资金贷款   D. 短期贷款

66. 根据贷款风险分类结果,对不同类别的贷款根据其内在损失程度或历史损失概率计提的贷款损失准备金是( )。
   A. 专项准备金   B. 一般准备金   C. 特别准备金   D. 普通准备金

67. 从表面上看,贷款分类就是把贷款按照( )划分为不同档次。
   A. 贷款内容   B. 贷款金额   C. 风险程度   D. 银行风险

68. 下列不属于银行可向人民法院申请强制执行的文书的是(   )。
    A. 人民法院发生法律效力的调解书
    B. 依法设立的仲裁机构的裁决
    C. 公证机关依法赋予强制执行效力的债权文书
    D. 国务院银行业监督管理机构发布的贷款文件

69. "债务人无法足额偿付本金、利息或收益,或金融资产已经发生信用减值。"这是(   )的核心定义。
    A. 中国可疑类贷款   B. 美国可疑类贷款
    C. 中国次级类贷款   D. 美国次级类贷款

70. 下列不属于表外业务的是(   )。
    A. 银行承兑汇票业务   B. 信用证业务
    C. 保证业务   D. 贷款

71. 下列银行贷款分类中,不属于不良贷款的是(   )。
    A. 关注   B. 次级   C. 可疑   D. 损失

72. 我国是从(   )开始全面实行贷款五级分类制度的。
    A. 2000 年   B. 1998 年   C. 2002 年   D. 1999 年

73. 推行客户经理制要在总行和分行之间建立协同工作制,在各有关专业部门之间建立合作协调制,下列不属于其实现目标的是(   )。
    A. 战略规划协同   B. 信息调研协同
    C. 客户服务协同   D. 部门领导协同

74. 保证人和债权人没有约定保证责任期间,从借款企业偿还借款的期限届满之日起的(   )内,债权银行应当要求保证人履行债务。
    A. 3 个月   B. 6 个月   C. 1 年   D. 2 年

75. 下列各文件中,对银行业保险业发展绿色金融提出了明确要求的是(   )。
    A.《银行业保险业绿色金融指引》
    B.《项目融资业务指引》
    C.《商业银行法》
    D.《贷款通则》

76. 在金融企业不良资产批量转让管理中,省级财政部门和银保监局于每年(   )前分别将辖区内金融企业上年度批量转让不良资产汇总情况报财政部和国务院银行业监督管理机构。
    A. 1 月 31 日   B. 2 月 20 日
    C. 3 月 30 日   D. 6 月 30 日

77. 在银行转贷款中,国内借款人向银行提前还款以银行向国外贷款行提前还款为前提的业务模式称为(   )。
    A. 挂钩   B. 脱钩   C. 直接还款   D. 间接还款

78. 关于企业贷款展期的申请,下列表述中错误的是(   )。
    A. 是否给予办理展期由银行决定
    B. 展期内容应包括拟采取的补救措施
    C. 质押贷款展期应当由出质人出具同意的书面证明
    D. 借款人应当在贷款到期日向银行申请贷款展期

79. 下列选项中,不属于借款人权利的是(   )。
    A. 可以自主向主办银行或者其他银行的经办机构申请贷款并依条件取得贷款
    B. 有权按合同约定提取和使用全部贷款
    C. 不能拒绝借款合同以外的附加条件
    D. 在征得银行同意后,有权向第三方转让债务

80.借款人的借款资格中,除国务院规定外,有限责任公司和股份有限公司对外股本权益性投资累计未超过其净资产总额的( )。
　　A.30%　　　　　　B.40%　　　　　　C.50%　　　　　　D.60%

二、多项选择题(本大题共40小题,每小题1分,共40分。在以下各小题所给出的选项中,至少有两个选项符合题目要求,请将正确选项填入括号内)

81.关于宽限期内利息和本金,说法正确的有( )。
　　A.在宽限期内银行可以只收取利息,借款人不用还本
　　B.可以本息都不用偿还,但是银行仍应按规定计算利息,直至还款期才向借款企业收取
　　C.宽期限是指从借款合同规定的第一次还款日起至全部本息清偿日止的期间
　　D.本息都不用偿还,而且银行不用计算利息,直至还款期才向借款企业收取
　　E.提款期不属于宽限期

82.借款需求的主要影响因素包括( )。
　　A.长期销售增长　　B.债务重构　　C.利润率上升
　　D.长期投资　　　　E.固定资产重置及扩张

83.商业银行信贷业务人员在面谈中需要了解的客户信息有( )。
　　A.现金流量构成　　B.资本构成　　C.信用履约记录
　　D.历史沿革　　　　E.贷款用途

84.下列关于贷款意向确立阶段业务人员的做法,正确的有( )。
　　A.以书面方式告知客户贷款正式受理
　　B.根据贷款需求出具正式的贷款意向书
　　C.要求客户提供正式的贷款申请书及更为详尽的材料
　　D.拟订下阶段公司目标计划
　　E.将储备项目纳入贷款项目库

85.成熟阶段行业的销售、利润和现金流的特点包括( )。
　　A.产品价格继续下跌,销售额增长速度开始放缓
　　B.产品更多地倾向于特定的细分市场,产品推广成为影响销售的最主要因素
　　C.利润在这一阶段达到最大化
　　D.资产增长加快
　　E.营业利润创造连续而稳定的现金增值

86.关于固定资产使用率,下列说法正确的有( )。
　　A.能反映个别资产的折旧情况
　　B.能反映经营租赁的情况
　　C.不能反映公司使用完全折旧但未报废设备的情况
　　D.不能反映公司完全折旧之前就报废设备的情况
　　E.不能反映折旧会计政策的变化情况

87.在客户的历史分析中,主要关注的内容包括( )。
　　A.名称变更　　B.成立动机　　C.经营范围
　　D.以往重组情况　　E.股权结构

88.下列关于项目的可行性研究与贷款项目评估关系的说法,正确的有( )。
　　A.两者权威性相同　　　　　　　B.两者发生时间不同
　　C.两者研究范围与侧重点不同　　D.两者的目的不同
　　E.两者发起主体相同

89.客户历史分析中成立的动机包括( )。
　　A.基于人力资源　　B.基于技术资源　　C.基于客户资源
　　D.基于行业利润率　　E.基于产品分工

90. 对项目进行财务分析评估中,为编制基本财务报表,还必须编制一些辅助报表,一般包括( )。
    A. 固定资产投资估算表　　　　　　　　B. 固定资产折旧费计算表
    C. 无形及递延资产摊销估算表　　　　　D. 产品销售收入和销售税金及附加估算表
    E. 投资计划及资金筹措表

91. 原辅料供给分析的内容主要包括( )。
    A. 价格的合理性　　　　　　　　　　　B. 运输等问题对成本的影响
    C. 生产技术水平　　　　　　　　　　　D. 质量是否符合项目生产工艺的要求
    E. 供应数量能否满足项目生产的需要

92. 下列关于项目工艺技术方案评估的阐述,正确的有( )。
    A. 工艺技术方案评估属于项目技术及工艺流程分析的一部分
    B. 工艺技术方案分析一方面要分析产品方案和市场需求状况,另一方面要分析拟建项目的主要产品和副产品所采用的质量标准是否符合要求
    C. 工艺技术方案的分析评估是投资项目技术可行性分析的核心,工艺技术设计标准的好坏和高低,对整个项目的设立及执行有决定性影响
    D. 对项目工艺技术方案进行评估的目的就是要分析产品生产全过程技术方法的可行性
    E. 进行工艺技术方案的分析评估时,应当考虑工艺技术的经济合理性

93. 信贷业务岗职责包括( )。
    A. 积极拓展信贷业务,做好市场和客户调查,优选客户,受理借款人申请
    B. 办理核保、抵(质)押登记及其他发放贷款的具体手续
    C. 对借款人申请信贷业务的合法性、安全性、营利性进行调查
    D. 负责信贷档案管理,确保信贷档案完整、有效
    E. 对财务报表、商务合同等资料进行表面真实性审查

94. 整体来看,我国银行业金融机构在对贷款合同管理中尚存的问题有( )。
    A. 贷款合同存在不合规、不完备等缺陷
    B. 合同签署前审查不严
    C. 签约过程违规操作
    D. 履行合同监管不力
    E. 合同救济超时

95. 贷款合同规范性审查内容包括( )。
    A. 合同文本选用正确
    B. 在合同中落实的审批文件所规定限制性条件准确、完备
    C. 格式合同文本的补充条款合规
    D. 主从合同及凭证等附件齐全且相互衔接
    E. 一式多份合同的形式内容一致

96. 银行一般不能向借款人提供与抵押物等价的贷款,其原因包括( )。
    A. 逾期有罚息　　　　　　　　　　　　B. 抵押物在抵押期间可能会出现损耗
    C. 贷款有利息　　　　　　　　　　　　D. 抵押物在抵押期间可能会出现贬值
    E. 在处理抵押物期间可能会发生费用

97. 下列属于企业财务风险的有( )。
    A. 不按期支付银行贷款利息　　　　　　B. 产品结构单一
    C. 应收账款异常增加　　　　　　　　　D. 在多家银行开户
    E. 以短期利润为中心,忽视长期利益

98. 贷款分类揭示贷款的实际价值和风险程度,( )地反映贷款质量。
    A. 真实　　　　　B. 准确　　　　　C. 全面
    D. 动态　　　　　E. 及时

99. 下列关于资产保全人员维护债权的说法,正确的有(　　)。
　　A. 资产保全人员应妥善保管能够证明主债权和担保债权客观存在的档案材料
　　B. 资产保全人员应防止债务人逃废债务
　　C. 向人民法院申请保护债权的诉讼时效期间通常为2年
　　D. 诉讼时效一旦届满,若债权人未向人民法院申请保护债权,则自动解除债务关系
　　E. 保证人和债权人在合同中未约定保证责任期间的,从借款企业偿还借款的期限届满之日起的2年内,债权银行应当要求保证人履行债务,否则保证人可以拒绝承担保证责任

100. 根据《项目融资业务指引》的规定,项目融资是指符合(　　)特征的贷款。
　　A. 借款人通常是为建设、经营项目或为该项目融资而专门组建的企事业法人
　　B. 贷款用途通常是用于建造一个或一组大型生产装置、基础设施、房地产项目或其他项目
　　C. 还款资金来源主要依赖该项目产生的销售收入、补贴收入或其他收入
　　D. 专指对在建项目的再融资
　　E. 借款人包括主要从事项目建设、经营或融资的既有企事业法人

101. 贷款申请资料一般包括(　　)等。
　　A. 借款人税务登记证明　　B. 借款人预留印鉴卡及开户证明
　　C. 借款人抵押他项权证　　D. 借款申请书
　　E. 借款人组织机构代码证

102. 商业银行确定信贷授权权限应考虑的主要因素有(　　)。
　　A. 被授权人的风险管理能力
　　B. 借款人的股东背景
　　C. 被授权人所处区域经济信用环境
　　D. 贷款规模
　　E. 被授权人资产质量

103. 不良贷款是指(　　)形成的贷款。
　　A. 借款人未能按贷款协议偿还商业银行的贷款利息
　　B. 借款人有不能按原定贷款协议按时偿还商业银行贷款本息的可能
　　C. 借款人未能按原贷款协议按时偿还贷款本息
　　D. 有迹象表明借款人不可能按原贷款协议按时偿还贷款本息
　　E. 借款人借款后资金运转不灵

104. 贷前调查方法中的搜寻调查可以通过(　　)开展调查。
　　A. 在互联网搜索资料　　B. 查看官方记录
　　C. 阅读有关杂志　　D. 从其他银行处购买客户信息
　　E. 搜索行业相关期刊登载的文章

105. 担保是审查贷款项目最主要的因素之一,我国《民法典》规定的担保方式包括(　　)。
　　A. 保证　　B. 抵押　　C. 质押
　　D. 定金　　E. 留置

106. 反映客户短期偿债能力的比率主要有(　　)。
　　A. 流动比率　　B. 资产负债率　　C. 权益乘数
　　D. 速动比率　　E. 现金比率

107. 根据是否诉诸法律,现金清收可以划分为(　　)。
　　A. 依法收贷　　B. 贷款重组　　C. 财产清查
　　D. 资产保全　　E. 常规清收

108. 公司信贷的种类按贷款期限可以分为(　　)。
　　A. 透支贷款　　B. 短期贷款　　C. 中期贷款
　　D. 长期贷款　　E. 永久贷款

109. 行业风险分析框架通过( )方面评价一个行业的潜在风险。
   A. 行业成熟度和竞争程度　　　　B. 替代品潜在威胁
   C. 成本结构　　　　　　　　　　D. 经济周期(行业周期)
   E. 行业进入壁垒和行业涉及的法律法规

110. 监管条件大致包括( )。
   A. 合法授权　　　B. 财务维持　　　C. 股权维持
   D. 资本金要求　　E. 信息交流

111. 竞争程度的大小受很多因素影响,其中最主要和最普遍的因素包括( )。
   A. 行业分散和行业集中　　　　　B. 经营杠杆
   C. 产品差异　　　　　　　　　　D. 市场成长
   E. 退出市场的成本

112. 市场需求预测的内容包括( )。
   A. 估计市场潜在需求总量　　　　B. 估计区域市场潜在需求量
   C. 评估行业的实际销售额　　　　D. 评估公司的市场占有率
   E. 替代品的价格

113. 首次放款的先决条件包括( )。
   A. 贷款类文件　　　　　　　　　B. 借款人及保证人(如有)文件
   C. 与项目有关的协议　　　　　　D. 担保类文件
   E. 与登记、批准、备案、印花税有关的文件

114. 下列不属于可能导致长期资产增加的因素的是( )。
   A. 季节性销售增长　　　　　　　B. 长期销售增长
   C. 资产效率下降　　　　　　　　D. 固定资产扩张
   E. 长期投资

115. 下列不属于前期调查的目的有( )。
   A. 是否进行信贷营销　　　　　　B. 是否受理该笔贷款业务
   C. 是否提高贷款利率　　　　　　D. 是否进行后续贷款洽谈
   E. 是否正式开始贷前调查

116. 下列关于并购融资的说法正确的有( )。
   A. 并购融资在20世纪80年代非常普遍而且大多是与杠杆收购相关的高杠杆交易
   B. 如果相关法律制度不健全,放贷后银行对交易的控制权较少,自身利益保护不足,则要谨慎发放用于股权收购和公司并购的贷款
   C. 银行在受理公司的股权收购贷款申请后,应当调查公司是否将贷款投资在事先约定的收购项目上
   D. 如果银行向一个处于并购过程中的公司提供可展期的短期贷款就一定要特别关注借款公司是否会将银行借款用于并购活动
   E. 银行可以通过与公司管理层的沟通来判断并购是否是公司的真正借款原因

117. 下列关于产品竞争力的说法,正确的有( )。
   A. 企业产品(服务)特征主要表现在其产品的竞争力方面
   B. 产品竞争力主要取决于产品自身的性价比
   C. 企业产品竞争力越强,越容易获得市场认同
   D. 产品竞争力主要取决于产品品牌
   E. 能否合理、有效、及时进行产品创新设计和开发对周期短的公司更为重要

118. 根据信贷业务类型,抵(质)押物担保方式的信贷业务申请需要提交的材料包括( )。
   A. 抵(质)押物清单　　　　　　B. 近三年经审计的财务报表

C.抵(质)押物价值评估报告　　　　　D.抵(质)押物权属证明文件
E.征信报告

119. 关于客户信用评级,以下表述正确的有( )。
　　A.《巴塞尔新资本协议》高级法对客户风险评价,包含违约概率和违约损失率的估计
　　B. 客户信用评级是对客户偿债能力和偿债意愿的计量和评价,反映客户违约风险的大小
　　C. 符合《巴塞尔新资本协议》的商业银行内部评级模型,应建立在商业银行外部数据基础上
　　D. 符合《巴塞尔新资本协议》的客户信用评级,应能准确量化客户的违约概率,并将估计的违约概率与实际违约概率误差控制在一定范围内
　　E.《巴塞尔新资本协议》的客户信用评级,应能够有效区分违约客户,不同信用等级客户违约风险应随信用等级下降呈上升趋势

120. 流动资产中,属于速动资产的项目有( )。
　　A. 银行存款　　　　　　　　　　B. 待摊费用
　　C. 待处理流动资产损失　　　　　D. 存货
　　E. 短期投资

三、判断题(共20题,每小题1分,共20分。请判断以下各小题的正误,正确的为A,错误的为B)

121. 公司信贷的借款主体是指经市场监督管理部门(或主管机关)核准登记,拥有由市场监督管理部门颁发营业执照的企业法人、由事业单位登记管理机关颁发事业单位法人证书的事业单位法人和自然人等。(　　)
122. 审议表决应当遵循"集体审查审议,明确发表意见,少数服从多数"的原则。(　　)
123. 商业银行信贷业务人员只需对那些银行主动营销的客户安排面谈,进行前期调查。(　　)
124. 受政策法规影响较大的企业,其风险较小。(　　)
125. 借款需求的原因可能是长期性资本支出以及季节性存货和应收账款增加等导致的现金短缺。(　　)
126. 即使借款公司有明确的借款需求原因,银行也要对其进行借款需求分析。(　　)
127. 借款需求分析中,通过了解借款企业在资本运作中导致现金流出的关键因素和事件,银行能够更有效地评估风险。(　　)
128. 从资产负债表看,红利支付可能导致资本净值的减少。(　　)
129. 具有季节性销售特点的公司将经历存货和应收账款等资产的季节性增长,存货增长通常会出现在销售旺季期间或之前,而应收账款增加则主要是由销售增长引起的。(　　)
130. 银行对客户法人治理结构的评价要着重考虑控股股东行为的规范和对内部控制人的激励约束这两个因素。(　　)
131. 在周期性行业中,商业银行和借贷者在经济周期的不同阶段一般会遵循一定的规律,在经济周期的最高点会出现更多的不良贷款。(　　)
132. 保证人不能为国家机关,但是以公益为目的的事业单位或企业法人可以作保证人。(　　)
133. 质物具有价值稳定性好、银行可控制性强,但不易于直接变现处理用于抵债的特点。(　　)
134. 同笔贷款的合同填写人与合同复核人不得为同一人。(　　)
135. 贷款合同管理采取银行业金融机构法律工作部门统一归口管理的模式。(　　)
136. 为弥补非预期损失,贷款要占有一定的经济资本。(　　)
137. 抵押人的行为足以使抵押财产价值减少的,抵押权人有权请求抵押人停止其行为;抵押财产价值减少的,抵押权人有权请求恢复抵押财产的价值,或者提供与减少的价值相应的担保。(　　)
138. 抵押物适用性越强,变现能力越强,适用的抵押率越高。(　　)
139. 贷款分类能为判断贷款法定准备金是否充足提供依据。(　　)
140. 贷款重组是指借款企业由于财务状况恶化或其他原因而出现还款困难,银行在充分评估贷款风险并与借款企业协商的基础上,修改或重新制定贷款偿还方案,调整贷款合同条款,控制和化解贷款风险的行为。(　　)

机考题库·真题试卷(二)

一、单项选择题(本大题共80小题,每小题0.5分,共40分。在以下各小题所给出的四个选项中,只有一个选项符合题目要求,请将正确选项填入括号内)

1. 下列选项中,会使企业经营效益提升的因素是( )。
   A. 成本费用利润率上升   B. 财务费用上升
   C. 销售收入下降   D. 产品市场竞争力提升

2. 投资估算与资金筹措安排情况不包括( )。
   A. 申请银行固定资产贷款金额   B. 投资进度
   C. 项目资本金的落实情况   D. 借款人同银行的关系

3. 下列不属于公司信贷管理原则的是( )。
   A. 全流程管理原则   B. 贷前管理原则
   C. 诚信申贷原则   D. 贷放分控原则

4. 票据贴现的期限最长不得超过( )个月。
   A. 6   B. 12   C. 18   D. 24

5. 在贷款合法合规性审查中,被审查人除借款人外,还可能是( )。
   A. 关联方   B. 债权人   C. 债务人   D. 担保人

6. 盈利能力( )。
   A. 是区域风险高低的最终体现   B. 不能通过总资产收益率来衡量
   C. 不能通过贷款实际收益率来衡量 D. 与区域风险成正比

7. 以下不属于启动阶段行业特点的是( )。
   A. 企业管理者缺乏行业经验   B. 发展迅速,年增长率可达到100%以上
   C. 利润和现金流都为正值   D. 销售量很小,价格高昂

8. 在行业发展的四阶段模型中,"行业动荡期"一般会出现在( )。
   A. 启动阶段   B. 成长阶段
   C. 成熟阶段   D. 衰退阶段

9. 下列关于业务人员面谈结束后的做法,不正确的是( )。
   A. 在了解客户总体情况后,业务人员应及时对客户贷款申请作出必要的反应
   B. 对于合理的贷款申请,业务人员可立即作出受理的承诺
   C. 如果客户的贷款申请不予考虑,业务人员可向客户建议其他融资渠道
   D. 业务人员在与客户面谈结束之后,应进行内部意见反馈

10. 下列选项中,不属于客户贷款需求状况的是( )。
    A. 贷款目的   B. 还款资金来源
    C. 贷款期限   D. 贷款金额

11. 首次放款的先决条件文件不包括( )。
    A. 贷款类文件   B. 借款人及保证人(如有)文件
    C. 与项目无关的协议   D. 担保类文件

12. 客户的还贷能力不包括( )。
   A. 现金流量构成　　　　　　　　　　B. 保证人的经济实力
   C. 客户与银行关系　　　　　　　　　D. 主营业务状况

13. ( )是对区域信贷风险状况的直接反应。
   A. 区域经济发展水平　　　　　　　　B. 区域信贷资产质量
   C. 区域信贷资产营利性　　　　　　　D. 区域信贷资产流动性

14. ( )是经济高效运行的必要保障。
   A. 自然环境　　　B. 法律制度　　　C. 社会环境　　　D. 人文环境

15. 在一个结构合理的贷款中,企业的( )与借款原因是相匹配的,可以通过借款需求分析来实现合理的贷款决策。
   A. 还款能力　　　B. 风险评估　　　C. 流动性　　　D. 还款来源

16. 借款人因购买商品或服务获得的商业信用减少而导致的借款需求,属于( )。
   A. 负债变化引起的需求　　　　　　　B. 销售变化引起的需求
   C. 其他变化引起的需求　　　　　　　D. 资产变化引起的需求

17. 下列不属于对保证人管理的主要内容的是( )。
   A. 审查保证人的资格　　　　　　　　B. 分析保证人的保证实力
   C. 了解保证人的保证意愿　　　　　　D. 了解保证人的信用等级

18. 下列不属于借款需求主要影响因素的是( )。
   A. 额外的或非预期性支出　　　　　　B. 资产使用效率下降
   C. 固定资产重置或扩张　　　　　　　D. 股权结构变动

19. 对于季节性经营特征比较明显的借款人,银行贷款的还款来源主要是季节性( )所释放的现金。
   A. 负债减少　　　B. 资产增加　　　C. 负债增加　　　D. 资产减少

20. 下列选项中,不属于季节性资产增加的融资渠道的是( )。
   A. 季节性商业负债增加　　　　　　　B. 内部融资
   C. 出售原材料　　　　　　　　　　　D. 银行贷款

21. 银行在对项目进行技术及工艺流程分析时,做法不正确的是( )。
   A. 产品技术方案分析无须考虑市场的需求状况
   B. 分析产品的质量标准时,应将选定的标准与国家标准、国际常用标准进行对比
   C. 对生产工艺进行评估,首先要熟悉项目产品国内外有关资料,分析各方法的优缺点
   D. 分析工艺技术方案的选择是否与社会发展目标相符合

22. ( )是在一定的经济发展阶段,一定收入水平的基础上,国内和国际在零售市场上用于购买商品的货币支付能力。
   A. 社会购买力　　　B. 平均消费能力　　　C. 居民消费能力　　　D. 货币购买力

23. 在客户经营管理状况的分析中,销售阶段的核心是( )。
   A. 市场　　　B. 技术　　　C. 进货　　　D. 设备

24. 信贷人员可以从客户的生产流程入手,通过供、产、销三个方面分析客户的经营状况。在销售阶段,信贷人员应重点分析的是( )。
   A. 客户的经营业绩指标　　　　　　　B. 客户的技术水平、设备状况和环保情况
   C. 货品的目标客户和收款条件　　　　D. 货品质量、价格和付款条件

25. ( )是厂商将产品通过中间渠道销售给终端客户,其好处是无须自找客源,资金投入少,但应收账款较多。
   A. 间接销售　　　B. 直接销售　　　C. 电话销售　　　D. 上门销售

26. 下列关于企业销售渠道的说法中,正确的是( )。
   A. 直接销售渠道的优点是贴近市场,缺点是资金投入大

B.间接销售渠道的优点是无须自找资源,缺点是需要铺设销售网络
C.直接销售渠道比间接销售渠道更重要
D.直接销售渠道应收账款较多

27.在进行客户经营管理状况分析时,销售阶段的收款条件不包括(　　)。
　　A.预收货款　　　　B.现货交易　　　　C.产品预售　　　　D.赊账销售

28.下列不属于对借款人的贷后监控的是(　　)。
　　A.经营状况的监控　　　　　　　　　　B.高层管理人员变动状况的监控
　　C.财务状况的监控　　　　　　　　　　D.与银行往来情况的监控

29.下列不属于收款条件的是(　　)。
　　A.现货交易　　　　B.赊账销售　　　　C.预收货款　　　　D.远期交易

30.具有较强竞争力的产品能为企业赢得市场和利润。下列选项中,(　　)不是企业产品竞争力的主要影响因素。
　　A.市场占有率　　　B.质量　　　　　　C.售价　　　　　　D.性能

31.目前商业银行的贷款重组方式不包括(　　)。
　　A.变更担保条件　　B.企业兼并　　　　C.借款企业变更　　D.调整还款期限

32.下列关于经营业绩分析的说法,错误的是(　　)。
　　A.经营业绩指标通常指与行业比较的销售增长率,高于行业平均的增长率说明客户经营业绩较好
　　B.市场占有率指标通常指客户产品的市场份额,所占市场份额较大说明客户在行业中的地位较高,其价格策略的调整对行业整体销售状况能产生影响
　　C.价格策略的调整对行业整体销售状况不能产生影响
　　D.主营业务指标通常指主营业务收入占销售收入总额的比重,比重较大说明客户主营业务不够突出,经营方向不够明确

33.关于贷款分类的意义,下列说法错误的是(　　)。
　　A.贷款分类是银行稳健经营的需要
　　B.贷款分类是监管当局并表监管、资本监管和流动性监控的基础
　　C.贷款分类是利用外部审计师辅助金融监管的需要
　　D.一般银行在处置不良资产时不需要贷款分类,在重组时则需要贷款分类

34.在其他条件相同的情况下,下列指标中,越小越好的是(　　)。
　　A.总资产周转率　　B.固定资产周转率　C.应收账款周转率　D.应收账款回收期

35.下列公式中,不能反映存货周转速度的是(　　)。
　　A.销货成本/平均存货余额×100%　　　B.存货平均余额×计算期天数/销货成本
　　C.计算期天数/存货周转次数　　　　　D.(期初存货余额+期末存货余额)/2

36.A公司2016年年初固定资产净值为2300万元,年末固定资产净值为3400万元,其当年销售收入净额为8730万元,则A公司固定资产周转率为(　　)。
　　A.4.43　　　　　　B.2.59　　　　　　C.5.23　　　　　　D.3.06

37.(　　)是商业银行对客户偿债能力和偿债意愿的计量与评价。
　　A.综合评价　　　　B.债项评级　　　　C.客户的信用评级　D.外部评级

38.客户信用评级的评价目标是(　　)。
　　A.客户违约风险　　B.信用等级　　　　C.偿债能力　　　　D.偿债意愿

39.根据贷款项目评估的效益性原则,下列属于经济上合理的项目的是(　　)。
　　A.财务效益和国民经济效益都不好的项目　B.社会影响力大,财务效益好的项目
　　C.财务效益好,而国民经济效益不好的项目　D.财务效益不好,而国民经济效益好的项目

40.以下关于贷款担保的说法,错误的是(　　)。
　　A.贷款担保可分为人的担保和财产担保两类

B. 人的担保可由自然人提供,也可由法人提供
C. 财产担保又分为动产担保和权利财产担保两类
D. 担保的形式有多种,一笔贷款可以有几种担保

41. 下列选项中,不属于财产担保的是( )。
   A. 不动产担保   B. 动产担保
   C. 权利财产担保   D. 信用担保

42. 以下各项中不得抵押的财产是( )。
   A. 土地所有权
   B. 抵押人所有的房屋和其他地上定着物
   C. 抵押人所有的机器、交通运输工具和其他财产
   D. 海域使用权

43. 下列关于质押的说法,不正确的是( )。
   A. 质押是债权人所享有的通过占有由债务人或第三人移交的质物而使其债权优先受偿的权利
   B. 设立质权的人称为质权人
   C. 质押担保的范围包括质物保管费用
   D. 以质物作担保所发放的贷款为质押贷款

44. 在贷款担保中,借款人将其动产交由债权人占有的方式属于( )。
   A. 保证   B. 抵押   C. 质押   D. 定金

45. 常用的信贷授权形式不包括( )。
   A. 按受权机构人数   B. 按风险评级授权
   C. 按行业授权   D. 按授信品种

46. 商业银行对产能过剩行业、高耗能、高污染行业适当上收审批权限,这属于按( )进行的信贷授权。
   A. 受权人   B. 行业
   C. 授信品种   D. 客户风险评级

47. 下列关于信贷授权形式的说法,错误的是( )。
   A. 按受权人划分是指信贷授权可授予总部授信业务审批部门及其派出机构、分支机构负责人或独立授信审批人等
   B. 按授信品种划分是指可按风险高低进行授权
   C. 按行业进行授权是指根据银行信贷行业投向政策,对不同的行业分别授予不同的权限
   D. 按担保方式授权是指根据银行信用评级政策,对不同信用等级的客户分别授予不同的权限

48. 审贷分离的核心是将负责贷款调查的( )与负责贷款审查的( )相分离,以达到相互制约的目的。
   A. 业务部门;监控部门   B. 业务部门;管理部门
   C. 调配部门;稽核部门   D. 管理部门;调配部门

49. 审贷分离的形式一般包括岗位分离、部门分离和( )。
   A. 地区分离   B. 职责分离
   C. 权限分离   D. 环节分离

50. 下列关于贷款合同管理模式的说法,错误的是( )。
   A. 贷款合同管理一般采取银行业金融机构法律工作部门统一归口管理和各业务部门、各分支机构分级划块管理相结合的管理模式
   B. 法律工作部门对贷款合同的制定、签订和履行负有监督、检查和指导的职责
   C. 通过签订合同建立法律关系的行为并不是一种民事法律行为
   D. 各业务部门和各分支机构作为合同具体管理单位,负责本部门、本机构的合同签订和履行

51. 根据《民法典》的规定,债权适用( )年诉讼时效规定,即自权利人知道或应当知道权利被侵害之日起计算。
   A. 2   B. 1   C. 3   D. 4

52. 某市四家国有商业银行在某年内累计接收抵债资产170万元,已处理抵债资产90万元,待处理抵债资产80万元,则待处理抵债资产年处置率为( )。
   A. 52.94%   B. 51.11%   C. 48.23%   D. 47.06%

53. ( )是指商业银行或其他信用机构以一定的利率和按期归还为条件,将货币资金使用权转让给其他资金使用者的信用活动。
   A. 银行贷款   B. 银行保函
   C. 信贷承诺   D. 信用证

54. 下列关于贷放分控的说法,正确的是( )。
   A. 贷放分控并没有将贷款审批与贷款发放作为两个独立的业务环节,小地区的分支行可以合并进行
   B. "贷"是指信贷业务流程中贷款调查、贷款审查和贷款发放等环节,尤其指贷款发放环节
   C. "放"是指放款,不仅指银行通过审核,将符合放款条件的贷款发放出去的环节,还包括上级放权到下级进行贷款授权的环节
   D. 贷放分控是为了降低信贷业务操作风险

55. 为落实"三个办法一个指引"关于贷款发放与支付的要求,贷款人应当设立独立的( ),负责贷款发放和支付审核。
   A. 放款执行部门   B. 贷后管理部门
   C. 内部审计部门   D. 贷款审查部门

56. 下列选项中,不属于贷放分控操作要点的是( )。
   A. 设立独立的放款执行部门
   B. 放款流程监督
   C. 明确放款执行部门的职责
   D. 建立并完善对放款执行部门的考核和问责机制

57. 下列关于资本金同比例到位落实情况的说法,正确的是( )。
   A. 资本金与贷款同比例到位只是一个理想要求,银行可以根据情况调整
   B. 对于建设期风险较大,企业可能面临周转困难的项目,贷款人可酌情降低资本金比例要求,或以临时垫款形式支持企业流动性
   C. 对于国家要求项目资本金在贷款发放前全部到位的项目,应遵守国家法律法规的规定,但房地产项目不在此列
   D. 贷款人应加强项目建成后的资本金管理,防止借款人以贷款置换等各种方式抽逃资本金

58. 下列选项中,不属于企业财务风险的是( )。
   A. 借款人在银行的存款有较大幅度下降   B. 应收账款异常增加
   C. 流动资产占总资产比重大幅下降   D. 短期负债增加失当,长期负债大量增加

59. 企业与银行往来异常现象不包括( )。
   A. 到期商业承兑票据无力支付
   B. 借款人在银行的存款有较大幅度下降
   C. 在多家银行开户(公司开户数明显超过其经营需要)
   D. 贷款超过了借款人的合理支付能力

60. 在现金常规清收中,根据是否诉诸法律,可以将清收划分为( )。
   A. 委托第三方清收和直接追偿清收   B. 常规清收和直接追偿清收
   C. 常规清收和依法收贷   D. 依法清收和委托第三方清收

61. 与银行往来监控中,银行应通过核查企业的( ),分析公司的最近经营状况。
    A. 申贷材料　　　　　　　　　　B. 提款申请书
    C. 借款凭证　　　　　　　　　　D. 银行对账单

62. 在担保管理评价工作中,商业银行对保证人的管理内容不包括( )。
    A. 保全保证人的资产　　　　　　B. 分析保证人的保证实力
    C. 了解保证人的保证意愿　　　　D. 审查保证人的资格

63. 在抵押品管理中,银行要加强对( )的监控和管理。
    A. 抵押人资格　　　　　　　　　B. 抵押人的实力
    C. 抵押人担保意愿　　　　　　　D. 抵押物和质押凭证

64. ( )不会带来现金的流入。
    A. 出售固定资产　　　　　　　　B. 增值税销项税款和出口退税
    C. 分配现金股利　　　　　　　　D. 取得短期与长期贷款

65. 一个行业的( )时,企业面临的竞争风险较小。
    A. 进入壁垒高　　　　　　　　　B. 替代品威胁大
    C. 买方议价能力强　　　　　　　D. 现有竞争者的竞争能力强

66. 担保的补充机制包括( )。
    A. 只能追加担保品　　　　　　　B. 只能追加保证人
    C. 追加担保品、追加保证人　　　D. 要求重新评定担保品价值、追加保证人

67. 在银团贷款中,如果合同与协议条款的约定本身不利于贷款偿还,这种贷款至少应为( )类贷款。
    A. 关注　　　B. 可疑　　　C. 正常　　　D. 次级

68. 对库存商品、产成品等存货的估价,应当评估其( )。
    A. 现值　　　B. 购买成本　　　C. 历史成本　　　D. 账面价值

69. 由于使用磨损和自然损耗造成的抵押物贬值是( )贬值。
    A. 功能性　　　B. 实体性　　　C. 经济性　　　D. 泡沫

70. 下列关于重组贷款的说法,错误的是( )。
    A. 需要重组的贷款应至少归为次级类
    B. 重组贷款是指银行由于借款人财务状况恶化,或无力还款而对借款合同还款条款作出调整的贷款
    C. 重组贷款如果仍然逾期,或借款人仍然无力归还贷款,应至少归为次级类
    D. 重组贷款的分类档次在至少6个月的观察期内不得调高,观察期结束后,应严格按照本指引规定进行分类

71. 下列贷款特征中,属于可疑贷款的特征的是( )。
    A. 借款人的还款意愿差,不与银行积极合作
    B. 借款人支付出现困难,并且难以按市场条件获得新的资金
    C. 贷款经过了重组仍然逾期,或仍然不能正常归还本息,还款状况没有得到明显改善
    D. 借款人已彻底停止经营活动

72. 可能因债务人一方的行为或者其他原因,使判决不能执行或者难以执行的案件,人民法院根据债权银行的申请裁定或者在必要时不经申请自行裁定采取的财产保全措施称为( )。
    A. 诉后财产保全　　　　　　　　B. 自行财产保全
    C. 诉中财产保全　　　　　　　　D. 诉前财产保全

73. 不属于商业银行变更担保条件的是( )。
    A. 将抵押或质押转换为保证　　　B. 将保证转换为抵押或质押,或变更保证人
    C. 直接减轻或免除保证人的责任　D. 同意将部分或全部债务转移到第三方

74.商业银行在取得抵质押品及其他以物抵贷财产后,确定价值的原则不包括( )。
  A.资产购置时的价值
  B.法院裁决确定的价值
  C.借、贷双方的协商议定价值
  D.借、贷双方共同认可的权威评估部门评估确认的价值

75.在银团贷款中,单家银行担任牵头行时,其承贷份额原则上不得少于银团融资总金额的( );分销给其他银团成员的份额原则上不低于( )。
  A.50%;20%   B.10%;50%
  C.20%;50%   D.50%;10%

76.贷款安全性调查中,对于申请外汇贷款的客户,业务人员尤其要注意( )变化对抵押担保额的影响程度。
  A.GDP增长率   B.汇率
  C.通货膨胀率   D.存款准备金率

77.为避免抵押合同无效造成贷款风险,银行抵押贷款首先要做好( )工作,只有详备的风险分析加上完备的风险防范才能真正保证贷款抵押的安全性。
  A.风险监测   B.风险处置   C.风险分析   D.风险控制

78.银行业金融机构应当有效识别、计量、监测、控制信贷业务活动中的( ),建立环境风险和社会风险管理体系,完善相关信贷政策制度和流程管理。
  A.环境风险和经济风险   B.经济风险和社会风险
  C.环境风险和社会风险   D.环境风险和市场风险

79.提款期是指从( )开始,至合同规定贷款金额全部提款完毕之日为止,或最后一次提款之日为止,期间借款人可按照合同约定分次提款。
  A.第一次提款之日
  B.借款合同规定的第一次还款日
  C.借款合同生效之日
  D.借款合同签订完毕之日

80.抵押和质押的区别不包括( )。
  A.物的担保和人的担保
  B.标的物的范围
  C.对标的物孳息的收取权
  D.抵押权人无保管标的物的义务,质权人负有善良管理人的注意义务

二、多项选择题(本大题共40小题,每小题1分,共40分。在以下各小题所给出的选项中,至少有两个选项符合题目要求,请将正确选项填入括号内)

81.根据贷款币种的不同,利率可以分为( )。
  A.本币贷款利率   B.浮动利率   C.固定利率
  D.外币贷款利率   E.基准利率

82.根据《人民币利率管理规定》的规定,下列关于利率的说法,正确的有( )。
  A.中长期贷款利率实行一年一定
  B.贷款展期,按合同规定的利率计息
  C.短期贷款合同期内,遇利率调整不分段计息
  D.逾期贷款从逾期之日起,按罚息利率计收罚息,直到清偿本息为止
  E.借款人在借款合同到期日之前归还借款时,银行不得再按原贷款合同向借款人收取利息

83.初次面谈中,对客户的公司状况,应了解其( )。
  A.历史沿革   B.股东背景与控股股东情况

C.资本构成　　　　　　　　　D.所在行业情况
E.经营现状

84.对于固定资产贷款,银行确立贷款意向后,借款人除提供一般资料外,还应提供(　　)。
　A.国家相应投资批件
　B.符合国家有关投资项目资本金制度规定的证明文件
　C.资产到位证明文件
　D.项目可行性研究报告、立项(审批、核准或备案)批复用地、规划、环评等行政许可文件
　E.其他配套条件落实的证明文件

85.下列融资需求中,银行受理时要格外慎重决定贷款期的有(　　)。
　A.利润率下降　　　　　　　　B.支付分红
　C.额外或非预期性支出　　　　D.持续销售增长
　E.债务重构

86.下列关于评价信贷资产质量的指标的说法,正确的有(　　)。
　A.信贷平均损失比率从静态上反映了目标区域信贷资产整体质量
　B.信贷资产相对不良率小于1时,说明目标区域信贷风险低于银行一般水平
　C.不良率变幅为负时,说明资产质量下降
　D.利息实收率用于衡量目标区域信贷资产的收益实现情况
　E.加权平均期限用于衡量目标区域信贷资产的期限结构

87.下列关于启动阶段行业的说法,正确的有(　　)。
　A.企业管理者一般都缺乏行业经验
　B.资金应当主要来自商业银行
　C.由于价格比较高,消费者接受程度较低,需求有限,销售量很小
　D.销售量低而成本相对很高,所以利润为负值
　E.现金流为正值

88.通过对某公司现金流的预测以及月度或季度的营运资本投资、销售和现金水平等的分析,银行可以(　　)。
　A.知道该公司是否具有季节性销售模式
　B.知道该公司是否有季节性借款需求
　C.评估该公司营运资本投资需求的时间和金额
　D.决定合适的季节性贷款结构
　E.决定季节性贷款的偿还时间表

89.客户品质基础分析中,对借款企业高管人员素质的评价主要包括(　　)。
　A.受教育程度　　B.商业经验　　　C.修养品德
　D.经营作风　　　E.进取精神

90.下列关于固定资产原值确定的原则,正确的有(　　)。
　A.购入的固定资产按照购买价加上支付的运输费、保险费、包装费、安装成本和缴纳的税金来确定
　B.自行建造的固定资产,按照建造过程中发生的全部实际支出确定
　C.投资者投入的固定资产,按资产评估确认或合同协议确定的价值入账
　D.融资租入的固定资产,按照租赁合同确定的价款加上运输费、保险费、安装调试费等确定
　E.企业购建固定资产所缴纳的投资方向调节税、耕地占用税、进口设备的增值税和关税不应计入固定资产原值

91.商业银行接受企业法人为保证人的,要注意验证核实(　　)。
　A.法人和法人代表签字印鉴的真伪
　B.企业法人出具的保证是否符合该法人章程规定的宗旨或授权范围

C.股份有限公司或有限责任公司的企业法人提供的保证,需要取得董事会决议同意或股东大会同意
　　D.中外合资、合作企业的企业法人提供的保证
　　E.核保可以单独去一个人

92.保证合同的条款审查主要应注意的条款有( )。
　　A.保证的方式　　　　　　　　　　B.保证期间
　　C.保证担保的范围　　　　　　　　D.借款人履行债务的期限
　　E.被保证的贷款种类

93.信贷审查岗的职责主要有( )。
　　A.正确客户进行信用等级评价,撰写调查报告
　　B.审查授信资料是否完整有效
　　C.审查借款人、借款用途的合规性
　　D.督促借款人按合同约定使用贷款,按时足额归还贷款本息
　　E.审查借款行为的合理性

94.贷款合同分为( )。
　　A.格式合同　　　　　　　　　　　B.非格式合同
　　C.口头承诺合同　　　　　　　　　D.无限制合同
　　E.以上说法均正确

95.贷款合同的制定原则包括( )。
　　A.不冲突原则　　B.适宜相容原则　　C.维权原则
　　D.完善性原则　　E.完整性原则

96.企业的财务风险主要体现在( )。
　　A.财务记录和经营控制混乱　　　　B.经营性净现金流量持续为正值
　　C.产品积压、存货周转率大幅下降　　D.应收账款异常增加
　　E.流动资产占总资产比重大幅下降

97.与银行往来异常现象表现在( )。
　　A.借款人在银行的存款有较大幅度下降
　　B.在多家银行开户
　　C.对短期贷款依赖较多,要求贷款展期
　　D.还款来源没有落实或还款资金主要为非销售回款
　　E.贷款超过了借款人的合理支付能力

98.银行对贷款保证人的审查内容主要包括( )。
　　A.是否具有合法资格　　　　　　　B.是否具有较高的信用等级
　　C.保证合同的要素是否齐全　　　　D.是否在银行开立保证金专用账户
　　E.净资产和担保债务情况

99.不良贷款的处置方式包括( )。
　　A.重组　　　B.现金清收　　　C.长期挂账
　　D.以资抵债　　E.呆账核销

100.以下关于项目融资贷前调查报告中风险评价的说法,正确的有( )。
　　A.以偿债能力分析为核心
　　B.充分考虑政策变化、市场波动等不确定因素对项目的影响
　　C.充分识别和评估融资项目中存在的筹备期风险和建设期风险
　　D.重点从项目技术可行性、财务可行性和还款来源可靠性等方面评估项目风险
　　E.根据项目预测现金流和投资回收期等因素,合理确定贷款金额、期限等

101. 依照《商业银行授信工作尽职指引》的规定,授信工作人员存在以下( )情节的,应依法、依规追究责任。
    A.授信客户发生重大变化和突发事件时,未及时实地调查的
    B.未对客户资料进行认真和全面核实的
    C.未根据预警信号及时采取必要保全措施的
    D.进行虚假记载、误导性陈述或重大疏漏的
    E.未发现客户欺诈行为的

102. 信贷人员在对客户进行法人治理结构评价时,要重点关注( )。
    A.董事会结构和运作过程　　　　　B.产销分工
    C.控股股东的行为规范　　　　　　D.内部控制人的约束和激励机制
    E.董事会决策程序和方式

103. 商业银行在对客户进行评级时主要考虑的因素包括( )。
    A.财务报表分析结果　　　　　　　B.借款人资产的变现性
    C.借款人的行业特征　　　　　　　D.保证人的管理水平
    E.特殊事件的影响

104. 备用信用证主要分为( )。
    A.可撤销的备用信用证　　　　　　B.不可撤销的备用信用证
    C.可转让的备用信用证　　　　　　D.循环备用信用证
    E.对开的备用信用证

105. 除首次放款外,以后每次放款只需提交( )。
    A.提款申请书
    B.借款凭证
    C.工程检验师出具的工程进度报告和成本未超支的证明
    D.贷款用途证明文件
    E.其他贷款协议规定的文件

106. 贷款保证存在的主要风险因素包括( )。
    A.虚假担保人　　　　　　　　　　B.保证人不具备担保资格
    C.保证人不具备担保能力　　　　　D.公司互保
    E.保证手续不完备,保证合同产生法律风险

107. 对于固定资产重置引起的融资需求,除了借款公司自己提出明确的融资需求,银行还可以通过评估( )来预测。
    A.公司的经营周期　　　　　　　　B.资本投资周期
    C.设备的使用年限　　　　　　　　D.设备目前状况
    E.影响非流动资金周转的因素

108. 个人贷款的贷款调查包括但不限于的内容有( )。
    A.借款用途
    B.借款人基本情况
    C.借款人收入情况
    D.借款人还款来源、还款能力及还款方式
    E.保证人担保意愿、担保能力或抵(质)押物价值及变现能力

109. 根据贷款安全性调查的要求,下列不属于良好的公司治理机制的有( )。
    A.激励约束机制　　　　　　　　　B.长远的发展战略
    C.保守的会计原则　　　　　　　　D.健全负责的董事会
    E.严格的目标责任制

110. 公司信贷按经营模式可以分为( )。
   A. 自营贷款　　B. 委托贷款　　C. 特定贷款
   D. 银团贷款　　E. 联合贷款

111. 在进行贷前调查的过程中,开展现场调研工作的方法通常包括( )。
   A. 搜寻调查
   B. 现场会谈
   C. 实地考察
   D. 委托调查
   E. 通过商会了解客户的真实情况

112. 企业的经营风险主要体现在( )。
   A. 业务性质不变
   B. 产品结构单一
   C. 借款人的产品质量或服务水平出现明显下降
   D. 出售、变卖主要的生产性、经营性固定资产
   E. 购货商增加采购

113. 下列各项属于客户经理的工作内容的有( )。
   A. 为客户服务　　B. 风险防范　　C. 营销控制
   D. 降低市场需求　　E. 收集客户信息

114. 下列关于季节性融资的说法正确的有( )。
   A. 季节性融资一般是短期的
   B. 公司利用了内部融资之后需要外部融资来弥补季节性资金的短缺
   C. 银行对公司的季节性融资的还款期应安排在季节性销售高峰之前或之中
   D. 银行应保证季节性融资不被用于长期投资
   E. 应保证银行发放的短期贷款只用于公司的短期投资

115. 下列关于应付账款的说法,正确的有( )。
   A. 应付账款被认为是公司的无成本融资来源
   B. 当公司出现现金短缺时,通常会向供应商请求延期支付应付账款
   C. 如果公司经常无法按时支付应付账款,其商业信用会减少
   D. 应付账款还款期限延长,可能造成公司的现金短缺,从而形成借款需求
   E. 应付账款还款期缩短,可能造成公司的现金短缺,从而形成借款需求

116. 下列情况中可能给企业带来经营风险的有( )。
   A. 客户需求为便携性PC机,企业仍生产台式机
   B. 持有一笔占公司年订单量60%的订单,能按时保质完成
   C. 企业只生产台式机
   D. 以前产品的产、供、销都由本企业自行提供,最近企业转型只负责产品的生产
   E. 只依赖于一家供应商

117. 按照《巴塞尔新资本协议》信用风险内部评级法的要求,银行将其银行账户下的资产划分为不同的风险暴露,包括( )。
   A. 主权风险暴露　　　　　　B. 零售风险暴露
   C. 公司风险暴露　　　　　　D. 股权风险暴露
   E. 金融机构风险暴露

118. 借款人的全部资金来源于( )。
   A. 所有者权益　　B. 长期负债　　C. 流动资产
   D. 流动负债　　E. 非流动资产

119. 根据《民法典》的规定,下列选项中,商业银行不得接受其作为保证人的有( )。
   A. 以公益为目的的非法人组织
   B. 以公益为目的的非营利法人
   C. 非银行金融机构
   D. 机关法人
   E. 自然人

120. 同一财产向两个以上债权人抵押的,拍卖、变卖该抵押物所得的价款在清偿时的规定有( )。
   A. 若均未办理抵押登记手续,则按债权比例清偿
   B. 若均办理了抵押登记手续,则按抵押的先后顺序清偿
   C. 抵押物已登记的先于未登记的受偿
   D. 法院按债权人数平均受偿
   E. 债权人协商后清偿

三、判断题(共20题,每小题1分,共20分。请判断以下各小题的正误,正确的为A,错误的为B)

121. 在公司借贷宽限期内银行只收取利息,借款人不用还本,或本息都不用偿还,但是银行仍应按规定计算利息,至还款期才向借款企业收取。( )

122. 银行在分析借款企业因固定资产扩张导致借款需求时,可将公司流动资产比上净固定资产所得的比率与同行业相关数据进行比较,能获得很多有价值的信息。( )

123. 结构分析法除用于单个客户损益表相关项目的分析,还经常用于与同行业平均水平的比较分析。( )

124. 关键流动资产指的是资产负债表上始终存在的那一部分流动资产。( )

125. 当资产净值无法维持公司的高速增长时,公司必然会加大财务杠杆,此时,公司不太可能尽快归还银行贷款。( )

126. 从理论上来说,企业总资产利润率高于长期债务成本时,加大长期债务可使企业获得财务杠杆收益,从而提高企业权益资本收益率。( )

127. 经营业绩指标通常指与行业比较的销售增长率,高于行业平均的增长率说明客户经营业绩较差;反之,则说明客户经营业绩较好。( )

128. 资金结构是指借款人全部资金使用中各种用途所占的比重及其相互间的比例关系。( )

129. 结构分析法用于与同行业平均水平比较分析。( )

130. 根据《贷款通则》的规定,贷款期限根据借款人的生产经营周期、还款能力和银行的资金供给能力由借贷双方共同商议后确定,并在借款合同中载明。( )

131. 在产品生命周期的不同阶段,产品的市场占有率、盈利情况等都是不一样的,银行有必要在信贷产品不同的生命周期阶段采取不同的营销策略。( )

132. 项目生产条件分析主要是审查拟建项目是否具备建设条件及可靠性。( )

133. 信贷人员应根据抵押物的评估值,分析其变现能力,充分考虑抵押物价值的变动趋势,科学地确定抵押率。( )

134. 贷放分控中的"贷",特指贷款审批通过后,由银行通过审核,将符合放款条件的贷款发放或支付出去的业务环节。( )

135. 借款人用于建设项目的其他资金(自筹资金和其他银行贷款)可不与贷款同比例支用。( )

136. 存货质押模式下,中小企业将银行认可的存货以一定的条件质押给银行,并交付给银行认定的第三方物流企业进行监管,同时将物权转移给银行。( )

137. 银行通过对项目的宏观背景进行分析,可以了解项目是否实现了规模经济。( )

138. 实践中,不论客户为何种行业,其流动比率均应保持在2左右。( )

139. 贷款人可以要求借款人签订长期供销合同、使用金融衍生工具或者发起人提供资金缺口担保等方式,有效分散建设期风险。( )

140. 在取得抵债资产过程中发生的有关费用,可以从按既定原则确定的抵押品、质押品的价值中优先扣除。( )

机考题库·真题试卷参考答案及解析

机考题库·真题试卷（一）

一、单项选择题

1. C 【解析】公司信贷按偿还方式划分,分为一次还清贷款和分期偿还贷款。故选项C错误。

2. A 【解析】公司信贷按贷款用途划分为固定资产贷款、流动资金贷款、并购贷款、房地产开发贷款、项目融资等。自营贷款属于按照贷款经营模式划分的内容。

3. D 【解析】委托贷款是指政府部门、企事业单位、个人等委托人提供资金,由银行(受托人)根据委托人确定的贷款对象、用途、金额、期限、利率等代为发放、监督使用并协助收回的贷款。委托贷款的风险由委托人承担,银行(受托人)只收取手续费,不承担贷款风险,不代垫资金。故选项D正确。

4. B 【解析】风险内控能力通常会体现在银行的经营指标和数据上。因此,可选取一些重要的内部指标来进行分析。常用的内部指标包括三个方面:分支机构信贷资产质量(安全性)、盈利性和流动性。

5. D 【解析】A银行向冰岛政府贷款,后因冰岛面临"国家破产"而无法收回贷款,这种对某一主权国家政府贷款所遇到的损失属于主权风险。

6. D 【解析】通过比较流动资产与流动负债关系来反映借款人偿还到期债务能力的指标主要有三个:流动比率、速动比率、现金比率。它们统称为流动比率指标。选项A属于盈利比率指标;选项C属于效率比率指标。

7. C 【解析】选项C,新建项目企业法人所有者权益与所需总投资的比例不得低于国家规定的投资项目资本金比例。故选项C正确。

8. D 【解析】借款人经营管理的合法合规性要求具体表现为以下方面:借款人的经营活动应符合国家相关法律法规规定;符合国家产业政策和区域发展政策;符合营业执照规定的经营范围和公司章程;新建项目企业法人所有者权益与所需总投资的比例不得低于国家规定的投资项目资本金比例;资本金制度不适用于公益性投资项目。故应选项D正确。

9. D 【解析】项目建设的必要性评估内容:①项目所属行业当前整体状况分析,国内外情况对比,发展趋势预测,项目所生产产品的生命周期分析;②贷款项目是否符合国家产业政策,项目建设和运营是否符合相关法律法规要求,是否经过必要的报批程序,是否符合国家总体布局和地区经济结构的需要;③项目产品市场情况分析和项目产品的竞争力分析,包括国内外市场的供求现状及未来情况预测,生产同类产品的厂家竞争情况及项目的竞争能力分析,项目产品销售渠道分析。选项D不属于项目建设必要性评估。

10. D 【解析】根据《贷款通则》的规定,借款人在征得贷款人(银行)同意后,有权向第三方转让债务。故选项D错误。

11. A 【解析】无论是对于商业银行主动营销的客户还是向商业银行提出贷款需求的客户,信贷客户经理都应尽可能通过安排面谈等方式进行前期调查。故选项A正确。

12. B 【解析】"5C"标准原则包括品德(Character)、能力(Capacity)、资本(Capital)、担保(Collateral)和环境(Condition)。

13. D 【解析】银行的促销方式主要有四种:广告促销、人员促销、公共宣传和公共关系、销售促进。

14. D 【解析】选项D是商业银行固定资产贷前调查报告的内容要求,选项A、选项B、选项C是银行流动资金贷前调查报告的内容要求。

15. A 【解析】借款需求是指公司由于各种原因造成了资金的短缺,即公司对现金的需求超过了公司的现金储备,从而需要借款。故选项A正确。

16. A 【解析】借款需求指的是公司为什么会出现资金短缺并需要借款。借款需求的原因可能是由于长期性资本支出以及季节性存货和应收账款增加等导致的现金短缺。因此,公司的借款需求可能是多方面的。而借款目的主要是指借款用途,一般来说,长期贷款用于长期融资,短期贷款用于短期融资。

17. B 【解析】担保类文件包括已正式签署的抵(质)押协议;已正式签署的保证协议;保险权益转让相关协议或文件;其他必要性文件。选项A、选项C都属于与登记、批准、备案、印花税有关的文件,选项D属于其他类文件。故选项B正确。

18. A 【解析】银行在对客户进行借款需求分析时,更关注企业的借款需求原因,即所借款项的用途,同时还要关注企业的还款来源及可靠程度。故选项A正确。

19. B 【解析】贷款档案管理的原则主要有管理制度健全、人员职责明确、档案门类齐全、信息充分利用、提供有效服务。具体要求如下：①信贷档案实行集中统一管理原则；②信贷档案采取分段管理、专人负责、按时交接、定期检查的管理模式。故应选选项B。

20. C 【解析】银行为了作出合理的贷款决策，通常需要对借款公司的借款需求进行分析。银行在对客户进行借款需求分析时，要关注企业的借款需求原因，即所借款项的用途，同时还要关注企业的还款来源以及可靠程度。

21. D 【解析】具备以下条件之一，同时其他贷款条件没有因此明显恶化的，可考虑办理债务重组：①通过债务重组，借款企业能够改善财务状况，增强偿债能力；②通过债务重组，能够弥补贷款法律手续方面的重大缺陷；③通过债务重组，能够追加或者完善担保条件；④通过债务重组，能够使银行债务先行得到部分偿还；⑤通过债务重组，可以在其他方面减少银行风险。

22. D 【解析】基于产销分工是指原客户产品的经销已形成较完善的网络后便成立新公司专属产品的销售和售后服务。该企业是地区政府为解决渔民生产鱼出售难的问题，组建的一家专门从事鱼收购与销售的公司，因而企业成立的动机是基于产销分工。

23. D 【解析】任何客户的设立都有一个经营上的动机，客户的组建往往基于六个方面的动机，即基于人力资源、基于技术资源、基于客户资源、基于行业利润率、基于产品分工、基于产销分工。其中基于客户资源，是指创始人拥有某个行业的下端客户资源，或独自或邀人入伙而成立新公司。

24. C 【解析】信贷人员可以从客户的生产流程入手，通过供、产、销三个方面分析客户的经营情况，也可以通过客户经营业绩指标进行分析。

25. D 【解析】对董事会结构和运作过程进行评价的关键要素：①董事会的结构，独立董事是如何产生的，是否具有独立性和必备的专业知识；②董事会是否随时有权质询决策执行情况及采取的形式；③董事会的业绩评价制度和方式。故选项D正确。

26. D 【解析】充足性原则是指商业银行应当随时保持足够弥补贷款内在损失的准备金。

27. B 【解析】外资背景的客户股权或多或少有外资成分，这类客户通常管理较多资金、技术力量较强，但可能通过关联交易转移利润。故选项B正确。

28. B 【解析】对公司高管人员素质的评价主要包括教育背景、商业经验、修养品德、经营作风和进取精神。

29. B 【解析】借款人的不良记录可通过"中国人民银行企业征信系统"查阅，查看客户过去有无拖欠银行贷款等事项。

30. D 【解析】进货渠道对货品的质量和价格都起着决定性影响。故选项D正确。

31. B 【解析】原材料等物品的价格是客户的主要生产成本，进货价格的高低直接关系到客户产品价格的高低，把好进货价格关是控制客户产品成本的第一道关口。故选项B正确。

32. C 【解析】在分析贷款客户的品质时，要注意客户经营范围特别是主营业务的演变，对于频繁改变经营业务的客户应当警觉。故选项C正确。

33. C 【解析】进货价格除了市场供求关系外，主要取决于进货渠道、进货批量、规格标准、运输费用、客户关系等因素。选项C，进货数量不包括在其中。

34. C 【解析】选项C的付款条件主要取决于市场供求和商业信用两个因素。如果货品供不应求或者买方资信不高，供货商大多要求预付货款或现货交易；反之，供货商可接受银行承兑汇票甚至商业承兑汇票。

35. C 【解析】供应阶段的核心是进货，信贷人员应重点分析以下方面：①货品质量；②货品价格；③进货渠道；④付款条件。

36. B 【解析】银行如果让质押存款的资金存放在借款人在本行的活期存款账户上，是有司法风险的。故选项B正确。

37. A 【解析】生产阶段的核心是技术，这包括生产什么、怎样生产、以什么条件生产。故选项A正确。

38. D 【解析】按单利计息，每年应还利息额：0.0002×10000×365=730(元)。

39. B 【解析】担保为银行提供了一个可以影响或控制的潜在还款来源，从而增加了贷款最终偿还的可能性。

40. C 【解析】对于借款人经营、管理或是财务状况等方面存在问题而形成的不良贷款，银行可尝试对借款人、担保条件、还款期限、借款品种、借款利率等进行恰当的重组。

41. B 【解析】贷款担保是指为提高贷款偿还的可能性，降低银行资金损失的风险，银行在发放贷款时要求借款人提供担保，以保障贷款债权实现的法律行为。

42. B 【解析】出口打包贷款是出口商当地的银行凭进口商所在地银行开立的信用证及该信用证项下

的出口商品为抵押向出口商提供的短期贷款。故选项B正确。

43. C 【解析】人的担保主要指由作为第三人的自然人或法人向银行提供的,许诺借款人按期偿还贷款的保证。如果债务人未按期还款,担保人将承担还款的责任。

44. A 【解析】抵押率=担保债权本息总额/抵押物评估价值额×100%。即70%=担保债权本息总额/500×100%,担保债权本息总额=500×70%÷100%=350(万元)。

45. D 【解析】选项D,审批人员应在授权范围内按规定流程审批贷款,不得越权审批。

46. A 【解析】信贷授权的差别授权原则是指商业银行应根据各业务职能部门和分支机构的经营管理水平、风险控制能力、主要负责人业绩以及所处地区经济环境等,实行有区别的授权。

47. A 【解析】质押贷款中,银行在放款时占主动权,处理质押物手续较为简单。质物具有价值稳定性好、银行可控制性强、易于直接变现处理用于抵债的特点。

48. D 【解析】授权适度原则是指银行业金融机构应兼顾信贷风险控制和提高审批效率两方面的要求,合理确定授权金额及行权方式,以实现集权与分权的平衡。实行转授权的,在金额、种类和范围上均不得大于原授权。

49. C 【解析】格式合同是指银行业金融机构根据业务管理要求,针对某项业务制定的在机构内部普遍使用的格式统一的合同。

50. A 【解析】贷款合同是从贷款人主体角度提出的,一般是指可以作为贷款人的银行业金融机构与法人、其他组织之间就贷款的发放与收回等相关事宜签订的规范借贷双方权利义务的书面法律文件。

51. A 【解析】贷款合同的制定原则:①不冲突原则,即贷款合同不违反法律、行政法规的强制性规定;②适宜相容原则,即贷款合同要符合银行业金融机构自身各项基本制度的规定和业务发展需求;③维权原则,即贷款合同要在法律框架内充分维护银行业金融机构的合法权益;④完善性原则,即贷款合同文本内容应力求完善,借贷双方权利义务明确,条理清晰。

52. A 【解析】根据贷款新规的相关规定,贷款人应在合同中与借款人约定提款条件以及贷款资金支付接受贷款人管理等与贷款使用相关的条款。故选项A正确。

53. A 【解析】填写合同时,合同文本应该使用统一的格式,对单笔贷款有特殊要求的,可以在合同中的其他约定事项中约定。

54. D 【解析】需要填写空白栏且空白栏后有备选项的,在横线上填好选定的内容后,对未选的内容应加横线表示删除;合同条款有空白栏,但根据实际情况不准备填写内容的,应加盖"此栏空白"字样的印章,而不用必须把空白栏填写完整。

55. D 【解析】合同复核人员负责根据审批意见复核合同文本及附件填写的完整性、准确性、合规性,主要包括文本书写是否规范;内容是否与审批意见一致;合同条款填写是否齐全、准确;文字表达是否清晰;主从合同及附件是否齐全等。

56. B 【解析】选项A,行业风险分析的目的在于运用相关指标和模型,全面反映行业各个方面的风险因素,而不单是某一方面风险,在此基础上,再根据各行业风险特点,确定其信贷政策;选项C,评估行业风险有很多种,并不仅止于波特五力模型与行业风险分析框架这两种;选项D,在两个模型分析框架中,各个因素对评估行业风险都很重要,行业风险是由这些因素综合决定的。

57. B 【解析】在信贷经营中,银行对企业监控的重点是一些可能导致经营风险的异常状况,如企业的经营状况发生了显著的变化,处于停产、半停产或经营停止状态;企业的业务性质发生变化;主要数据在行业统计中呈现不利变化或趋势;兼营不熟悉的业务或在不熟悉的地区开展业务。选项A属于企业生产的正常波动,不属于显著的变化;选项B,企业的业务性质发生变化,如转型不成功,将会给企业带来较大影响,银行应重点监控;选项C,企业的利润率在行业中呈现出了有利的变化;选项D,企业在熟悉的地区开展熟悉的业务,一般也不会导致经营风险。

58. C 【解析】现金流量反映的是企业一定时期内现金的流入流出变化量,属于流量的概念;它不讨论现金及现金等价物之间的变动,如用多余现金购买债券,因为这不影响客户偿债能力,属于现金管理内容;现金流量管理的具体内容主要有经营活动现金流量、投资活动现金流量、融资活动现金流量;由于企业每期现金流量主要由每期收益取得和费用支出导致,收益中未收到的现金和费用中未支付的现金表现在资产负债表中有关科目的变动,所以在计算现金流量时,应以损益表为基础,根据资产负债表期初、期末的变动数进行调整。

59. B 【解析】对借款人的贷后监控主要包括经营状况监控、管理状况监控、财务状况监控、还款账户监控与银行往来情况监控几种。该集团的主要领导者陷于经济犯罪,导致其高管层发生重大变动,有可能为企业带来管理状况风险。

60. B 【解析】选项B,未分配利润增加,说明企业的留存收益增加,此时企业会减少借款需求。借款需求是指公司由于各种因素造成了资金的短缺,即公司对现金的需求超过了公司的现金储备,从而需要借款。借款目的主要是指借款用途,一般来说,长期贷款用于长期融资,短期贷款用于短期融资。

61. A 【解析】由于不同的项目所处行业的技术经济特点不同。因此,不同的部门和行业对项目生产规模有不同的要求。水力发电站根据水源流量和落差确定建设规模,主要是基于行业技术经济特点对生产规模的要求和限制的考虑。

62. B 【解析】依据《商业银行金融资产风险分类办法》的规定,正常类贷款是指债务人能够履行合同,没有客观证据表明本息、利息或收益不能按时足额偿付。故选项 A 错误。次级类贷款是指债务人无法足额偿付本金、利息或收益,或金融资产已经发生信用减值。选项 C 是可疑类贷款的定义,故错误。损失类贷款是指在采取所有可能的措施后,只能收回极少部分金融资产,或损失全部金融资产。故选项 D 错误。

63. B 【解析】企业的财务风险的主要体现:企业不能按期支付银行贷款本息;经营性净现金流量持续为负值;产品积压、存货周转率大幅下降;应收账款异常增加;流动资产占总资产比重大幅下降;短期负债增加失当,长期负债大量增加;银行账户混乱,到期票据无力支付;企业销售额下降,成本提高,收益减少,经营亏损;不能及时报送会计报表,或会计报表有造假现象;财务记录和经营控制混乱。

64. A 【解析】根据《贷款通则》的规定,长期贷款展期期限累计不得超过 3 年。

65. A 【解析】对于固定资产贷款,一般而言,当借款人信用状况较好、贷款安全系数较高时,银行业金融机构可不要求借款人开立专门的还款准备金账户;当借款人信用状况较差、贷款安全受到威胁时,出于有效防范和化解信贷风险的考虑,银行应要求其开立专门的还款准备金账户,并与借款人约定对账户资金进出、余额或平均存量等的最低要求。

66. A 【解析】专项准备金是指根据贷款风险分类结果,对不同类别的贷款根据其内在损失程度或历史损失概率计提的贷款损失准备金。故选项 A 正确。

67. C 【解析】贷款分类就是把贷款按照风险程度划分为不同档次。

68. D 【解析】对于下列法律文书,债务人必须履行,否则,银行可向人民法院申请强制执行:①人民法院发生法律效力的判决、裁定和调解书;②依法设立的仲裁机构的裁决;③公证机关依法赋予强制执行效力的债权文书。此外,债务人接到支付令后既不履行债务又不提出异议的,银行也可以向人民法院申请执行。

69. C 【解析】中国次级类贷款的定义是债务人无法足额偿付本金、利息或收益,或金融资产已经发生信用减值。故选项 C 正确。

70. D 【解析】表外业务主要包括保证业务、银行承兑汇票业务和信用证业务等。贷款是表内业务。

71. A 【解析】我国全面实行贷款五级分类制度,划分为五类,即正常、关注、次级、可疑和损失,后三类合称为不良贷款。

72. C 【解析】从 2002 年起,我国全面实行贷款五级分类制度,该制度按照贷款的风险程度,将银行信贷资产分为五类:正常、关注、次级、可疑、损失。故选项 C 正确。

73. D 【解析】推行客户经理制需要采取以下保障措施:制定和完善一系列的制度与措施,为客户经理制的实现提供体制和组织上的保证;要在总行和分行之间建立协同工作制,在各有关专业部门之间建立合作协调制,实现战略规划协同、信息调研协同、客户服务协同和产品开发协同。

74. B 【解析】保证人和债权人应当在合同中约定保证责任期间,双方没有约定的,从借款企业偿还借款的期限届满之日起 6 个月内,债权银行应当要求保证人履行债务,否则保证人可以拒绝承担保证责任。

75. A 【解析】《银行业保险业绿色金融指引》对银行业保险业发展绿色金融提出了明确要求。故选项 A 正确。

76. C 【解析】省级财政部门和银保监局于每年 3 月 30 日前分别将辖区内金融企业上年度批量转让不良资产汇总情况报财政部和国务院银行业监督管理机构。

77. A 【解析】对于银行转贷款而言,国内借款人向银行的提前还款与银行作为借款人向国外银行的提前还款,通常有"挂钩"和"脱钩"两种业务模式:前者即国内借款人向银行的提前还款,以银行向国外贷款行提前还款为前提,同步进行;后者即或者国内借款人向银行提前还款,或者银行向国外贷款行提前还款,二者不同步。

78. D 【解析】选项 D,借款人不能按期归还贷款时,应当在贷款到期日之前,向银行申请贷款展期。

79. C 【解析】根据《贷款通则》的规定,借款人的权利:①可以自主向主办银行或者其他银行的经办机构申请贷款并依条件取得贷款;②有权按合同约定提取和使用全部贷款;③有权拒绝借款合同以外的附加条件;④有权向银行的上级监管部门反映、举报有关情况;⑤在征得银行同意后,有权向第三方转让债务。

80. C 【解析】除国务院规定外,有限责任公司和股份有限公司对外股本权益性投资累计未超过其净资产总额的50%。

二、多项选择题

81. AB 【解析】在宽限期内银行只收取利息,借款人不用还本,或本息都不用偿还,但是银行仍应按规定计算利息,直至还款期才向借款企业收取。

82. ABDE 【解析】借款需求的主要影响因素包括季节性销售增长、长期销售增长、资产效率下降、固定资产重置及扩张、长期投资、商业信用的减少及改变、债务重构、利润率下降等。

83. ABCDE 【解析】商业银行在与客户面谈中需了解的信息:①客户的公司状况;②客户的贷款需求状况;③客户的还贷能力;④抵押品的可接受性;⑤客户与银行关系。

84. ABCDE 【解析】如果确立了贷款意向,则表明贷款可以正式受理。在该阶段,业务人员应做到:及时以合理的方式(如通过口头、电话或书面方式)告知客户贷款正式受理,或者根据贷款需求出具正式的贷款意向书;要求客户提供正式的贷款申请书及更为详尽的材料;拟订下阶段公司目标计划;将储备项目纳入贷款项目库。

85. ABCE 【解析】成熟阶段行业的销售、利润和现金流分别有以下特点:①销售方面,产品价格继续下跌,销售额增长速度开始放缓,产品更多地倾向于特定的细分市场,产品推广成为影响销售的最主要因素;②利润方面,由于销售的持续上升加上成本控制,这一阶段利润达到最大化;③现金流方面,资产增长放缓,营业利润创造连续而稳定的现金增值,现金流最终变为正值。故选项A、选项B、选项C、选项E正确。

86. CDE 【解析】"固定资产使用率"粗略地反映了固定资产的折旧程度,但也存在以下不足之处:①该比率中的固定资产价值代表了一个公司的整个固定资产基础,而固定资产基础可能相对较新,但有一些个人资产可能仍需要重置;②折旧并不意味着用光,因为折旧仅仅是一种会计学上的概念,它使随时间消耗的资产成本与预期生产的产品和服务相匹配;③为了提高生产力,公司可能在设备完全折旧之前就重置资产;④固定资产使用价值会因折旧会计政策的变化和经营租赁的使用而被错误理解。结合固定资产使用率,银行可以对剩余的固定资产寿命作出一个粗略的估计,进一步推测未来固定资产的重置时机。

87. ABCD 【解析】了解客户发展历史可以避免信贷业务人员被眼前景象所迷惑,从而能够从整体上对客户目前状况及未来发展进行分析和判断。在对客户进行历史分析时,主要关注以下内容:①成立动机;②经营范围;③名称变更;④以往重组情况。

88. BCD 【解析】就涉及的方面和采用的公式而言,项目的可行性研究和贷款项目评估是相同的,它们的区别主要表现在以下几个方面:①发起主体不同;②发生的时间不同;③研究范围与侧重点不同;④进行项目评估和可行性研究的目的不同。

89. ABCDE 【解析】对客户历史成立动机的分析主要基于人力资源、技术资源、客户资源、行业利润率、产品分工、产销分工。故选项A、选项B、选项C、选项D、选项E均正确。

90. ABCDE 【解析】选项A、选项B、选项C、选项D、选项E均属于辅助报表。

91. ABDE 【解析】原辅料供给分析主要包括下列内容:①分析和评价原辅料的质量是否符合生产工艺的要求;②分析和评价原辅料的供应数量能否满足项目的要求;③分析和评价原辅料的价格、运费及其变动趋势对项目产品成本的影响;④分析和评价原辅料的存储设施条件。

92. ACDE 【解析】技术及工艺流程分析包括产品技术方案分析和工艺技术方案分析。产品技术方案一方面要分析产品方案和市场需求状况,另一方面要分析拟建项目的主要产品和副产品所采用的质量标准是否符合要求。故选项B错误。

93. ABC 【解析】本题考查信贷业务岗职责。选项D、选项E属于信贷审查岗职责。

94. ABCDE 【解析】整体来看,我国银行业金融机构在对贷款合同管理中存在的问题:①贷款合同存在不合规、不完备等缺陷;②合同签署前审查不严;③签约过程违规操作;④履行合同监管不力;⑤合同救济超时。

95. ABCDE 【解析】规范性审查包括以下内容:①合同文本选用正确;②在合同中落实审批文件所规定限制性条件准确、完备;③格式合同文本的补充条款合规;④主从合同及凭证等附件齐全且相互衔接;⑤合同的填写符合规范要求;⑥一式多份合同的形式内容一致;⑦其他应当审查的规范性内容。

96. ABCDE 【解析】由于抵押物在抵押期间会出现损耗、贬值,在处理抵押物期间会发生费用,以及贷款有利息、逾期有罚息等原因,银行一般不能向借款人提供与抵押物等价的贷款,贷款额度要在抵押物的评估价值与抵押贷款率的范围内加以确定。

97. AC 【解析】选项B属于经营风险;选项D属于与银行往来异常现象;选项E属于企业管理状况风险。

98. **ACD**　【解析】贷款分类应达到以下目标：①揭示贷款的实际价值和风险程度，真实、全面、动态地反映贷款质量；②及时发现信贷管理过程中存在的问题，加强贷款管理；③为判断贷款损失准备金是否充足提供依据。

99. **AB**　【解析】资产保全人员至少要从以下三个方面认真维护债权：①妥善保管能够证明主债权和担保债权客观存在的档案材料；②确保主债权和担保权利具有强制执行效力，主要是确保不超过诉讼时效、保证责任期间，确保不超过生效判决的申请执行期限；③防止债务人逃废债务。向人民法院申请保护债权的诉讼时效期间通常为3年。诉讼时效一旦届满，人民法院不会强制债务人履行债务，但债务人自愿履行债务的，不受诉讼时效的限制。保证人和债权人应当在合同中约定保证责任期间双方没有约定的，从借款企业偿还借款的期限届满之日起的6个月内，债权银行应当要求保证人履行债务，否则保证人可以拒绝承担保证责任。故选项C、选项D、选项E错误。

100. **ABCE**　【解析】根据《项目融资业务指引》的规定，项目融资是指符合以下特征的贷款：①贷款用途通常是用于建造一个或一组大型生产装置、基础设施、房地产项目或其他项目，包括对在建或已建项目的再融资；②借款人通常是为建设、经营该项目或为该项目融资而专门组建的企事业法人，包括主要从事该项目建设、经营或融资的既有企事业法人；③还款资金来源主要依赖该项目产生的销售收入、补贴收入或其他收入，一般不具有其他还款来源。故选项A、选项B、选项C、选项E正确。

101. **ABDE**　【解析】除借款申请书外，业务人员要求客户提供的基本材料：①注册登记或批准成立的有关文件及其最新年检证明；②技术监督局合法的组织机构代码证书及最新年检证明；③借款人税务登记证明；④借款人的验资证明；⑤借款人近三年和最近一期的财务报表；⑥借款人贷款卡及最新年检证明；⑦借款人预留印鉴卡及开户证明；⑧法人代表或负责人身份证明及其必要的个人信息；⑨借款人自有资金、其他资金来源到位或能够计划到位的证明文件；⑩有关交易合同、协议。如借款人为外商投资企业或股份制企业，应提交关于同意申请借款的董事会决议和借款授权书正本。

102. **ACE**　【解析】银行业金融机构应建立统一法人授权体系，对机构、人员和岗位进行权限管理。根据受权人的风险管理能力、所处区域经济信用环境、资产质量等因素，按地区、行业、客户、产品等进行授信业务差别授权，合理确定授权限。

103. **CD**　【解析】不良贷款是指借款人未能按原贷款协议按时偿还贷款本息，或者有迹象表明借款人不可能按原贷款协议按时偿还贷款本息而形成的贷款。故选项C、选项D正确。

104. **ABCE**　【解析】搜寻调查指通过各种媒介物搜寻有价值的资料展开调查。这些媒介物包括有助于贷前调查的杂志、书籍、期刊、互联网资料、官方记录等。故选项A、选项B、选项C、选项E四项符合题意。从其他银行处购买客户信息违反了银行业从业人员职业操守。故选项D不符合题意。

105. **ABCDE**　【解析】担保是指借款人无力或未按照约定按时还本付息或支付有关费用时贷款的第二还款来源，是审查贷款项目最主要的因素之一。按照我国《民法典》的有关规定，担保方式包括保证、抵押、质押、定金和留置五种方式。在信贷业务中经常运用的主要是前三种方式中的一种或几种。

106. **ADE**　【解析】反映客户短期偿债能力的比率主要有流动比率、速动比率和现金比率，这些统称为偿债能力比率。

107. **AE**　【解析】根据是否诉诸法律，可以将现金清收划分为常规清收和依法收贷两种。

108. **BCD**　【解析】公司信贷的种类按贷款期限可以分为短期贷款、中期贷款和长期贷款，不存在永久贷款。

109. **ABCDE**　【解析】行业风险分析框架从以下七个方面来评价一个行业的潜在风险：①行业成熟度；②行业内竞争程度；③替代品潜在威胁；④成本结构；⑤经济周期（行业周期）；⑥行业进入壁垒；⑦行业政策法规。在不同的行业或者细分市场中，每个方面的影响程度是不同的。

110. **BCE**　【解析】监管条件主要包括财务维持、股权维持、信息交流、其他监管条件。

111. **ABCDE**　【解析】竞争程度的大小受很多因素影响，其中最主要和最普遍的因素包含以下内容：①行业分散和行业集中。行业分散是指一个行业中拥有大量数目的竞争企业，这种行业的竞争较激烈。而行业集中是指某一行业仅仅被数量很少的企业所控制，这种行业的竞争程度较低。②高经营杠杆增加竞争，因为企业必须达到较高的销售额度才能抵销较高的固定成本，另外一个原因是在销售下降的时候，企业的盈利能力会迅速下滑。③产品差异越小，竞争程度越大。④市场成长越缓慢，竞争程度越大。⑤退出市场的成本越高，竞争程度越大。例如在固定资产较多，并且很难用于生产其他产品的资本密集型行业中，企业通常不会轻易选择退出市场。⑥竞争程度一般在动荡期会增加,在行业发展阶段的后期,大量的企业开始进入此行业以图分享利润,市场达到饱和并开始出现生产能力过剩,价格战争开始爆发,竞争趋向白热化。⑦在经济周期达到低点时,企业之间的竞争程度达到最大。在营运杠杆较高的行业,这一情况更为严重。

112. ABCD 【解析】市场需求预测是在对需求量调查的基础上,对需求现状进行分析与评估。对市场需求状况进行预测分析,包括估计总的市场潜在需求量(简称潜量)、区域市场潜量、行业的实际销售额和公司的市场占有率。"替代品的价格"不属于市场需求预测的内容。

113. ABCDE 【解析】首次放款的先决条件包括以下几类:贷款类文件,借款人及保证人(如有)文件,与项目有关的协议,担保类文件,与登记、批准、备案、印花税有关的文件,其他类文件。

114. ABC 【解析】从资产负债表看,季节性销售增长、长期销售增长、资产效率下降可能导致流动资产增加。故选项A、选项B、选项C符合题意。固定资产重置及扩张、长期投资可能导致长期资产的增加。故选项D、选项E不符合题意。

115. AC 【解析】公司信贷贷前调查是对客户授信前所进行的调查,其主要目的在于确定是否能够受理该笔贷款业务、是否投入更多时间和精力进行后续的贷款洽谈、是否需要正式开始贷前调查工作。故应选选项A、选项C。

116. ABCDE 【解析】并购融资在20世纪80年代非常普遍而且大多是与杠杆收购相关的高杠杆交易,但最后由于种种因素这些贷款大多出现了问题,甚至违约。如果相关法律制度不健全,放贷后银行对交易控制权较少,自身利益保护不足,则要谨慎发放用于股权收购和公司并购的贷款。因为一旦借款公司借款后不是投资在事先约定的项目上而是用于购买其他公司的股权,对银行来说将产生很大的风险。所以,银行在受理公司的贷款申请后应当调查该公司是否有这样的投资计划或安排。如果银行向一个处于并购过程中的公司提供可展期的短期贷款就一定要特别关注借款公司是否会将银行借款用于并购活动。针对这一情况,比较好的判断方法就是银行通过与公司管理层的沟通来判断并购是否才是公司的真正借款原因。此外,银行还可以从行业内部、金融部门和政府部门等渠道获得相关信息。

117. ABC 【解析】企业产品的竞争力虽然也与产品品牌等多种因素有关,但主要还是取决于产品自身的性价比,故选项D错误;企业能否合理、有效、及时地进行产品创新对于设计和开发周期较长的公司更为重要,故选项E错误。

118. ACD 【解析】抵(质)押物担保方式的信贷业务申请需要提交的材料包括①抵(质)押清单;②抵(质)押物价值评估报告;③抵(质)押物权属证明文件;④抵(质)押物权属人公司章程及其有权机构出具的关于同意提供抵(质)押担保的决议和授权书。

119. ABDE 【解析】符合《巴塞尔新资本协议》的商业银行内部评级模型,应建立在商业银行内部数据基础上。故选项C错误。

120. AE 【解析】速动资产是指流动资产减去变现能力较差的且稳定的存货、预付账款、待摊费用和待处理流动资产损失等之后的余额。存货、预付账款、待摊费用、待处理流动资产损失、一年内到期(或收回)的长期投资则属于非速动资产。

三、判断题

121. B 【解析】公司信贷的借款主体是指经市场监督管理部门(或主管机关)核准登记,拥有由市场监督管理部门颁发营业执照的企业法人、由事业单位登记管理机关颁发事业单位法人证书的事业单位法人和其他经济组织等。自然人不包括在内。

122. B 【解析】我国商业银行一般采取贷款集体审议决策机制。审议表决应当遵循"集体审查审议、明确发表意见、绝对多数通过"的原则。

123. B 【解析】无论对于商业银行主动营销的客户还是向商业银行提出贷款需求的客户,信贷客户经理都应尽可能通过安排面谈等方式进行前期调查。前期调查的主要目的在于确定是否能够受理该笔贷款业务,是否投入更多时间和精力进行后续的贷款洽谈,以及是否需要正式开始贷前调查工作。

124. B 【解析】贷款企业受政策法规的影响程度决定了风险水平,企业受政策法规的影响越大,风险就越大。

125. A 【解析】借款需求指的是公司为什么会出现资金短缺并需要借款。借款需求的原因可能是长期性资本支出以及季节性存货和应收账款增加等导致的现金短缺。

126. A 【解析】即使借款合同有明确的借款需求原因,借款需求分析仍然是非常必要的。原因就在于,虽然许多企业都通过先进的风险管理技术来控制企业面临的业务和行业风险,以使企业具有较高的盈利能力和市场竞争力,但是它们可能缺少必要的财务分析技术来确定资本运作的最佳财务结构,而银行可以通过借款需求分析为公司提供融资方面的合理建议,这不但有利于公司的稳健经营,也有利于银行降低贷款风险。

127. B 【解析】借款需求分析中,通过了解借款企业在资本运作中导致资金短缺的关键因素和事件,银行可以找到潜在风险源,更全面、更有效地评估风险,更合理地确定贷款期限,并为企业提供融资结构方面的建议。
128. A 【解析】红利支付可导致资本净值的减少。
129. A 【解析】具有季节性销售特点的公司将经历存货和应收账款等资产的季节性增长,存货增长通常会出现在销售旺季期间或之前,而应收账款增加则主要是由销售增长引起的。
130. A 【解析】信贷人员对客户法人治理结构的评价要着重考虑控股股东行为的规范和对内部控制人的激励约束这两个因素。
131. A 【解析】在周期性行业中,商业银行和借贷者在经济周期的不同阶段一般会遵循一定的规律,在经济周期的最高点会出现更多的不良贷款。
132. B 【解析】保证人不能为国家机关、以公益为目的的非营利法人、非法人组织。
133. B 【解析】质物具有价值稳定性好、银行可控性强,易于直接变现处理用于抵债的特点,因此,它是银行最愿意受理的担保贷款方式。
134. A 【解析】合同填写完毕后,填写人员应及时将合同文本交合同复核人员进行复核。同笔贷款的合同填写人与合同复核人不得为同一人。
135. B 【解析】贷款合同管理一般采取银行业金融机构法律工作部门统一归口管理和各业务部门、各分支机构分级划块管理相结合的管理模式。
136. A 【解析】从事前风险管理的角度看,可以将贷款损失分为预期损失和非预期损失,通常银行筹集资本金来覆盖非预期损失,提取准备金来覆盖预期损失。
137. A 【解析】根据《民法典》第四百零八条的规定,抵押人的行为足以使抵押财产价值减少的,抵押权人有权请求抵押人停止其行为;抵押财产价值减少的,抵押权人有权请求恢复抵押财产的价值,或者提供与减少的价值相应的担保。
138. A 【解析】抵押物适用性与变现能力直接影响银行能否顺利、足额以其变现来抵偿债权。抵押物适用性越强、变现能力越强,越能顺利足额变现,对银行来说风险越小,采用的抵押率越高。
139. B 【解析】贷款分类应达到以下目标:①揭示贷款的实际价值和风险程度,真实、全面、动态地反映贷款质量;②及时发现信贷管理过程中存在的问题,加强贷款管理;③为判断贷款损失准备金是否充足提供依据。
140. A 【解析】贷款重组是指借款企业由于财务状况恶化或其他原因而出现还款困难,银行在充分评估贷款风险并与借款企业协商的基础上,修改或重新制定贷款偿还方案,调整贷款合同条款,控制和化解贷款风险的行为。

机考题库·真题试卷(二)

一、单项选择题

1. A 【解析】反映借款人盈利能力的比率主要有销售利润率、营业利润率、税前利润率和净利润率、成本费用利润率、资产收益率、净资产收益率,这些统称为盈利比率。
2. D 【解析】投资估算与资金筹措安排情况一般应包括银行对项目总投资、投资构成及来源的评估结果;项目资本金的落实情况;申请银行固定资产贷款金额、币别、用途、期限;申请其他银行固定资产贷款金额、币别、用途、期限;流动资金落实情况;投资进度;银行贷款的用款计划等内容。选项D属于借款人资信情况。
3. B 【解析】公司信贷管理的管理原则包括:全流程管理原则、诚信申贷原则、协议承诺原则、贷放分控原则、实贷实付原则、贷后管理原则。
4. A 【解析】根据《贷款通则》的规定,票据贴现的贴现期限最长不得超过6个月,贴现期限为从贴现之日起至票据到期日止。
5. D 【解析】贷款的合法合规性审查主要是指银行业务人员对借款人和担保人的资格合乎法律法规及其信贷政策行为进行的调查、认定。
6. A 【解析】盈利能力是区域管理能力和区域风险高低的最终体现。故选项A正确。
7. C 【解析】处于启动阶段的行业发展迅速,年增长率可以达到100%以上;因为行业相对较新,企业管理者一般都缺乏行业经验;由于价格比较高,消费者接受程度较低,需求有限,销售量很小;利润和现金流都为负值。
8. B 【解析】在成长阶段的末期,行业中也许会出现一个短暂的"行业动荡期"。出现这种情况的原因是很多企业可能无法拥有足够的市场占有率或产品不被接受,也可能是因为没有实现规模经济及生产效率提高,从而无法获得足够的利润。故选项B正确。
9. B 【解析】面谈结束时的注意事项:在对客户总体

情况了解之后,受理人员应及时对客户的贷款申请(此时的申请通常不正式)作出必要的反应。①如客户的贷款申请可以考虑(但还不确定是否受理),受理人员应当向客户获取进一步的信息资料,并准备后续调查工作,注意不得超越权限作出有关承诺;②如客户的贷款申请不予考虑,受理人员应留有余地地表明银行立场,向客户耐心解释原因,并建议其他融资渠道,或寻找其他业务合作机会。

10. B 【解析】客户的贷款需求状况包括贷款目的、贷款用途、贷款金额、贷款期限、贷款利率、贷款条件等。

11. C 【解析】首次放款的先决条件文件包括贷款类文件,借款人及保证人(如有)文件,与项目有关的协议和担保类文件,与登记、批准、备案、印花税有关的文件,其他类文件。

12. C 【解析】客户的还贷能力包括主营业务状况、现金流量构成、经济效益、还款资金来源、保证人的经济实力等。

13. B 【解析】区域信贷资产质量是对区域信贷风险状况的直接反应,它是衡量内部风险最重要的指标;区域经济发展水平分析是外部因素分析的内容;盈利性是区域管理能力和区域风险高低的最终体现;流动性从另一个侧面反映出区域风险的高低,流动性过高或过低都可能意味着区域风险的上升。

14. B 【解析】法律制度是经济高效运行的必要保障。

15. D 【解析】银行在对客户进行借款需求分析时,要关注企业的借款需求原因,即所借款项的用途,同时还要关注企业的还款来源以及可靠程度。实际上,在一个结构合理的贷款中,企业的还款来源与其借款原因应当是相匹配的,而这可以通过借款需求分析来实现。

16. A 【解析】借款人因购买商品或服务获得的商业信用减少而导致的借款需求,这是属于负债变化引起的需求。

17. D 【解析】对保证人的管理主要有以下三方面的内容:①审查保证人的资格;②分析保证人的保证实力;③了解保证人的保证意愿。

18. D 【解析】借款需求的主要影响因素:①季节性销售模式;②销售增长旺盛时期;③资产使用效率下降;④固定资产重置或扩张;⑤长期投资;⑥商业信用的减少和改变;⑦债务重构;⑧盈利能力不足;⑨额外的或非预期性支出。

19. D 【解析】具有季节性销售特点的公司,其银行贷款的还款来源主要是季节性资产减少所释放出的现金。

20. C 【解析】季节性资产增加的三个主要融资渠道:①季节性商业负债增加,包括应付账款和应计费用;②内部融资,来自公司内部的现金和有价证券;③银行贷款。选项C不属于季节性资产增加的主要融资渠道。

21. A 【解析】产品技术方案分析一方面要分析产品方案和市场需求状况,另一方面要分析拟建项目的主要产品和副产品所采用的质量标准是否符合要求;分析产品的质量标准,应综合考虑市场需求、原料品种、工艺技术水平、经济效益等因素,并将选定的标准与国家标准、国际常用标准进行对比;对生产工艺进行评估,首先要熟悉项目产品国内外现行工业化生产的工艺方法的有关资料,研究各种生产方法的技术特点,具体分析其优点和缺点;工艺技术方案的分析评估是投资项目技术可行性分析的核心,分析其技术方案是否是综合效果最佳的工艺技术方案,分析工艺技术方案的选择是否与社会发展目标相符合。

22. A 【解析】社会购买力是在一定的经济发展阶段、一定收入水平的基础上,国内和国际在零售市场上用于购买商品的货币支付能力。居民收入水平决定着产品的市场需求量。产品价格直接影响消费需求的变化。

23. A 【解析】企业生产流程中,供应阶段的核心是进货,生产阶段的核心是技术,销售阶段的核心是市场。故选项A正确。

24. C 【解析】在销售阶段,信贷人员应重点分析:①目标客户;②销售渠道;③收款条件。故选项C正确。

25. A 【解析】题干的表述为间接销售的特点。

26. A 【解析】销售渠道是连接厂商与终端客户的桥梁和纽带。销售渠道有两种:①直接销售,即厂商将产品直接销售给终端客户,其优点是贴近市场,应收账款少,缺点是需要铺设销售网络,资金投入较大;②间接销售,即厂商将产品通过中间渠道销售给终端客户,其优点是无须自找客源,资金投入少,缺点是应收账款较多。

27. C 【解析】在客户经营管理状况分析中,销售阶段收款条件主要包括三种:预收货款、现货交易和赊账销售。选项C不属于销售阶段的收款条件。

28. B 【解析】对借款人的贷后监控包括经营状况的监控、管理状况的监控、财务状况的监控、还款账户监控与银行往来情况的监控。

29. D 【解析】收款条件主要包括三种:预收货款、现货交易和赊账销售。故选项D正确。

30. A 【解析】企业产品的竞争力取决于产品品牌等多种因素,但主要还是取决于产品自身的性价比,那些性能先进、质量稳定、售价合理的产品往往在市场上具有较强的竞争力,为企业赢得市场和利润。

31. B 【解析】目前,商业银行的贷款重组方式主要有变更担保条件、调整还款期限、调整利率、借款企业变更、减免贷款利息、债务转为资本和以资抵债。

32. D 【解析】主营业务指标通常指主营业务收入占销售收入总额的比重,比重较大说明客户主营业务突出,经营方向明确;反之,则说明客户主营业务不够突出,经营方向不够明确。

33. D 【解析】无论是处置不良资产,还是重组,其投资者都需要评估银行资产的质量和净值,要用到贷款分类的理念、标准和方法。因而,以风险为基础的贷款分类方法,为不良资产评估提供了有用的理论基础和方法。

34. D 【解析】在其他条件不变的情况下,应收账款回收期越短,说明客户应收账款的变现速度越快,流动性越好。总资产周转率可以用来分析客户全部资产的使用效率,该比率越高,说明客户利用其全部资产进行经营的效率越高,客户的盈利能力越强。固定资产周转率高,表明客户固定资产利用较充分,同时也表明客户固定资产投资得当,固定资产结构合理,能够发挥效率。一般而言,一定时期内应收账款周转次数越多,说明企业收回赊销账款的能力越强,应收账款的变现能力和流动性越强,管理工作的效率越高。

35. D 【解析】平均存货余额=(期初存货余额+期末存货余额)/2,选项D不能反映存货周转速度。

36. D 【解析】固定资产周转率=销售收入净额/固定资产平均净值=8730÷[(2300+3400)÷2]=3.06。

37. C 【解析】客户信用评级是商业银行对客户偿债能力和偿债意愿的计量与评价,反映客户违约风险的大小。故选项C正确。

38. A 【解析】客户评级的评价主体是商业银行,评价目标是客户违约风险,评价结果是信用等级。故选项A正确。

39. D 【解析】在决策时应对以下几种情况作出不同的判断:①项目的财务效益和国民经济效益都不好的项目,属于经济上完全不合理的项目,应予以否定;②项目的财务效益好,而国民经济效益不好的项目,本质上也是经济上不合理的项目,也应予以否定;③项目的财务效益差,而国民经济效益好的项目,属于经济上合理的项目,应予以接受。

40. C 【解析】财产担保又分为不动产、动产和权利财产担保。

41. D 【解析】财产担保分为不动产、动产和权利财产(如股票、债券、保险单等)担保。这类担保主要是将债务人或第三人的特定财产抵押给银行。

42. A 【解析】根据《民法典》的规定,土地所有权不得抵押。故选项A正确。

43. B 【解析】质押是贷款担保方式之一,它是债权人所有的通过占有由债务人或第三人移交的质物而使其债权优先受偿的权利。选项B,设立质权的人,称为出质人;享有质权的人,称为质权人;债务人或者第三人移交给债权人的动产或权利为质物。以质物做担保所发放的贷款为质押贷款。

44. C 【解析】质押是贷款担保方式之一,它是债权人所有的通过占有由债务人或第三人移交的质物而使其债权优先受偿的权利。债务人或者第三人移交给债权人的动产或权利为质物。故选项C正确。

45. A 【解析】常用的授权形式有以下几种:①按受权人划分;②按授信品种划分;③按担保方式授权;④按客户风险评级授权;⑤按行业进行授权。

46. B 【解析】按行业进行授权,是指根据银行信贷行业投向政策,对不同的行业分别授予的权限,如对产能过剩行业、高耗能、高污染行业应适当上收审批权限。

47. D 【解析】按客户风险评级授权是指根据银行信用评级政策,对不同信用等级的客户分别授予不同的权限。按担保方式授权是指根据担保风险的缓释作用,对采用不同担保方式的授信业务分别授予不同的权限,如对全额保证金业务、存单(国债)质押业务等分别给予不同的审批权限。

48. B 【解析】审贷分离是指将信贷业务办理过程中的调查和审查环节进行分离,分别由不同层次机构和不同部门(岗位)承担,以实现相互制约并充分发挥信贷审查人员专业优势的信贷管理制度。审贷分离的核心是将负责贷款调查的业务部门(岗位)与负责贷款审查的管理部门(岗位)相分离,以达到相互制约的目的。

49. A 【解析】审贷分离一般分为岗位分离、部门分离和地区分离。故选项A正确。

50. C 【解析】在市场经济条件下,银行业金融机构为实现一定的经济目的,明确相互权利义务关系而签订的贷款合同是民事合同,通过合同所确立的民事关系是一种受法律保护的民事法律关系,所以,通过签订合同建立法律关系的行为是一种民事法律行为。

51. C 【解析】债权适用3年诉讼时效规定,自权利人知道或者应当知道权利受到损害以及义务人之日起计算。《民法典》规定,向人民法院请求保护民事权利的诉讼时效期间为三年。法律另有规定的,依照其规定。诉讼时效期间自权利人知道或者应当知道权利受到损害以及义务人之日起计算。法律另有规定的,依照其规定。

52. A 【解析】待处理抵债资产年处置率=一年内已

处理的抵债资产总价(外账的计价价值)/一年内待处理的抵债资产总价(列账的计价价值)×100% =90÷170×100% =52.94%。

53. A 【解析】银行贷款是指商业银行或其他信用机构以一定利率和按期归还为条件，将货币资金使用权转让给其他资金使用者的信用活动。

54. D 【解析】贷放分控是指银行业金融机构将贷款审批与贷款发放作为两个独立的业务环节，分别进行管理和控制，以达到降低信贷业务操作风险的目的。贷放分控中的"贷"，是指信贷业务流程中贷款调查、贷款审查和贷款审批等环节，尤其是指贷款审批环节，以区别贷款发放与支付环节。"放"是指放款，特指贷款审批通过后，由银行通过审核，将符合放款条件的贷款发放或支付出去的业务环节。

55. A 【解析】根据《固定资产贷款管理办法》的规定，贷款人应设立独立的责任部门或岗位，负责贷款发放和支付审核。其中所指的责任部门即放款执行部门。

56. B 【解析】贷放分控的操作要点包括以下三个方面：①设立独立的放款执行部门；②明确放款执行部门的职责；③建立并完善对放款执行部门的考核和问责机制。

57. D 【解析】资本金与贷款同比例到位只是最低要求，对于建设期风险较大的项目，贷款人可进一步提高资本金比例要求。另外，对于国家要求项目资本金在贷款发放前全部到位的项目，如房地产开发项目，还应遵守国家法律法规的规定。同时，贷款人应加强项目建成后的资本金管理，防止借款人以贷款置换等各种方式抽逃资本金。

58. A 【解析】借款人在银行的存款有较大幅度下降属于与银行往来的异常现象。应收账款异常增加、流动资产占总资产比重大幅下降、短期负债增加失当、长期负债大量增加均属于企业的财务风险。

59. A 【解析】企业与银行往来异常现象：①借款人在银行的存款有较大幅度下降；②在多家银行开户(公司开户数明显超过其经营需要)；③对短期贷款依赖较多，要求贷款展期；④还款来源没有落实或还款资金主要为非销售回款；⑤贷款超过了借款人的合理支付能力；⑥借款人有抽逃资金的现象，同时仍在申请新增贷款；⑦借款人在资金回笼后，在还款期限未到的情况下挪作他用，增加贷款风险。

60. C 【解析】根据是否诉诸法律，可以将清收划分为常规清收和依法收贷两种。其中，常规清收包括直接追偿、协商处置抵质押物、委托第三方清收等方式。采取常规清收的手段无效以后，要采取依法收贷的措施。

61. D 【解析】与银行往来监控中，银行应通过核查企业的银行对账单，分析公司的最近经营状况。

62. A 【解析】贷款保证的目的是对借款人按约、足额偿还贷款提供保障，因此，银行应特别注意保证的有效性，并在保证期内向保证人主张权利。对保证人的管理主要有以下三个方面的内容：①审查保证人的资格；②分析保证人的保证实力；③了解保证人的保证意愿。

63. D 【解析】以抵(质)押品设定担保的，银行要加强对抵押物和质押凭证的监控和管理。对抵押品要定期检查其完整性和价值变化情况，防止所有权人在未经银行同意的情况下擅自处理抵押品。

64. C 【解析】选项C属于筹资活动带来的现金流出。选项A属于投资活动带来的现金流入，选项B属于经营活动带来的现金流入，选项D属于融资活动带来的现金流入。

65. A 【解析】进入壁垒的高低是影响该行业市场垄断和竞争关系的一个重要因素，在进入壁垒较高的行业，企业面临的竞争风险较小，它们维持现有高利润的机会就越大。

66. C 【解析】担保的补充机制：①追加担保品，确保抵押权益；②追加保证人。

67. A 【解析】关注类贷款是指虽然存在一些可能对履行合同产生不利影响的因素，但债务人目前有能力偿付本金、利息或收益。

68. A 【解析】抵押物的估价是评估抵押物的现值。银行对抵押物的价值都要进行评估。

69. B 【解析】实体性贬值是由于使用磨损和自然损耗造成的贬值。功能性贬值，即由于技术相对落后造成的贬值。经济性贬值，即由于外部环境变化引起的贬值。

70. C 【解析】重组贷款如果仍然逾期，或借款人仍然无力归还贷款，应至少归为可疑类。

71. C 【解析】可疑贷款的特征：①借款人处于停产、半停产状态；②固定资产贷款项目处于停缓状态；③借款人已资不抵债；④银行已诉诸法律来回收贷款；⑤贷款经过了重组仍然逾期，或仍然不能正常归还本息，还款状况没有得到明显改善等。

72. C 【解析】诉中财产保全是指可能因债务人一方的行为或者其他原因，使判决不能执行或者难以执行的案件，人民法院根据债权银行的申请裁定或者在必要时不经申请自行裁定采取财产保全措施。

73. D 【解析】商业银行变更担保条件：①将抵押或质押转换为保证；②将保证转换为抵押或质押，或变更保证人；③直接减轻或免除保证人的责任。选项D不属于商业银行变更担保条件。

74. A 【解析】商业银行确定抵债资产价值的原则：

①法院裁决确定的价值;借、贷双方的协商议定价值;③借、贷双方共同认可的权威评估部门评估确认的价值。选项A不属于商业银行确定抵债资产价值的原则。

75. C 【解析】根据《银团贷款业务指引(修订)》的规定,单家银行担任牵头行时,其承贷份额原则上不得少于银团融资总金额的20%;分销给其他银团成员的份额原则上不得低于50%。

76. B 【解析】对于申请外汇贷款的客户,业务人员要调查认定借款人、保证人承受汇率、利率风险的能力,尤其要注意汇率变化对抵(质)押担保额的影响程度。

77. C 【解析】为避免抵押合同无效造成贷款风险,银行抵押贷款首要是做好风险分析工作,只有详备的风险分析加上完备的风险防范才能真正保证贷款抵押的安全性。故选项C正确。

78. C 【解析】银行业金融机构应当有效识别、计量、监测、控制信贷业务活动中的环境风险和社会风险,建立环境风险和社会风险管理体系,完善相关信贷政策制度和流程管理。故选项C正确。

79. C 【解析】提款期是指从借款合同生效之日开始,至合同规定贷款金额全部提款完毕之日为止,或最后一次提款之日为止,期间借款人可按照合同约定分次提款。

80. A 【解析】质押与抵押都是物的担保的重要形式,本质上都属于物权担保,但两者是不同性质的担保方式,主要存在以下区别:①质权的标的物与抵押权的标的物的范围不同;②标的物的占有权是否发生转移不同;③对标的物的保管义务不同;④能否重复设置担保不同;⑤对标的物孽息的收取权不同。

二、多项选择题

81. AD 【解析】通常根据贷款币种的不同将利率分为本币贷款利率和外币贷款利率。

82. ACD 【解析】贷款展期,期限累计计算,累计期限达到新的利率档次时,自展期之日起,按照展期日挂牌的同档次利率计息。达不到新的期限档次时,按展期日的原档次利率计息。故选项B错误。借款人在借款合同到期日之前归还借款时,银行有权按原贷款合同向借款人收取利息。故选项E错误。

83. ABCDE 【解析】初次面谈中需了解的客户的公司状况,包括历史沿革、股东背景与控股股东情况、管理团队、资本构成、组织架构、产品情况、所在行业情况、所在区域经济状况、经营现状等。

84. BDE 【解析】银行在确立贷款意向后,向固定资产贷款客户索取贷款申请资料:项目可行性研究

报告、立项(审批、核准或备案)批复用地、规划、环评等行政许可文件,符合国家有关投资项目资本金制度规定及其他配套条件落实的证明文件;转贷款、国际商业贷款及境外借款担保项目,应提交国家发展改革委关于筹资方式、外债指标的批文;政府贷款项目还需提交该项目列入双方政府商定的项目清单的证明文件。故选项B、选项D、选项E正确。

85. AB 【解析】银行受理因利率下降导致的借款需求申请须格外慎重,原因在于在缺少内部融资渠道(如股东融资)的情况下,盈利能力不足会引起其他借款需求,还可能会增加公司的财务杠杆,从而加大债权人的风险暴露;对支付分红引起的贷款需求,银行同样需要格外慎重,分析其具体原因,从而决定贷款期限。

86. ABDE 【解析】不良率变幅为负时,说明资产质量上升,区域风险下降。故选项C错误,选项A、选项B、选项D、选项E正确。

87. ACD 【解析】因为行业相对较新,企业管理者一般都缺乏行业经验。由于启动阶段的企业将来获得成功的概率很难估算,所以这一阶段的资金应当主要来自企业所有者或者风险投资者,而不应该来自商业银行。启动阶段行业的销售、利润和现金流分别有以下特点:①销售方面,由于价格比较高,消费者接受程度较低,需求有限,故销售量很小;②利润方面,因为销售量低而成本相对高,故利润为负值;③现金流方面,低销售、高投资和快速的资本成长需求造成现金流也为负值。

88. ABCDE 【解析】通过对现金流的预测以及月度或季度的营运资本投资、销售和现金水平等的分析,银行可以:①判断季节性销售模式是否创造季节性借款需求,即公司是否具有季节性销售模式,如果有的话,季节性模式是否足以使公司产生季节性借款需求;②评估营运资本投资需求的时间和金额;③决定合适的季节性贷款结构及偿还时间表。

89. ABCDE 【解析】客户品质基础分析中,对借款企业高管人员素质的评价主要包括以下内容:①受教育程度;②商业经验;③修养品德;④经营作风;⑤进取精神。

90. ABCD 【解析】固定资产原值确定的原则包括购入的固定资产按照购买价加上支付的运输费、保险费、包装费、安装成本和缴纳的税金来确定;自行建造的固定资产,按照建造过程中发生的全部实际支出确定;投资者投入的固定资产,按资产评估确认或合同协议确定的价值入账;融资租入的固定资产,按照租赁合同确定的价款加上运输费、保险费、安装调试费等确定。企业购建固定资产所缴纳的投资方向调节税、耕地占用税、进口设备

的增值税和关税应计入固定资产原值;与购建固定资产有关的建设期支付的贷款利息和发生的汇兑损失,也应计入相应的固定资产价值。

91. ABCD 【解析】核保必须双人同去,尤其是对于初次建立信贷关系的企业,更应强调双人实地核保的制度。一人去有可能被保证人蒙骗,或与企业勾结出具假保证,而双人能起到制约作用。故选项E错误。

92. ABCD 【解析】保证合同的条款审查主要应注意以下条款:被保证的贷款数额;借款人履行债务的期限;保证的方式;保证担保的范围;保证期间;双方认为需要约定的其他事项。

93. BCE 【解析】信贷审查岗的职责包括表面真实性审查、完整性审查、合规性审查、合理性审查、可行性审查。选项B属于完整性审查,选项C属于合规性审查,选项E属于合理性审查。

94. AB 【解析】贷款合同分为格式合同和非格式合同两种。

95. ABCD 【解析】银行业金融机构贷款合同应遵守的原则有不冲突原则、适宜相容原则、维权原则、完善性原则。

96. ACDE 【解析】企业的财务风险主要体现在以下几个方面:①企业不能按期支付银行贷款本息;②经营性净现金流量持续为负值;③产品积压、存货周转率大幅下降;④应收账款异常增加;⑤流动资产占总资产比重大幅下降;⑥短期负债增加失当,长期负债大量增加;⑦银行账户混乱,到期票据无力支付;⑧企业销售额下降,成本提高,收益减少,经营亏损;⑨不能及时报送会计报表,或会计报表有造假现象;⑩财务记录和经营控制混乱。故选项B错误。

97. ABCDE 【解析】与银行往来异常现象包括借款人在银行的存款有较大幅度下降;在多家银行开户(公司开户数明显超过其经营需要);对短期贷款依赖较多,要求贷款展期;还款来源没有落实或还款资金主要为非销售回款;贷款超过了借款人的合理支付能力;借款人有抽逃资金的现象,同时仍在申请新增贷款;借款人在资金回笼后,在还款期限未到的情况下挪作他用,增加贷款风险。

98. ABCE 【解析】对贷款保证人的审查内容应主要注重以下三个方面:①审查保证人的资格及其担保能力。审查保证人是否有合法的资格,避免不符合法定条件的担保主体充当保证人。审查保证人的资信情况,核实其信用等级,一般而言,信用等级较低的企业不宜接受为保证人。审查保证人的净资产和担保债务情况,确定其是否有与所设定的贷款保证相适应的担保能力。②审查保证合同和保证方式,保证合同的要素是否齐全,保证方式是否恰当。③审查保证担保的范围和保证的时限,保证担保的范围是否覆盖了贷款的本金及其利息、违约金和实现债权的费用,保证的时限是否为借款合同履行期满后的一定时期。

99. ABDE 【解析】银行在深入分析不良贷款成因的基础上,可有针对性地采取以下方式化解不良贷款:①现金清收;②重组;③以资抵债;④呆账核销。故选项A、选项B、选项D、选项E正确。

100. ABDE 【解析】风险评价要求充分识别和评估融资项目中存在的建设期风险和经营期风险,包括政策风险、筹资风险、完工风险、产品市场风险、超支风险、原材料风险、营运风险、汇率风险、环境风险和其他相关风险。故选项C错误。

101. ABCD 【解析】商业银行应根据授信工作尽职调查人员的调查结果,对具有以下情节的授信工作人员依法、依规追究责任。①进行虚假记载、误导性陈述或重大疏漏的;②未对客户资料进行认真和全面核实的;③授信决策过程中超越权限、违反程序审批的;④未按照规定时间和程序对授信和担保物进行授信后检查的;⑤授信客户发生重大变化和突发事件时,未及时实地调查的;⑥未根据预警信号及时采取必要保全措施的;⑦故意隐瞒真实情况的;⑧不配合授信尽职调查人员工作或提供虚假信息的;⑨其他。

102. ACDE 【解析】客户法人治理结构评价的内容:评价控股股东行为;评价激励约束机制;评价董事会结构和运作过程;评价财务报表与信息披露的透明度。

103. ABCE 【解析】商业银行在评级时主要考虑的因素包括以下几个内容:①财务报表分析结果;②借款人的行业特征;③借款人财务信息的质量;④借款人的管理水平;⑤借款人所在国家;⑥特殊事件的影响;⑦被评级交易的结构;⑧借款人资产的变现性。

104. AB 【解析】备用信用证主要分为可撤销的备用信用证与不可撤销的备用信用证。

105. ABCDE 【解析】除首次放款外,以后的每次放款无须重复提交许多证明文件和批准文件等,通常只需提交以下文件:①提款申请书;②借款凭证;③工程检验师出具的工程进度报告和成本未超支的证明;④贷款用途证明文件;⑤其他贷款协议规定的文件。

106. ABCDE 【解析】贷款保证存在的主要风险因素:保证人不具备担保资格;虚假担保人;公司互保;保证手续不完备,保证合同产生法律风险;超过诉讼时效以及贷款丧失胜诉权。

107. ABCD 【解析】拟进行固定资产重置的借款公司在向银行申请贷款时,通常会提出明确的融资需求,但是银行也能通过评估以下几方面来达到预测需求的目的:①公司的经营周期,资本投资周期,设备的使用年限和目前状况;②影响固定资产重置的技术变化率。

108. ABCDE 【解析】对个人贷款的贷款调查包括对借款用途、借款人基本情况、借款人收入情况、借款人还款来源、还款能力及还款方式、保证人担保意愿、担保能力或抵(质)押物价值及变现能力。

109. BC 【解析】进行贷款安全性调查,要考察借款人、保证人是否已建立良好的公司治理机制,主要包括是否制定清晰的发展战略、科学的决策系统、审慎的会计原则、严格的目标责任制及与之相适应的激励约束机制、健全的人才培养机制和健全负责的董事会。故选项B、选项C不属于公司治理机制。

110. ABC 【解析】公司信贷按经营模式可以分为自营贷款、委托贷款和特定贷款。

111. BC 【解析】贷前调查的方法包括现场调研和非现场调查(包括搜寻调查、委托调查和其他方法)。开展现场调研工作通常包括现场会谈和实地考察两个方面。故选项B、C两项符合题意。

112. BCD 【解析】本题考查企业的经营风险的主要体现。企业的业务性质改变、购货商减少采购是经营风险的体现,故选项A、选项E不符合题意。

113. AB 【解析】客户经理制是指商业银行的营销人员与客户,特别是重点客户,建立一种明确、稳定和长期的服务对应关系。客户经理的工作目标就是全面把握服务对象的整体信息和需求,在控制和防范风险的前提下,组织全行有关部门共同设计,并对其实施全方位金融服务方案。故应选选项A和选项B。

114. ABDE 【解析】季节性融资一般是短期的。在季节性营运资本投资增长期间往往需要通过外部融资来弥补公司资金的短缺,特别是在公司利用了内部融资之后。银行对公司的季节性融资通常在一年以内,而还款期安排在季节性销售低谷之前或之中,此时,公司的营运投资下降能够收回大量资金。但如果公司在银行有多笔贷款并且贷款是可以展期的,那么银行就一定要确保季节性融资不被用于长期投资,比如营运资金投资。这样做的目的就是保证银行发放的短期贷款只用于公司的短期投资从而确保银行能够按时收回所发放的贷款。

115. ABCE 【解析】应付账款被认为是公司的无成本融资来源,因为公司在应付账款到期之前可以充分利用这部分资金购买商品和服务,故选项A说法正确。当公司出现现金短缺时,通常会向供应商请求延期支付应付账款。但如果公司经常无法按时支付货款,商业信用就会大幅减少,供货商就会要求公司交货付款。故选项B、选项C说法正确。如果应付账款还款期限缩短了,那么公司的管理者将不得不利用后到期的应付账款偿还已经到期的应付账款,从而减少在其他方面的支出,这就可能造成公司的现金短缺,从而形成借款需求。应付账款还款期限延长,不会导致公司借款需求的产生。故选项D说法错误,选项E正确。

116. ACDE 【解析】对于银行信贷来说企业的经营风险部分体现在:不能适应市场变化或客户需求的变化、持有一笔大额订单却不能较好地履行合约、产品结构单一、对存货、生产和销售的控制力下降、对一些客户或供应商过分依赖可能引起巨大的损失等方面。选项A企业生产不能适应客户需求变化;选项B企业虽持有一笔大订单但能较好履行合约,因而不会为企业带来经营风险。选项C企业的产品结构过于单一;选项D企业对存货、销售的控制力下降;选项E企业对供应商过分依赖这些都可能为企业带来经营风险。

117. ABCDE 【解析】按照《巴塞尔新资本协议》信用风险内部评级法的要求,银行应将银行账户下的资产划分为六种不同的风险暴露:主权风险暴露、金融机构风险暴露、公司风险暴露、零售风险暴露、股权风险暴露和其他风险暴露。

118. ABD 【解析】借款人的全部资金来源于两个方面:一是借入资金,包括流动负债和长期负债;二是自有资金,即所有者权益。

119. ABD 【解析】我国《民法典》对保证人的资格做了明确的规定,只有那些具有代主债务人履行债务能力及意愿的法人、其他组织或者公民才能作为保证人。作为保证人不仅要满足上述两个要件,《民法典》对保证人的资格有以下限制性规定:第一,机关法人不得作保证人,但经国务院批准为使用外国政府或者国际经济组织贷款进行转贷的除外。第二,以公益为目的的非营利法人、非法人组织不得作保证人。

120. ABC 【解析】同一财产向两个以上债权人抵押的,拍卖、变卖抵押物所得的价款按照以下规定清偿:①抵押合同已登记生效的,按抵押物登记的先后顺序清偿;顺序相同的,按照债权比例清偿;②抵押合同自签订之日起生效的,如果抵押物未登记的,按照合同生效的先后顺序清偿,顺序相同的,按照债权比例清偿。抵押物已登记的先于未登记的受偿。

三、判断题

121. A 【解析】在宽限期内银行只收取利息，借款人不用还本，或本息都不用偿还，但是银行仍应按规定计算利息，至还款期才向借款企业收取。

122. B 【解析】银行在分析借款企业因固定资产扩张导致的借款需求时，将公司销售收入比上净固定资产所得的比率与行业相关数据进行比较，可获得很多有价值的信息。

123. A 【解析】损益表分析通常采用结构分析法。在分析时，除单个客户损益表相关项目的分析可用结构分析法之外，还可利用此法将不能比较的绝对数转化为可相互比较的相对数，与同行业平均水平比较。

124. B 【解析】核心流动资产指的是资产负债表上始终存在的那一部分流动资产。

125. A 【解析】当资产净值无法维持公司的高速增长时，公司必然会加大财务杠杆，此时，公司不太可能尽快归还银行贷款。

126. A 【解析】当企业总资产利润率高于长期债务成本时，加大长期债务可使企业获得财务杠杆收益，从而提高企业权益资本收益率。当总资产利润率低于长期债务成本时，降低长期债务的比重可使企业减少财务杠杆损失，从而维护所有者利益。

127. B 【解析】经营业绩指标通常指与行业比较的销售增长率，高于行业平均的增长率说明客户经营业绩较好；反之，则说明客户经营业绩较差。

128. B 【解析】资金结构是指借款人全部资金中负债和所有者权益所占的比重及相互关系。

129. A 【解析】结构分析法除用于单个客户有关指标的分析外，还可以将不同客户之间不能直接做比较的各项目的绝对数转化为可以做比较的相对数，从而用于不同客户之间或同行业之间平均水平之间的财务状况的比较分析，以对客户的财务经营状况及在同行业中的地位作出评价。

130. A 【解析】根据《贷款通则》的规定，贷款期限根据借款人的生产经营周期、还款能力和银行的资金供给能力由借贷双方共同商议后确定，并在借款合同中载明。

131. A 【解析】银行公司信贷产品投入市场后也会经历一个产生、发展与衰亡的过程，其生命周期可以分为四个阶段：幼稚期(导入期)、成长期、成熟期和衰退期。在每个生命周期的不同阶段，客户对产品的需求是不一样的，银行产品的销售额以及利润额也不相同，因此在各个阶段，银行营销有着不同的任务与特点，必须采取不同的产品策略。

132. B 【解析】项目建设条件分析主要是审查拟建项目是否具备建设条件及其可靠性。项目生产条件分析主要是指项目建成投产后，对生产经营过程中所需要的物资条件和供应条件进行的分析。

133. A 【解析】信贷人员应根据抵押物的评估值，分析其变现能力，充分考虑抵押物价值的变动趋势，科学地确定抵押率。

134. B 【解析】贷放分控中的"贷"，是指信贷业务流程中贷款调查、贷款审查和贷款审批等环节，尤其是指贷款审批环节。"放"是指放款，特指贷款审批通过后，由银行通过审核，将符合放款条件的贷款发放或支付出去的业务环节。

135. B 【解析】借款人用于建设项目的其他资金(自筹资金和其他银行贷款)应与贷款同比例支用。

136. B 【解析】存货质押模式下，中小企业将银行认可的存货以一定的条件质押给银行，并交付给银行认定的第三方物流企业进行监管，同时不转移物权以维持企业正常的生产经营。

137. B 【解析】银行对项目的生产规模进行分析，可以了解项目是否实现了规模经济。

138. B 【解析】按照稳健原则，流动比率一般在2左右比较适宜，但这并非绝对。实际中应视客户的行业性质及具体情况而定，不可一概而论。如商业和流通领域的客户，流动性较高。而机器制造业及电力业流动性则较差。

139. B 【解析】题中所提到的方式属于有效分散经营期风险的方式。贷款人应当以要求借款人或者通过借款人要求项目相关方签订总承包合同、投保商业保险、建立完工保证金、提供完工担保和履约保函等方式，最大限度地降低建设期风险。

140. A 【解析】在取得抵债资产过程中发生的有关费用，可以从按既定原则确定的抵押品、质押品的价值中优先扣除。

未来教育
Future Education

银行业专业人员职业资格考试（初级）

机考题库与高频考点

公司信贷

◆ 机考题库·真题试卷（三）
◆ 机考题库·真题试卷（四）
（含参考答案及解析）

微信扫码领取图书增值服务

视频课程	全套名师教材精讲课，单科约61课时
智能题库	套题10套/科，章节题1100+题/科
全真机考	网页端模拟机考环境，提前走进考场
直播互动	考前每周2~3次直播课，名师在线答疑，带您科学备考
答疑指导	助教邀请进入学习群，提供报考指导和产品使用咨询等
备考资料	免费获取思维导图、考试大纲、考试百事通等资料

微信扫描上方二维码
领取增值服务

《公司信贷》机考题库·真题试卷

机考题库·真题试卷(三)

一、单项选择题(本大题共80小题,每小题0.5分,共40分。在以下各小题所给出的四个选项中,只有一个选项符合题目要求,请将正确选项填入括号内)

1. 通常,流动资金贷款是(　　),固定资产贷款是(　　)。
   A. 短期贷款;周转贷款　　　　　　B. 长期贷款;周转贷款
   C. 短期贷款;长期贷款　　　　　　D. 长期贷款;短期贷款

2. 以下关于宽限期的说法,正确的是(　　)。
   A. 宽限期是指从贷款提款完毕之日开始,或最后一次提款之日开始,至第一个还本付息之日为止,介于提款期和还款期之间,有时也包括提款期
   B. 在宽限期内银行要收取本息
   C. 不包括提款期,即从借款合同生效日起至合同规定的第一笔还款日为止的期间
   D. 在宽限期内还可以本息都不用偿还,而且在此期间不计算利息

3. 下列关于项目经营机构分析的说法,错误的是(　　)。
   A. 项目经营机构的规模应取决于项目的年产量或提供服务的能力和范围
   B. 应依照项目的经营程序审查项目经营机构的设置是否精简高效
   C. 应审查项目经营机构的设置能否满足项目的要求
   D. 项目经营机构应具有根据市场变化而不断改变经营方针、内容和方式的能力

4. 下列关于衡量区域信贷资产质量的内部指标,说法正确的是(　　)。
   A. 利息实收率主要用于衡量目标区域盈利能力
   B. 信贷余额扩张系数过大或过小都可能导致信贷风险上升
   C. 不良率变幅大于1时,表明区域风险下降;小于1时,表明区域风险上升
   D. 信贷资产相对不良率为正时,说明目标区域信贷风险高于银行一般水平

5. 根据波特五力模型,一个行业的(　　)时,该行业风险较小。
   A. 进入壁垒高　　　　　　　　　　B. 替代品威胁大
   C. 买卖方议价能力强　　　　　　　D. 现有竞争者的竞争能力强

6. 下列选项不属于效率比率的是(　　)。
   A. 存货持有天数　　　　　　　　　B. 资产收益率
   C. 资产负债率　　　　　　　　　　D. 总资产周转率

7. 抵押品的可接受性可从其种类、权属、价值、(　　)等方面进行考察。
   A. 适用性　　　　　　　　　　　　B. 重置难易程度
   C. 变现难易程度　　　　　　　　　D. 购买难易程度

8. 客户的贷款需求状况不包括(　　)。
   A. 贷款目的　　　　　　　　　　　B. 贷款用途
   C. 主营业务状况　　　　　　　　　D. 贷款金额

9.以下关于固定资产折旧方法与无形资产、递延资产摊销方法的表述,错误的是(　　)。
  A.在项目评估中,固定资产折旧可用分类折旧法计算,也可以用综合折旧法计算
  B.无形资产与递延资产根据其原值采用平均年限法分期摊销
  C.无形资产没有规定使用期限的,按预计使用期限或者不少于20年的期限平均摊销
  D.开办费在项目投产后按不短于5年的期限平均摊销

10.实务操作中,(　　)是否受理往往基于对客户或项目的初步判断。
  A.贷款申请　　　　B.贷前调查　　　　C.贷后监督　　　　D.贷款抵押

11.下列关于贷款申请受理的说法,不正确的是(　　)。
  A.客户面谈后进行内部意见反馈的原则适用于每次业务面谈
  B.业务人员在撰写会谈纪要时,不应包含是否需要做该笔贷款的倾向性意见
  C.业务人员可通过银行信贷咨询系统等其他渠道对客户情况进行初步查询
  D.风险管理部门可以对是否受理贷款提供意见

12.银企合作协议涉及的贷款安排一般属于(　　)性质。
  A.贷款意向书　　B.贷款承诺　　　　C.借款合同　　　　D.借款申请书

13.下列关于流动比率的说法,正确的是(　　)。
  A.流动比率也称酸性测验比率
  B.流动比率=流动资产/(流动资产+流动负债)×100%
  C.流动比率反映了企业用来偿还负债的能力
  D.企业的流动比率越高越好

14.下列关于质押率的说法,不正确的是(　　)。
  A.质押率的确定要考虑质押财产的价值和质押财产价值的变动因素
  B.质押率的确定要考虑质物、质押权利价值的变动趋势
  C.质押权利价值可能出现增值
  D.对于变现能力较差的质押财产,应适当提高质押率

15.营运资本投资等于(　　)。
  A.季节性商业负债数量
  B.季节性资产数量
  C.季节性资产数量和季节性商业负债数量的总和
  D.季节性资产数量超出季节性商业负债数量的部分

16.假设一家公司的财务信息如下表所示(单位:万元)。

总资产	7640	销售额	11460
总负债	3820	净利润	573
所有者权益	3820	股息分红	171.9

如果该公司通过商业信用增加了1000万元的外部融资,所有者权益和红利分配政策、资产效率、销售利润保持不变,则该公司融资前和融资后的可持续增长率(SGR)分别为(　　)。
  A.11.7%;13.5%　　　　　　　　　　B.10.5%;13.5%
  C.11.7%;12.7%　　　　　　　　　　D.10.5%;12.7%

17.核心流动资产是始终存在于资产负债表上的那一部分流动资产,应当由(　　)来实现。
  A.长期融资　　　　　　　　　　　　B.短期融资
  C.核心流动负债减少　　　　　　　　D.长期资产变现

18.在贷款质押业务的风险中,最主要的风险因素是(　　)。
  A.虚假质押风险　　B.司法风险　　　C.汇率风险　　　　D.操作风险

19. 下列关于防范质押操作风险的说法,不正确的是( )。
   A. 银行应当确认质物是否需要登记
   B. 银行应收齐质物的有效权利凭证
   C. 银行应当与质物出质登记、管理机构和出质人签订三方协议,约定保全银行债权的承诺和监管措施
   D. 银行借出质押证件时,应书面通知登记部门或托管方撤销质押

20. 用于支持企业长期销售增长的资本性支出,主要包括内部留存收益与( )。
   A. 内部短期融资   B. 内部长期融资
   C. 外部短期融资   D. 外部长期融资

21. 资本回报率为净利润与( )的比率。
   A. 总资产   B. 净资产   C. 流动资产   D. 固定资产

22. 以下关于可持续增长率的假设条件的说法,错误的是( )。
   A. 资产周转率不变   B. 销售增长率不变
   C. 红利发放政策不变   D. 增加负债是唯一的外部融资来源

23. 与借款人的偿债能力无关的是( )。
   A. 盈利能力   B. 营运能力   C. 产品竞争力   D. 资本结构

24. ( )是指通过借款人经营中各项资产周转速度所反映出来的借款人资产运用效率,它能反映借款人资产管理水平和资产配置组合能力。
   A. 营运能力   B. 盈利能力   C. 资金结构   D. 偿债能力

25. 以下关于客户财务分析的说法,错误的是( )。
   A. 盈利是借款人偿债资金的唯一来源,客户盈利水平越高、持久性越强,债权风险越小
   B. 客户财务分析一般包含客户偿债能力、盈利能力和资金结构等方面的分析
   C. 客户营运能力不仅反映其资产管理水平和资产配置能力,也影响其偿债能力和盈利能力
   D. 所有者权益代表投资者对净资产的所有权,净资产是借款人全部资产减去全部负债的净额

26. 下列各项中,借款人偿还债务最具有保障的来源是( )。
   A. 现金流量   B. 资产销售
   C. 抵押物清偿   D. 资产置换

27. 下列关于财务报表资料的说法,正确的是( )。
   A. 主要包含会计报表、会计报表附注及财务状况说明书、会计师查账验证报告、其他资料等
   B. 会计报表指资产负债表、利润表、现金流量表
   C. 财务报表附注主要说明借款人会计处理方法事项
   D. 财务状况说明书是对资产负债表、利润表、现金流量表的补充

28. 保证期间是指( )主张权利的期限。
   A. 保证人向债务人   B. 保证人向债权人
   C. 债权人向保证人   D. 债权人向债务人

29. 客户评级的评价主体是( )。
   A. 专业评级机构   B. 政府   C. 商业银行   D. 注册会计师

30. 符合《巴塞尔新资本协议》要求的客户信用评级必须具有的功能不包括( )。
   A. 能够有效区分违约客户
   B. 能够准确量化客户违约风险
   C. 不同信用等级的客户违约风险随信用等级的下降而呈加速下降的趋势
   D. 能够估计各信用等级的违约概率,并将估计的违约概率与实际违约频率之间的误差控制在一定范围内

31. 商业银行的客户信用评级的评价目标是( ),评价结果是( )。
   A. 客户违约风险;授信额度　　　　　B. 客户偿债能力;违约损失率
   C. 客户偿债能力;违约概率　　　　　D. 客户违约风险;信用等级

32. 下列对信用评级分类及应用的理解,错误的是( )。
   A. 分为外部评级和内部评级
   B. 外部评级主要靠专家分析,内部评级主要靠商业银行内部分析
   C. 外部评级以定量分析为主,内部评级以定性分析为主
   D. 外部评级主要适用于大中型企业

33. 下列关于信用评级的说法,错误的是( )。
   A. 外部评级由专业评级机构提供,评级对象主要是大中型企业
   B. 内部评级是商业银行根据内部数据和标准,对客户风险进行的评价
   C. 商业银行内部评级一般仅适用于对大中型企业客户风险评价
   D. 在国内公开市场发行债券的企业,一般都要求提供外部评级

34. 在《巴塞尔新资本协议》推出之前,商业银行以大型客户作为营销重点,其信用评估在很大程度上依靠( )。
   A. 政府规定　　　B. 客户自身评价　　　C. 银行评价　　　D. 外部评级机构

35. ( )的构建和测算是内部评级法的核心,也是许多技术问题的焦点。
   A. 统计计量模型　　　　　　　　　B. 违约概率模型
   C. 定量分析模型　　　　　　　　　D. 定性分析模型

36. 违约概率模型需要商业银行建立一致的、明确的违约定义,并且在此基础上积累至少( )年的数据。
   A. 3　　　　　　B. 4　　　　　　C. 5　　　　　　D. 10

37. 根据《巴塞尔新资本协议》的规定,中小企业风险暴露是商业银行对年销售额不超过( )亿元的债务人开展的授信业务形成的债权。
   A. 1　　　　　　B. 5　　　　　　C. 2　　　　　　D. 3

38. 评估客户未来现金流量是否充足和借款人偿债能力的中心环节是( )。
   A. 行业分析　　B. 宏观经济分析　　C. 财务报表分析　　D. 借款人资产变现性

39. 各种因素导致供给和需求发生变化,使得经济处于非均衡状态,从而形成累积性的经济扩张或收缩的现象称为( )。
   A. 行业风险　　B. 产业周期　　　C. 宏观风险　　　D. 经济周期

40. 根据《民法典》规定,下列不属于担保物权的担保范围的是( )。
   A. 主债权　　　B. 利息　　　　C. 担保本金　　　D. 损害赔偿金

41. 贾某为B公司向银行申请的一笔保证贷款的保证人,贷款金额为50万元。则贷款到期时,若B公司仍未偿还贷款,银行( )。
   A. 只能先要求B公司偿还,然后才能要求贾某偿还
   B. 只能先要求贾某偿还,然后才能要求B公司偿还
   C. 可要求B公司或贾某中任何一者偿还,但只能要求贾某偿还部分金额
   D. 可要求B公司或贾某中任何一者偿还全部金额

42. 债权人按照合同约定占有债务人的动产,债务人不按照合同约定的期限履行债务的,债权人有权按照规定留置该财产,以该财产的价款优先受偿的是( )。
   A. 贷款抵押　　B. 贷款质押　　　C. 担保　　　　D. 留置

43. 《民法典》规定的法定担保范围不包括( )。
   A. 主债权　　　B. 利息　　　　C. 违约金　　　　D. 附属债权

44. 下列选项中,( )不属于实现债权的费用。
    A. 诉讼费　　　　　B. 鉴定评估费　　　　C. 质物保管费　　　　D. 拍卖费

45. 下列( )不属于审贷分离的形式。
    A. 岗位分离　　　　B. 部门分离　　　　　C. 地区分离　　　　　D. 财务分离

46. 下列不属于替代债务期限决定因素的是( )。
    A. 财务不匹配的原因　　　　　　　　　B. 公司产生现金流的能力
    C. 付款期缩短　　　　　　　　　　　　D. 公司的红利政策

47. 积极拓展信贷业务,做好市场和客户调查,优选客户,受理借款人申请。这是( )的职责。
    A. 信贷业务岗位　　B. 信贷审查岗位　　　C. 信贷发放岗位　　　D. 信贷授信岗位

48. 下列选项中,不属于信贷审查岗职责的是( )。
    A. 贷款业务办理后对借款人执行借款合同的情况和经营状况进行检查和管理
    B. 完整性审查
    C. 审查借款人、借款用途的合规性
    D. 审查借款行为的合理性

49. 在商业银行的实务操作中,判断贷款申请是否受理时,业务人员应坚持将( )放在第一位。
    A. 贷款安全性　　　B. 客户信用　　　　　C. 贷款收益　　　　　D. 维持客户

50. 长期贷款展期的期限累计不得超过( )年。
    A. 2　　　　　　　　B. 4　　　　　　　　C. 3　　　　　　　　D. 5

51. 商业银行负责审核借款人提款申请是否与贷款约定用途一致的部门是( )。
    A. 授信审批部门　　B. 信贷营销部门　　　C. 风险管理部门　　　D. 放款执行部门

52. 下列关于商业银行贷款发放管理的说法,正确的是( )。
    A. 贷款经批准后,业务人员应当严格遵照批复意见,着手落实贷款批复条件,在落实贷款批复中提出的问题和各项附加条件后,即可签署借款合同
    B. 对于以金融机构出具的不可撤销保函或备用信用证作担保的,可在收妥银行认可的不可撤销保函或备用信用证正本前,允许借款人根据实际经营需要先行提款
    C. 借款合同有别于一般的民事合同,借贷双方签订借款合同后,银行不按借款合同约定履行义务,不属于违约行为
    D. 银行需审查建设项目的资本金是否已足额到位,如因特殊原因不能按时足额到位,贷款支取比例可按实际情况高于借款人资本金到位比例

53. 在贷款发放的原则中,( )原则是指在中长期贷款发放过程中,银行应按照完成工程量的多少进行付款。
    A. 进度放款　　　　B. 计划、比例放款　　C. 等比例支用　　　　D. 资本金足额

54. 商业银行应按已批准的贷款项目年度投资计划所规定的建设内容、费用,准确、及时地提供贷款。这符合银行贷款发放的( )原则。
    A. 计划、比例放款　　　　　　　　　　B. 实贷实付
    C. 资本金足额　　　　　　　　　　　　D. 适宜相容

55. 以票据质押申请贷款的,银行需对( )的连续性进行审查。
    A. 票据　　　　　　B. 所有人　　　　　　C. 出票人　　　　　　D. 背书

56. 商业银行须审查建设项目的资本金是否已足额到位,这符合银行贷款发放的( )原则。
    A. 计划、比例放款　　　　　　　　　　B. 资本金足额
    C. 进度放款　　　　　　　　　　　　　D. 适宜相容

57. 关于固定资产原值的确定,下列说法正确的是( )。
    A. 购入固定资产按照购买价加上支付的运输费、保险费、包装费、安装成本和缴纳的税金确定

B.融资租入的固定资产,按缴纳各期租金的现值入账
C.构建固定资产缴纳的投资方向调节税、耕地占用税不计入固定资产原值
D.与构建固定资产有关的建设期支付的贷款利息和汇兑损失不应计入相应固定资产原值

58.下列关于风险预警程序的排序,正确的是( )。
 A.信用信息的收集和传递、风险分析、风险处置、后评价
 B.信用信息的收集和传递、风险处置、风险分析、后评价
 C.风险分析、信用信息的收集和传递、风险处置、后评价
 D.风险分析、风险处置、信用信息的收集和传递、后评价

59.下列关于确定贷款分类结果的说法,正确的是( )。
 A.对被判定为正常类的贷款,需分析判断的因素最少
 B.如果一笔贷款的贷款信息或信贷档案存在缺陷,即使这种缺陷对还款不构成实质性影响,贷款也应被归为关注类
 C.在判断可疑类贷款时,只需考虑"明显缺陷"的关键特征
 D.损失类贷款并不意味着贷款绝对不能收回或没有剩余价值,只说明贷款已不具备或基本不具备作为银行资产的价值

60.下列选项中,不属于风险预警方法的是( )。
 A.黑色预警法　　B.白色预警法　　C.蓝色预警法　　D.红色预警法

61.贷款合同的制定原则中,( )是指贷款合同文本内容应力求完善,借贷双方权利义务明确,条理清晰。
 A.不冲突原则　　B.维权原则　　C.完善性原则　　D.适宜相容原则

62.下列关于成本结构,表述错误的是( )。
 A.经营杠杆越高,销售量对营业利润的影响就越大
 B.高经营杠杆行业在经济恶化时可以减少变动成本,以保证盈利水平
 C.低经营杠杆行业的变动成本占较高比例
 D.在销售上升时,经营杠杆越低的行业,增长速度越慢

63.在贷款合同的分类中,当前我国银行业金融机构使用的主要是( )。
 A.固定期限合同　　　　　　B.非格式合同
 C.格式合同　　　　　　　　D.非固定期限合同

64.流动资金贷款可以用于( )等用途。
 A.股权投资　　　　　　　　B.房地产开发
 C.固定资产构建　　　　　　D.日常生产经营周转

65.下列不属于经营风险的体现的是( )。
 A.中层管理层较为薄弱,企业人员更新过快或员工数量不足
 B.对存货、生产和销售的控制力下降
 C.供应商不再供货或减少授信额度
 D.企业的地点发生不利的变化或分支机构分布不合理

66.不良贷款是指借款人未能按原定的贷款协议按时偿还( )的贷款本息的贷款。
 A.人民银行　　B.投资银行　　C.企业　　D.商业银行

67.下列不属于抵债资产的保管方式的是( )。
 A.上收保管　　B.就地保管　　C.委托保管　　D.亲自保管

68.关于对借款人进行破产重整,下列表述错误的是( )。
 A.破产重整的目的就是避免债务人立即破产
 B.当债权人内部发生无法调和的争议时,必须由法院作出裁决

C.债务人进入破产程序以后,其他强制执行程序应该加快进度,配合执行
D.在破产重整程序中,债权人组成债权人会议,与债务人协商债务偿还安排

69.司法型债务重组,主要指在《企业破产法》规定的和解与整顿程序中,以及国外的破产重整程序中,在法院主导下( )对债务进行适当的调整。
  A.贷款银行   B.国务院银行业监督管理机构
  C.债权人   D.债务人

70.银行债权应首先考虑以( )形式受偿,从严控制以( )抵债。
  A.货币;物   B.物;货币   C.债权;资产   D.资产;债权

71.( )是企业还款能力变化的直接反映,银行应定期收集符合会计制度要求的企业财务报表。
  A.经营状况变化   B.管理状况变化
  C.财务状况变化   D.还款账户变化

72.商业银行确立贷款意向后,业务人员向客户索取的贷款申请资料中必须包括其财务报表。下列有关收集财务报表的表述中,错误的是( )。
  A.新建项目的项目贷款,对于提供财务报表可不做严格要求
  B.若担保方式为保证形式,应同时索取保证人的财务报表
  C.对经审计和未经审计的财务报表应区别对待
  D.只需要向借款人索取上2年经审计的财务报表和近期月报表

73.借款人还款能力的主要标志是( )。
  A.借款人的现金流量是否充足   B.借款人的资产负债比率是否足够低
  C.借款人的管理水平是否足够高   D.借款人的销售收入和利润是否足够高

74.关于商业银行对大额不良贷款逐笔计提专项准备金的做法,下列说法错误的是( )。
  A.损失类的贷款,应按贷款余额的100%计提专项准备金
  B.可疑类贷款有必要也可以从其贷款组合中区别出来逐笔计算
  C.如果次级类贷款可能的还款来源是抵押品,相对明确并容易量化,应该区别出来逐笔计提
  D.当单笔贷款计提准备金时,不需要扣除该笔贷款抵押品的价值

75.根据《商业银行金融资产风险分类办法》规定,商业银行应至少( )对全部金融资产进行一次风险分类。
  A.每季度   B.每月   C.半年   D.每年

76.资产管理公司的注册资本应在( )亿元以上。
  A.10   B.30   C.50   D.100

77.根据《商业银行授信工作尽职指引》的规定,( )业务中应注意,除评估授信项目建议书、可行性研究报告及未来现金流量预测情况外,是否对质押权、抵押权以及保证或保险等严格调查,防止关联客户无交叉互保。
  A.公司贷款   B.项目融资   C.关联企业授信   D.担保授信

78.超过风险承受能力是指一家商业银行对单一集团客户授信总额超过商业银行资本余额( )或商业银行视为超出其风险承受能力的其他情况。
  A.5%   B.10%   C.15%   D.30%

79.下列债权或者股权可以作为呆账核销的是( )。
  A.银行未向借款人和担保人追偿的债权
  B.行政干预逃废或者悬空的银行债权
  C.违反法律法规的规定,以各种形式逃废或者悬空的银行债权
  D.借款人和担保人依法宣告破产,并终止法人资格,银行对借款人和担保人进行追偿后未能收回的债权

80. 商业银行制定的集团客户授信业务风险管理制度应报( )备案。
   A. 中国银行业协会　　　　　　　B. 国务院银行业监督管理机构
   C. 商务部　　　　　　　　　　　D. 中国人民银行

二、多项选择题(本大题共40小题,每小题1分,共40分。在以下各小题所给出的选项中,至少有两个选项符合题目要求,请将正确选项填入括号内)

81. 按贷款担保方式划分,公司信贷可分为( )。
   A. 抵押贷款　　B. 质押贷款　　C. 保证贷款
   D. 委托贷款　　E. 信用贷款

82. 影响贷款价格的主要因素包括( )。
   A. 贷款占用的经济资本成本　　　B. 贷款成本
   C. 银行贷款的目标收益率　　　　D. 贷款供求状况
   E. 借款人的信用及与银行的关系

83. 当流动资金贷款为票据贴现时,借款人出具的票据可以有( )。
   A. 银行本票
   B. 商业本票
   C. 银行承兑汇票
   D. 商业承兑汇票
   E. 银行支票

84. 贷前调查的主要对象为( )。
   A. 借款人
   B. 保证人
   C. 抵(质)押人
   D. 关联企业
   E. 抵(质)押物

85. 季节性资产增加的主要融资渠道有( )。
   A. 季节性商业负债增加
   B. 来自公司内部的现金
   C. 银行贷款
   D. 应收账款
   E. 来自公司内部的有价证券

86. 行业风险的产生受( )的影响。
   A. 经济周期
   B. 产业发展周期
   C. 产业组织结构
   D. 地区生产力布局
   E. 国家政策

87. 下列关于贷款客户生产阶段分析的说法,正确的有( )。
   A. 生产阶段的核心是技术
   B. 客户的生产设备是其核心竞争力的主要内容
   C. 客户的生产设备是生产技术的载体
   D. 信贷人员应分析客户的环保情况,包括了解客户的生产工艺及原材料消耗的情况
   E. 信贷人员可以从研发能力、内外研发机构协作能力、科研成果三个方面分析客户的技术水平

88. 银行业金融机构应当有效( )信贷业务活动中的环境风险和社会风险,建立环境风险和社会风险管理体系,完善相关信贷政策制度和流程管理。
   A. 识别　　B. 评估　　C. 监测
   D. 控制　　E. 计量

89. 下列关于产品竞争力和经营业绩分析的说法,正确的有( )。
   A. 一个企业要保持其产品的竞争力,必须不断地进行产品创新
   B. 一个企业的产品(包括服务)特征主要表现在其产品的竞争力方面
   C. 产品的设计和开发是企业经营的起点
   D. 经营业绩指标通常指与行业比较的销售增长率

E. 所占市场份额较大说明客户在行业中的地位较低,其价格策略的调整对行业整体销售状况无法产生影响

90. 初次面谈时,客户的还贷能力主要从(　　)方面考察。
    A. 股东构成　　B. 现金流量构成　　C. 经济效益
    D. 还款资金来源　　E. 保证人的经济实力

91. 下列关于保证合同的签订,说法正确的有(　　)。
    A. 保证合同可以以口头形式订立
    B. 保证人与商业银行可以就单个主合同分别订立保证合同,但是不可以就一定期间连续发生的贷款订立一个保证合同
    C. 书面保证合同既可以单独订立,也可以是主合同中的担保条款
    D. 最高贷款限额包括贷款余额和最高贷款累计额,在签订保证合同时须加以明确
    E. 合同之间的当事人名称、借款与保证金额、有效日期等,一定要衔接一致

92. 根据《民法典》的规定,债务人或者第三人有权处分的下列财产可以抵押(　　)。
    A. 建筑物和其他土地附着物　　B. 建设用地使用权
    C. 正在建造的建筑物、船舶、航空器　　D. 交通运输工具
    E. 土地所有权

93. 银行对借款人主体资格及基本情况进行审查的主要内容包括(　　)。
    A. 借款人主体资格及经营资格的合法性,信贷业务用途是否在其营业执照规定的经营范围内
    B. 借款人股东的实力及注册资金的到位情况
    C. 借款人申请信贷业务是否履行了法律法规或公司章程规定的授权程序
    D. 借款用途是否合法合规,是否符合国家宏观经济政策等
    E. 借款人的信用等级评定是否符合银行信贷政策制度

94. 对贷款合同实施履行监督、归档、检查等管理措施,包括(　　)。
    A. 正确贷款合同的履行进行监督
    B. 通过监督及时发现影响履行的原因,防止违约的发生
    C. 建立完善的档案管理制度
    D. 不定期对合同的使用、管理等情况进行检查
    E. 对检查中发现的问题应当及时整改

95. "贷放分控"的基本含义包括(　　)。
    A. 指银行业金融机构将贷款审批与贷款发放作为两个独立的业务环节,分别管理和控制,以达到降低信贷业务操作风险的目的
    B. "贷"是指银行业务流程中贷款调查、审查、审批等环节,尤其是贷款审批环节,以区别贷款发放与支付环节
    C. "放"是指银行放款,特指贷款审批通过后,由银行审核,将符合条件的贷款发放或支付出去的环节
    D. "贷"是指企业业务流程中贷款调查、审查、审批等环节,尤其是贷款审批环节,以区别贷款发放与支付环节
    E. "放"是指企业放款,特指贷款审批通过后,由银行审核,将符合条件的贷款发放或支付出去的环节

96. 银行对保证人的管理主要内容有(　　)。
    A. 审查保证人的资格　　B. 了解保证人的家庭背景
    C. 审查保证人的信用等级　　D. 分析保证人的保证实力
    E. 了解保证人的保证意愿

97.下列关于新进入者进入壁垒的说法,正确的有( )。
   A.竞争性进入威胁的严重程度取决于两方面的因素:进入新领域的障碍大小与预期现有企业对于进入者的反应情况
   B.进入障碍主要包括规模经济、产品差异、资本需要、转换成本、销售渠道开拓、政府行为与政策、不受规模支配的成本劣势、自然资源、地理环境等方面
   C.进入障碍都可以很容易地通过复制或仿造来突破
   D.预期现有企业对进入者的反应情况主要取决于有关厂商的财力情况、报复记录、固定资产规模、行业增长速度等
   E.新企业进入一个行业的可能性大小,取决于进入者主观估计进入所能带来的潜在利益、所需花费的代价与所要承担的风险这三者的相对大小情况

98.在其他贷款条件没有明显恶化的情况下,具备( )条件之一的,商业银行可以考虑办理债务重组。
   A.通过债务重组,能够追加或者完善担保条件
   B.通过债务重组,借款企业能够改善财务状况,增强偿债能力
   C.通过债务重组,可在其他方面减少银行风险
   D.通过债务重组,能够使银行债务先行得到部分偿还
   E.通过债务重组,能够弥补贷款法律手续方面的重大缺陷

99.关于贷款重组的方式,下列说法正确的有( )。
   A.调整还款期限时,主要根据企业偿债能力制定合理的还款期限
   B.在变更借款企业时,要防止借款企业利用分立、对外投资、设立子公司等手段逃废银行债务
   C.银行必须在人民银行和国务院银行业监督管理机构的批示下进行减免符合条件的借款企业表外欠息,不可自主减免表外欠息
   D.调整利率主要将逾期利率调整为相应档次的正常利率或下浮,并要遵守人民银行和各银行关于利率管理的规定
   E.重组贷款时可以根据实际需要采取其他方式

100.根据《贷款通则》第十九条的规定,借款人的义务包括( )。
   A.应当拒绝提供所有开户行、账号及存贷款余额情况
   B.将债务全部或部分转让给第三方的,应当取得贷款银行的同意
   C.应当接受借款合同以外的附加条件
   D.应当按借款合同约定用途使用贷款
   E.应当拒绝贷款人对其信贷资金使用情况的监督

101.对于季节性增长借款企业,银行需通过对( )分析,判断企业是否具有季节性借款需求及其时间、金额,决定合适的季节性贷款结构及偿还时间表。
   A.股东背景   B.现金流预测   C.固定资产使用率
   D.营运资本投资 E.销售水平

102.商业银行对抵押合同重点审查的条款包括( )。
   A.抵押物的所在地、所有权权属或使用权权属
   B.抵押物的名称、数量、质量、状况
   C.借款期限与抵押期限的匹配性
   D.抵押贷款的种类和数额
   E.抵押品价值的稳定性

103.下列选项中,属于企业经营风险的有( )。
   A.经营活动发生显著变化,出现停产、半停产或经营停止状态

B.对一些客户或供应商过分依赖,可能引起巨大的损失
C.股东发生重大不利变化
D.兼营不熟悉的业务、新的业务或在不熟悉的地区开展业务
E.产品结构单一

104.贷前调查的内容包括( )。
A.贷款合规性调查　　　　　　　　B.贷款安全性调查
C.贷款效益性调查　　　　　　　　D.贷款可行性调查
E.贷款规模调查

105.分析企业资金结构是否合理时要注意( )等方面内容。
A.资产负债表结构是否合理　　　　B.现金流量表结构是否合理
C.资金成本　　　　　　　　　　　D.经营风险水平
E.资产收益

106.根据贷款五级分类制度,以下贷款可划入关注类的有( )。
A.借款人经营管理存在重大问题或未按约定用途使用贷款
B.违反行业信贷管理规定或监管部门监管规章发放的贷款
C.借款人在其他金融机构的贷款被划为次级类
D.借新还旧贷款,企业运转正常且能按约还本付息
E.借款人采用隐瞒事实等不正当手段取得贷款

107.根据竞争与垄断关系的不同,市场通常可分为( )等几种类型。
A.完全垄断　　B.垄断竞争　　C.竞争垄断
D.寡头垄断　　E.完全竞争

108.固定资产贷款贷前调查中,银行从项目获得的收益预测可从( )中考察。
A.利息收入　　B.转贷手续费　　C.年结算收入
D.日均存款额　　E.盘活贷款存量

109.关于行业内竞争程度的影响因素说法正确的有( )。
A.行业分散和行业集中　　　　　　B.产品差异越小,竞争程度越大
C.市场成长越缓慢,竞争程度越大　D.退出市场的成本越高,竞争程度越小
E.竞争程度一般在动荡期会增加

110.加强合同管理的实施要点包括( )。
A.修订和完善贷款合同等协议文件　B.建立完善有效的合同管理制度
C.加强贷款合同规范性审查管理　　D.实施履行监督、归档、检查等管理措施
E.做好有关配套和支持工作

111.下列不属于银行判断公司销售收入增长是否会产生借款需求的方法有( )。
A.判断其持续销售增长率是否足够高
B.判断利润增长率
C.判断成本节约率
D.判断其资产效率是否相对稳定,销售收入是否保持稳定、快速增长,且经营现金流是否可以满足营运资本投资和资本支出增长
E.比较若干年的"可持续增长率"与实际销售增长率

112.下列符合借款人要求的有( )。
A.有限责任公司对外股本权益性投资累计占其净资产总额的35%
B.有限责任公司对外股本权益性投资累计占其净资产总额的50%
C.有限责任公司对外股本权益性投资累计占其净资产总额的70%

D.股份有限公司对外股本权益性投资累计占其净资产总额的40%
E.股份有限公司对外股本权益性投资累计占其净资产总额的60%

113.下列关于财产保全的说法,正确的有(　　)。
A.财产保全可以防止债务人的财产被隐匿、转移或者毁损灭失
B.银行对债务人财产采取保全措施,可影响债务人的生产和经营活动,迫使债务人主动履行义务
C.银行应对每笔逾期贷款及时申请财产保全,以防止债权损失
D.诉前财产保全是指债权银行因情况紧急,不立即申请财产保全将会使其合法权益受到难以弥补的损失,因而在起诉前向人民法院申请采取财产保全措施
E.诉中财产保全是指可能因债务人一方的行为或者其他原因,使判决不能执行或者难以执行的案件,人民法院根据债权银行的申请裁定或者在必要时不经申请自行裁定采取财产保全措施

114.下列关于行业内竞争程度的说法,正确的有(　　)。
A.具有行业分散特征的行业竞争更为激烈
B.较高的经营杠杆增加竞争
C.市场成长越迅速,竞争程度越大
D.退出市场的成本越高,竞争程度越大
E.在行业发展阶段的前期,竞争较为激烈

115.银行对企业的借款需求进行分析的意义主要有(　　)。
A.合理地确定贷款期限
B.有利于公司的稳健经营
C.有利于银行进行全面的风险分析和控制
D.获得更高的银行贷款
E.使银行的不良贷款的消失

116.抵押物价值减少时,商业银行可以要求(　　)。
A.提供与减少的价值相等的担保　　B.法院强制执行
C.仲裁机关仲裁　　D.抵押人出具证明
E.抵押人恢复抵押物的价值

117.关于贷款展期,下列表述错误的有(　　)。
A.长期贷款展期的期限累计不得超过2年
B.抵押贷款展期后,银行应要求抵押人及时到有关部门办理续期登记手续
C.借款人未申请展期或申请展期未得到批准,其贷款从到期日当日起,转入逾期贷款账户
D.采用"挂钩"方式转贷的,视情况可以展期,每次展期最长不超过2年
E.现行短期贷款展期的期限累计不超过原贷款期限的一半

118.杠杆比率主要包括(　　)。
A.总资产周转率　　B.投资利润率
C.负债与所有者权益比率　　D.负债与有形净资产比率
E.资产负债率

119.银行在进行贷款风险分类时通常要经过基本信贷分析、还款能力分析、还款可能性分析和确定分类结果四个步骤。以下关于还款能力分析的表述,正确的有(　　)。
A.衡量借款人短期偿债能力的指标主要有资产负债比率和产权比率等
B.如果借款人在贷款约定时的还款来源发生了变化,即使目前偿还了部分贷款,该贷款也不能视为正常类贷款
C.贷款风险分类最核心的内容就是贷款偿还的可能性

D. 衡量借款人长期偿债能力的指标主要有流动比率、速动比率和现金比率等

E. 还款能力的主要标志就是借款人的现金流量是否充足

120. 授信额度的决定因素有(　　)。
A. 集中度因素　　　　　　　　　B. 银行的客户政策
C. 贷款组合管理的限制　　　　　D. 借款企业对借贷金额的需求
E. 客户的还款能力

三、判断题(共20题,每小题1分,共20分。请判断以下各小题的正误,正确的为A,错误的为B)

121. 还款期是指从借款合同规定的第一次还款日起至部分本息清偿日止的期间。（　）

122. 我国人民币短期贷款利率可分为6个月(含6个月)以下和6个月至1年(含1年)两个档次,中长期贷款利率可分为1至3年(含3年)、3至5年(含5年)以及5年以上三个档次。（　）

123. 面谈后,业务人员须及时撰写会谈纪要,为公司业务部门上级领导提供进行判断的基础性信息。（　）

124. 流动资金贷款可以用于固定资产、股权等投资,不得用于国家禁止生产、经营的领域和用途。（　）

125. 长期投资属于一种战略投资,其风险较小,因此最适当的融资方式是股权性融资。（　）

126. 应付账款可以被看作公司的无成本融资来源。（　）

127. 银行可以通过营运现金流量分析来判断公司的营运现金流是否仍为正,并且能够满足偿还债务、资本支出和预期红利发放的需要。如果能够满足,则发放红利不能作为合理的借款需求原因。（　）

128. 有时公司也会遇到意外的非预期性支出,非预期性支出一旦超过了公司的现金储备,就会导致公司的借款需求。（　）

129. 在实际借款需求分析中,需要考虑公司的盈利趋势。（　）

130. 信贷人员对客户法人治理结构的评价要着重考虑中小股东行为的规范和对其约束和激励这两个因素。（　）

131. 贷款担保是银行在发放贷款时要求借款人提供担保,以保障债权实现的一种法律行为。（　）

132. 银行保险机构应当建立有效的绿色金融考核评价体系和奖惩机制。（　）

133. 抵押物适用性要强,变现能力较好,抵押率应当降低。（　）

134. 在审查担保类文件时,公司业务人员应特别注意担保协议中的担保期限。（　）

135. 贷款人办理提款,应在提款日前填妥借款凭证。除非借款合同另有规定,银行不能代客户填写借款凭证。（　）

136. 贷款逾期后,对应收未收的利息、罚息,要按照复利计收。（　）

137. 银行应将质押存款的资金放在借款人在本行的活期存款账户中。（　）

138. 批量转让是指金融企业对一定规模的不良资产进行组包,定向转让给资产管理公司的行为。（　）

139. 借款人蓄意通过兼并、破产或者股份制改造等途径侵吞信贷资金的,应当依据有关法律规定承担相应部分的赔偿责任并处以罚款。（　）

140. 国有控股金融资产管理公司属于金融企业。（　）

机考题库·真题试卷(四)

本试卷采用虚拟答题卡技术,自动评分

考生扫描右侧二维码,将答题选项填入虚拟答题卡中,题库系统可自动统计答题得分,生成完整的答案及解析。题库系统根据考生答题数据,自动收集整理错题,记录考生薄弱知识点,方便考生在题库系统中查漏补缺。

一、单项选择题(本大题共80小题,每小题0.5分,共40分。在以下各小题所给出的四个选项中,只有一个选项符合题目要求,请将正确选项填入括号内)

1. 信贷期限有广义和狭义两种,下列关于信贷期限的说法,不正确的是( )。
   A. 广义的信贷期限是指银行承诺向借款人提供以货币计量的信贷产品的整个期间,即从签订合同到合同结束的整个期间
   B. 狭义的信贷期限是指从具体信贷产品发放到约定的最后还款或清偿的期限
   C. 在广义的定义下,贷款期限通常分为提款期、宽限期和还款期
   D. 在狭义的定义下,贷款期限通常分为提款期、宽限期和还款期

2. 从借款合同生效之日开始至最后一次提款之日为止,借款人可以分次提款的期间属于( )。
   A. 提款期   B. 宽限期   C. 长期   D. 还款期

3. 电子票据的期限为( ),这使企业融资期限安排更加灵活。
   A. 6个月   B. 3个月   C. 1年   D. 9个月

4. 下列不是信贷前台部门的是( )。
   A. 金融机构部门   B. 公司业务部门
   C. 风险管理部门   D. 个人贷款部门

5. 王某是某公司向银行申请的一笔保证贷款的连带保证人,贷款到期时,如该公司仍未偿还贷款,银行( )。
   A. 可要求某公司或王某任何方偿还,但只能要求王某偿还部分金额
   B. 可要求某公司或王某任何方偿还全部金额
   C. 只能先要求某公司偿还,然后才能要求王某偿还
   D. 只能要求王某先偿还,然后才能要求某公司偿还

6. 银行确立贷款意向后,信贷业务人员有核对的义务,核对无误后,应( )。
   A. 再次向公司确认   B. 在复印件上签字确认
   C. 索要董事会决议书   D. 索要借款授权书

7. 下列关于贷款意向书与贷款承诺的说法,错误的是( )。
   A. 贷款意向书和贷款承诺都是贷款程序中不同阶段的成果
   B. 贷款意向书和贷款承诺常见于短期贷款
   C. 有的贷款操作过程中既不需要贷款意向书也不需要贷款承诺
   D. 贷款意向书表明该文件是为贷款进行下一步的准备和商谈而出具的一种意向性的书面声明

8. 贷款承诺费是指银行对( )的那部分资金收取的费用。
   A. 已承诺贷给客户而客户已经使用   B. 未承诺贷给客户而客户已经使用
   C. 已承诺贷给客户而客户没有使用   D. 未承诺贷给客户而客户没有使用

9. 下列关于低经营杠杆行业的说法,正确的是( )。
   A. 固定成本占有较大的比例   B. 规模经济效应明显
   C. 当市场竞争激烈时更容易被淘汰   D. 利润对销售量比较敏感

10. 下述哪一种情况的出现将意味着行业中现有企业之间竞争的加剧(　　)。
　　A.行业进入导入期　　　　　　　　B.行业进入壁垒高
　　C.资本运作比较频繁期　　　　　　D.退出市场的成本高

11. 如为流动资金贷款,借款人需要提交的资料不包括(　　)。
　　A.资金到位情况的证明文件
　　B.原、辅材料采购合同
　　C.如为出口打包贷款,应出具进口方银行开立的信用证
　　D.如为票据贴现,应出具承兑的汇票

12. 如为(　　),借款人应出具进口方银行开立的信用证。
　　A.一般贸易贷款　　　　　　　　　B.出口打包贷款
　　C.进口打包贷款　　　　　　　　　D.流动资金贷款

13. 下列关于行业风险分析框架中成本结构的说法,正确的是(　　)。
　　A.指某一行业内长期成本与短期成本的比例
　　B.企业固定成本主要指原材料、广告费用等
　　C.经营杠杆较低行业成功的关键在于保持较高的销售量和维持市场占有率
　　D.行业的经营杠杆越高,信用风险越高

14. 以下关于借款人营运能力的表述,错误的是(　　)。
　　A.借款人资产周转速度越快,经营能力越强
　　B.资产运用效率越高,盈利能力越强
　　C.营运能力是指借款人的资产运用效率
　　D.只反映借款人的资产管理水平和资产配置组合能力

15. 某公司的总资产为 12896 万元,销售收入为 13287 万元。净利润为 875 万元,所有者权益为 5833 万元,股利分红为 350 万元,则该公司的可持续增长率为(　　)。
　　A.2.7%　　　　　B.9.9%　　　　　C.6.4%　　　　　D.4.1%

16. 在估计可持续增长率时,通常假设内部融资的主要资金来源是(　　)。
　　A.净资本　　　　B.留存收益　　　C.增发股票　　　D.增发债券

17. 假设某公司的红利支付率是 40%,则留存比率为(　　)。
　　A.40%　　　　　B.50%　　　　　C.60%　　　　　D.70%

18. 一家公司的财务信息如下:总资产 21678 万元,总负债 11946 万元,所有者权益 9732 万元,销售额 29962 万元,净利润 1572 万元,股息分红 608 万元。则本公司的可持续增长率为(　　)。
　　A.35%　　　　　B.50%　　　　　C.11%　　　　　D.10%

19. 《贷款通则》规定,贷款人在短期贷款到期(　　)之前,中长期贷款到期(　　)之前,应当向借款人发送还本付息通知单。
　　A.15 天;2 个月　　B.10 天;15 天　　C.10 天;1 个月　　D.7 天;1 个月

20. 下列决定公司持续增长率的四个变量中,(　　)越高越好。
　　A.红利支付率和财务杠杆　　　　　B.红利支付率和资产效率
　　C.利润率和资产效率　　　　　　　D.利润率和红利支付率

21. 假设一家公司的财务信息如下表所示(单位:万元)。

总资产	7640	销售额	11460
总负债	3820	净利润	573
所有者权益	3820	股息分红	171.9

　　该公司的留存比率为(　　)。
　　A.95.5%　　　　B.4.5%　　　　　C.70%　　　　　D.30%

22. 以下关于公司可持续增长率的描述错误的是( )。
   A. 利润率越高,销售增长越快　　　　B. 用于分红的利润越少,销售增长越快
   C. 资产效率越高,销售增长越快　　　　D. 财务杠杆越低,销售增长越快

23. 下列选项中,不属于财务报表分析资料的是( )。
   A. 会计报表　　　　　　　　　　　　B. 会计报表附注和财务状况说明书
   C. 注册会计师查账验证报告　　　　　D. 公司营业执照

24. ( )是将客户的有关财务数据与同行业平均水平或在不同企业之间进行比较,找出差异及其产生原因,用于判断客户管理水平和业绩水平。
   A. 趋势分析法　　　　　　　　　　　B. 结构分析法
   C. 比较分析法　　　　　　　　　　　D. 因素分析法

25. ( )是以财务报表中的某一总体指标为基础,计算其中各构成项目占总体指标的百分比,然后比较不同时期各项目占百分比的增减变动趋势。
   A. 趋势分析法　　B. 结构分析法　　C. 比率分析法　　D. 比较分析法

26. 某银行信贷审查人员在对一家借款企业进行财务分析时,发现该企业近3年来的流动资金占总资产比例没有太大变化,但速动资产比例在逐年减少,而存货和其他应收款占比逐年增加,反映出企业营运资金有所沉淀,资金使用效率逐步恶化。该信贷审查人员在对企业进行财务分析时,主要运用了( )。
   A. 结构分析法和趋势分析法　　　　　B. 因素分析法和比较分析法
   C. 结构分析法和比率分析法　　　　　D. 比较分析法和趋势分析法

27. 在比较分析法中,现实中通常以( )的标准作为行业平均水平。
   A. 本行业所有公司平均　　　　　　　B. 上市公司
   C. 规模以上公司　　　　　　　　　　D. 中等规模公司

28. 计算公司某年的毛利率、净利率、各项周转率、资产负债率及利息覆盖倍数,这属于财务报表分析中的( )。
   A. 趋势分析法　　B. 结构分析法　　C. 比率分析法　　D. 比较分析法

29. 下列关于资产负债表分析的表述,错误的是( )。
   A. 借款人的资金结构应与固定资产周转率相适应
   B. 客户的长期资金是由所有者权益和长期负债构成的
   C. 在分析资产负债表时,一定要注意借款人的资产结构是否合理,是否与同行业的比例大致相同
   D. 合理的资金结构不仅要从总额上满足经营活动需要,而且资金的搭配也要适当

30. 下列关于企业资产负债表分析的表述,正确的是( )。
   A. 借款人不能全部收回其应收账款或固定资产提前报废,这都会给借款人的资产带来损失,从而增加经营风险
   B. 企业的非流动资产包括长期投资、固定资产、无形及递延资产、待摊费用和其他长期资产等
   C. 当企业总资产利润低于长期债务成本时,加大长期债务可使企业获得财务杠杆收益,从而提高企业权益资本收益率
   D. 如借款人属于稳定的生产制造企业,那么其资产转换周期较长且稳定,因而其融资需求更多的是短期资金

31. 所有者权益代表投资者对企业( )的所有权。
   A. 全部资产　　B. 全部负债　　C. 净资产　　D. 流动资产

32. 某大型超市拥有总资产1000万元,其中现金30万元,存货200万元,固定资产400万元,应收账款150万元,该超市的资产结构( )。
   A. 与同行业相当,提供贷款

B. 优于同行业,提供贷款

C. 劣于同行业,拒绝贷款

D. 与同行业比例有较大差异,应进一步分析差异原因

33. 借款人的(　　)是反映借款人在某一特定日期财务状况的财务报表。
    A. 资产负债表　　　B. 现金流量表　　　C. 损益表　　　D. 股东权益变动表

34. 下列不属于资产负债表的基本内容的是(　　)。
    A. 资产　　　B. 负债　　　C. 净营运资本　　　D. 所有者权益

35. 收款条件主要取决于(　　)和厂商品牌。
    A. 市场供求　　　B. 商品价格　　　C. 商品质量　　　D. 经营能力

36. 下列项目中,不计入资产负债表的是(　　)。
    A. 负债的组成　　　　　　　　　　B. 所有者权益的组成
    C. 报表说明的组成　　　　　　　　D. 资产的组成

37. 下列不属于非流动资产的是(　　)。
    A. 长期投资　　　B. 固定资产　　　C. 无形及递延资产　　　D. 待摊费用

38. 下列不属于流动负债的是(　　)。
    A. 应付票据　　　B. 应付账款　　　C. 短期借款　　　D. 待摊费用

39. 假设某年我国人均购买水果15千克,若按人口为13亿人,平均每千克水果价格为12元计算,则我国水果市场的总市场潜量为(　　)亿元。
    A. 2340　　　B. 195　　　C. 180　　　D. 234

40. 债务人因不履行或不完全履行债务给银行造成损失时,应向银行支付的补偿费是(　　)。
    A. 利息　　　B. 质物保管费用　　　C. 违约金　　　D. 损害赔偿金

41. (　　)要求当事人在担保活动时要言行一致、表里如一,恪尽担保合同的义务。
    A. 公平原则　　　B. 自愿原则　　　C. 平等原则　　　D. 诚实信用原则

42. 贷款审查事项中,下列选项中不属于非财务因素审查内容的是(　　)。
    A. 经营环境　　　　　　　　　　B. 生产技术分析
    C. 行业地位分析　　　　　　　　D. 财务报告的审计结论

43. 以下关于贷款担保的作用说法不正确的是(　　)。
    A. 协调和稳定商品流转秩序,使国民经济健康运行
    B. 提高银行贷款风险,提高信贷资金使用效率
    C. 巩固和发展信用关系
    D. 促进借款企业加强管理,改善经营管理状况

44. 保证人与债务人约定,当债务人不履行债务时,保证人必须按照约定履行债务或者承担责任的行为是(　　)。
    A. 担保　　　B. 保证　　　C. 抵押　　　D. 质押

45. 下列属于信贷业务岗职责的是(　　)。
    A. 审查授信业务是否符合国家和本行信贷政策投向政策
    B. 对财务报表、商务合同等资料进行表面真实性审查,对明显虚假的资料提出审查意见
    C. 负责信贷档案管理,确保信贷档案完整、有效
    D. 审查借款行为的合理性,审查贷前调查中使用的信贷材料和信贷结论在逻辑上是否具有合理性

46. 信贷审查岗职责不包括(　　)。
    A. 表面真实性审查　　　B. 完整性审查　　　C. 实质性审查　　　D. 可行性审查

47. 下列关于审贷分离实施要点的说法,错误的是(　　)。
    A. 审查人员与借款人原则上不单独直接接触

B. 审查人员有最终决策权
C. 审查人员应真正成为信贷专家
D. 实行集体审议机制

48. 商业银行的信贷决策权可以由( )行使。
   A. 贷款调查人员　　B. 贷款审查委员会　　C. 银行客户经理　　D. 贷款审查人员

49. 下列关于商业银行审贷制度的表述,错误的是( )。
   A. 审查人员应具备经济、财务、信贷、法律、税务等专业知识,并具有丰富的实践经验
   B. 未通过有权审批机构审批的授信可以申请复议,但必须符合一定条件,且间隔时间不能太短
   C. 如贷款审查人员对贷款发放持否定态度,可以终止该笔贷款的信贷流程
   D. 授信审批应按规定权限、程序进行,不得违反程序、减少程序或逆程序审批授信业务

50. 下列选项中,不属于固定资产贷款发放原则的是( )。
   A. 计划、比例放款原则　　　　　　B. 进度放款原则
   C. 资本金足额原则　　　　　　　　D. 贷放集中原则

51. 下列首次放款的先决条件文件中,属于担保类文件的是( )。
   A. 保险权益转让相关协议或文件　　B. 已正式签署的合营合同
   C. 已正式签署的技术许可合同　　　D. 已正式签署的土地使用权出让合同

52. 下列措施不能提高商业银行经营流动性和安全性的是( )。
   A. 存贷款期限结构匹配　　　　　　B. 提高存货周转速度
   C. 提高应收账款的周转速度　　　　D. 提高二级市场股票的换手频率

53. 下列关于贷款发放管理的说法不正确的是( )。
   A. 在满足借款合同用款前提条件的情况下,无正当理由或借款人没有违约,银行必须按借款合同的约定按时发放贷款
   B. 借款合同一旦签订生效,即成为民事法律事实
   C. 贷款实务操作中,先决条件文件不会因贷款而异,因风险因素而异
   D. 银行应针对贷款的实际要求,根据借款合同的约定进行对照审查,分析是否齐备或有效

54. 下列选项中,不属于与登记、批准、备案、印花税有关的文件的是( )。
   A. 借款人所属国家主管部门就担保文件出具的同意借款人提供该担保的文件
   B. 海关部门就同意抵押协议项下进口设备抵押出具的批复文件
   C. 保险权益转让相关协议或文件
   D. 房地产登记部门就抵押协议项下房地产抵押颁发的房地产权利及其他权利证明

55. 下列文件中,属于商业银行贷款类文件的是( )。
   A. 企业法人营业执照　　　　　　　B. 已正式签署的合营合同
   C. 借贷双方已正式签署的贷款合同　D. 已正式签署的建设合同

56. 下列不属于贷款效益性调查内容的是( )。
   A. 借款人当前的经营状况
   B. 借款人过去3年的经营效益状况
   C. 借款人和保证人的财务管理状况
   D. 借款人过去和未来给银行带来收入、存款、结算、结售汇等综合效益状况

57. 下列不属于上市客户的法人治理关注点的是( )。
   A. 信息披露的实际质量难以控制
   B. 客户决策和客户运作以内部人和关键人为中心,内部人能够轻易地控制和操纵股东大会、董事会和监事会,极易出现偏离客户最佳利益和债权人利益的行为
   C. 股权结构不合理
   D. 所有者缺位

58. 关于客户变更提款计划承担费的收取,下列说法正确的是( )。
   A. 银行可按国际惯例,在借款合同中规定改变提款计划须收取承担费事宜
   B. 当借款人变更提款计划时,银行可向全部贷款收取承担费
   C. 借款人在提款有效期内如全部未提款,银行不能收取承担费
   D. 客户应提未提的贷款在提款期终了时可累积到下一期提取

59. 受托支付目前适用的情况是贷款资金单笔金额超过项目总投资5%或超过( )万元。
   A. 200   B. 300   C. 400   D. 500

60. 固定资产贷款和流动资金贷款的授信对象是( )或国家规定可以作为借款人的其他组织。
   A. 财政部门   B. 国家机关   C. 自然人   D. 企事业法人

61. ( )适用于产品额度项下单笔业务审批和支用管理。
   A. 集团借款企业额度   B. 借款企业额度
   C. 单项贷款授信额度   D. 承诺贷款额度

62. 贷款风险预警信号系统中,有关经营状况的信号不包括( )。
   A. 丧失一个或多个客户,而这些客户财力雄厚
   B. 关系到企业生产能力的某一客户的订货变化无常
   C. 投机于存货,使存货超出正常水平
   D. 冒险兼并其他公司

63. 对于出现( )情况的,应及时报告授信审批行风险资产管理部门或信贷管理部门,调整客户分类和授信方案。
   A. 客户自行在2个月内无法改变较大的风险
   B. 客户无法自行在3个月内自行控制和化解较大的风险
   C. 客户无法自行在3个月内在银行辅助下化解较大的风险
   D. 客户无法自行在6个月内在银行辅助下化解较大的风险

64. 根据风险的程度和性质,采取的风险处置措施不包括( )。
   A. 列入重点观察名单   B. 要求客户限期纠正违约行为
   C. 要求减少担保措施   D. 暂停发放新贷款或收回已发放的授信额度

65. 借助预警操作工具对银行经营运作全过程进行全方位实时监控考核,在接收风险信号、评估、衡量风险基础上提出有无风险、风险大小、风险危害程度及风险处置、化解方案的过程是( )。
   A. 风险预警识别   B. 风险预警评估   C. 风险预警处置   D. 风险预警处理

66. 下列选项中,不属于还本付息通知单应载明内容的是( )。
   A. 贷款项目名称或其他标志   B. 还本付息的日期
   C. 本次还本金额   D. 上次还款金额

67. 债务人已经无法足额偿付本金、利息或收益,金融资产已发生显著信用减值。按贷款五级分类标准,此类贷款属于( )类贷款。
   A. 关注   B. 可疑   C. 次级   D. 损失

68. 某钢铁制造企业最近经营状况发生如下变化,其中可能为企业带来经营风险的是( )。
   A. 接获一个政府大订单,获得一大批财力雄厚的国有客户
   B. 厂房设备迅速、大量更新
   C. 产品、质量稳中有升
   D. 受金融危机影响,实际盈利比预定目标低30%

69. 下列不属于商业银行不良资产处置方式的是( )。
   A. 呆账核销   B. 法律仲裁   C. 以资抵债   D. 债务重组

70. 商业银行在不良贷款清收中,委托第三方清收属于( )。
   A. 依法清收   B. 以资抵债   C. 常规清收   D. 现金清收

71. 实行转授权的,在金额、种类和范围上均不得大于原授权,这体现的是信贷授权原则中的( )。
   A. 差别授权原则　　　　　　　　B. 授权适度原则
   C. 动态调整原则　　　　　　　　D. 权责一致原则

72. 以下关于贷审会的说法,正确的是( )。
   A. 贷审会投票未通过的信贷事项,有权审批人不得审批同意
   B. 行长可以担任贷审会的成员
   C. 行长可指定两名副行长担任贷审会主任委员
   D. 主任委员可以同时分管前台业务部门

73. 关于质押率的确定,下列说法错误的是( )。
   A. 应根据质押财产的价值和质押财产价值的变动因素,科学地确定质押率
   B. 确定质押率的依据主要有质物的适用性、变现能力
   C. 质物、质押权利价值的变动趋势可从质物的实体性贬值、功能性贬值及质押权利的经济性贬值或增值三方面进行分析
   D. 对变现能力较差的质押财产应适当提高质押率

74. ( )是指贷款经营的盈利情况,是商业银行经营管理活动的主要动力。
   A. 信贷的安全性　　　　　　　　B. 信贷的流动性
   C. 信贷的效益性　　　　　　　　D. 信贷的变现性

75. 贷款人开展固定资产贷款业务应当遵循的原则不包括( )。
   A. 依法合规　　　B. 审慎经营　　　C. 平等自愿　　　D. 公正公开

76. 下列选项中,不属于贷款人受理的固定资产贷款申请条件的是( )。
   A. 借款人及其家人信用状况良好,无重大不良记录
   B. 借款人为新设项目法人的,其控股股东应有良好的信用状况,无重大不良记录
   C. 国家对拟投资项目有投资主体资格和经营资质要求的,符合其要求
   D. 借款用途及还款来源明确、合法

77. 根据《固定资产贷款管理办法》的规定,贷款人应要求借款人在合同中对与贷款相关的重要内容作出承诺,承诺内容不包括( )。
   A. 实质性增加债务融资等重大事项前征得贷款人同意
   B. 配合贷款人进行贷款支付管理、贷后管理及相关检查
   C. 及时向贷款人提供完整、真实、有效的材料
   D. 及时提取贷款并适当转化为银行存款

78. 采用借款人自主支付的,( )不属于核查贷款支付是否符合约定用途的方式。
   A. 账户分析　　　　　　　　　　B. 凭证查验
   C. 委托中介机构调查　　　　　　D. 现场调查

79. 根据贷款发放原则中的资本金足额原则。因特殊原因,建设项目的资本金不能按时足额到位,银行应该采取的做法是( )。
   A. 贷款支取的比例也应同步低于借款人资本金到位的比例
   B. 贷款支取的比例也应同步等于借款人资本金到位的比例
   C. 贷款支取的比例也应同步高于借款人资本金到位的比例
   D. 取消贷款

80. 下列公式中,不正确的是( )。
   A. 利息保障倍数 =(利润总额 + 利息费用)/利息费用
   B. 总资产周转率 = 销售收入净额/资产总额×100%
   C. 资产收益率 = 净利润/资产平均总额×100%
   D. 流动比率 = 流动资产/流动负债×100%

二、多项选择题(本大题共 40 小题,每小题 1 分,共 40 分。在以下各小题所给出的选项中,至少有两个选项符合题目要求,请将正确选项填入括号内)

81. 下列关于固定利率和浮动利率的说法,正确的有( )。
    A. 固定利率和浮动利率的区别是借贷关系持续期内利率水平是否变化
    B. 浮动利率是指借贷期限内利率随着市场利率或其他因素的变化而相应调整的利率
    C. 浮动利率的特点是可以灵敏地反映金融市场上资金的供求状况
    D. 浮动利率借贷双方所承担的利率变动风险较大
    E. 在贷款合同期内,无论市场利率如何变化,固定利率的借贷人都按照固定的利率支付利息

82. 下列关于银行公司信贷产品不同生命周期特点的说法,正确的有( )。
    A. 幼稚期客户对银行产品不怎么了解,购买欲望不大
    B. 成长期是指银行产品通过试销打开销路,转入成批生产和扩大销售的阶段
    C. 成长期银行产品已基本定型,研制费用可以减少
    D. 成熟期是指银行产品在市场上的销售已达到饱和阶段
    E. 成熟期市场上出现了大量的替代产品,许多客户减少了对老产品的使用

83. 下列选项中,属于对贷款安全性调查的内容有( )。
    A. 认定借款人、担保人合法主体资格
    B. 对抵押物、质押物清单所列抵(质)押物品或权利的合法性、有效性进行认定
    C. 考察借款人、保证人是否已建立良好的公司治理机制
    D. 对过往信贷业务履约情况进行调查
    E. 对有限责任公司和股份有限公司对外股本权益性投资和关联公司情况进行调查

84. 商业银行固定资产贷款贷前调查报告一般包括的内容有( )。
    A. 借款人资信情况   B. 项目情况
    C. 项目效益情况   D. 担保情况
    E. 还款能力

85. 某公司上一年度的净利润为 600 万元,销售收入为 10000 万元,总资产为 12000 万元,所有者权益为 6000 万元,则该公司上一年度的( )。
    A. ROE 为 10%   B. ROE 为 5%
    C. 销售利润率为 5%   D. 销售利润率为 6%
    E. 资产使用效率为 5%

86. 客户档案主要包括( )。
    A. 借款及担保企业的营业执照、法人代码本、税务登记证
    B. 借款及担保企业的信用评级资料
    C. 借款及担保企业的验资报告
    D. 借款及担保企业近 5 年主要的财务报表
    E. 企业法人、财务负责人的身份证或护照复印件

87. 财务分析方法主要包括( )。
    A. 趋势分析法   B. 比较分析法   C. 因素分析法
    D. 结构分析法   E. 比率分析法

88. 下列选项中,属于企业流动资产的是( )。
    A. 交易性金融资产 B. 应收票据   C. 应收账款
    D. 预付账款   E. 预收账款

89. 资产负债表中的所有者权益包括( )。
    A. 盈余公积   B. 实收资本   C. 资本公积
    D. 分红   E. 未分配利润

90.下列关于运用间接法计算经营活动现金流量净额的说法,正确的有(　　)。
    A.应扣减未收到现金的应收账款增加
    B.应加上未发生现金支付的折旧
    C.应加上未销售出去的存货增加
    D.应加上未进行现金支付的应付账款增加
    E.应扣减未发生现金流出的应付税金

91.下列关于抵押物估价的一般做法的说法,正确的有(　　)。
    A.可由抵押人与银行双方协商确定抵押物的价值
    B.可委托具有评估资格的中介机构给予评估
    C.可由银行自行评估
    D.可由抵押人自行评估
    E.可由债务人自行评估

92.对房屋建筑的估价应考虑其(　　)。
    A.用途
    B.可能继续使用的年限
    C.原来的造价
    D.现在的造价
    E.经济效益

93.贷款期限的审查要点有(　　)。
    A.贷款期限应与经济周期相匹配
    B.贷款期限应符合相应授信品种有关期限的规定
    C.贷款期限一般应控制在借款人相应经营的有效期限内
    D.贷款期限应与借款人的风险状况及风险控制要求相匹配
    E.贷款期限应与其他特定还款来源的到账时间相匹配

94.下列关于贷放分控的说法,正确的有(　　)。
    A.贷放分控是指银行业金融机构将贷款审批与贷款发放作为两个独立的业务环节,分别进行管理和控制
    B.贷放分控中的"贷",是指信贷业务流程中贷款调查、贷款审查和贷款审批等环节,尤其是指贷款审批环节,以区别贷款发放与支付环节
    C.贷放分控中的"放"是指放款,特指贷款审批通过后,由银行通过审核,将符合放款条件的贷款发放或支付出去的业务环节
    D.我国传统信贷管理文化将贷款发放与支付视作贷款审批通过后的一个附属环节
    E.我国传统信贷管理不允许借款人在获得贷款资金后再去落实贷款前提条件、补齐相关手续文件

95.下列关于放款执行部门的职责的说法,正确的有(　　)。
    A.主要审核内容包括审核审批日至放款核准日期间借款人重大风险变化的情况
    B.可以根据审核情况选择是否提出审核意见
    C.主要职能包括审核银行内部授信流程的合法性、合规性
    D.主要审核贷款审批书中提出的前提条件是否逐项得到落实
    E.核心职责是贷款发放和支付的审核

96.在银行贷款担保的补充机制中,贷款担保的补充途径有(　　)。
    A.重新评估担保品的价值
    B.追加保证人
    C.提高担保品的价格
    D.维护担保品的质量
    E.追加担保,确保抵押权益

97.下列情况,银行可要求借款人追加担保品的有(　　)。
    A.贷后检查中发现借款人提供的担保物的担保权尚未落实
    B.担保品因市场价格降低贬值
    C.保证人的保证能力下降
    D.借款人财务状况恶化
    E.追加新贷款

98. 固定资产贷款在发放和支付过程中,贷款人应与借款人协商补充贷款发放和支付条件,或根据合同约定停止贷款资金的发放和支付的情形有( )。
    A. 借款人不按合同约定支付贷款资金   B. 借款人项目进度落后于资金使用进度
    C. 借款人信用状况下降   D. 借款人信用状况良好
    E. 借款人违反合同约定,以化整为零的方式规避贷款人受托支付

99. 贷款重组的方式主要有( )。
    A. 变更担保条件   B. 调整还款期限
    C. 调整利率   D. 借款企业变更
    E. 债务转为资本

100. 根据《商业银行授信工作尽职指引》的规定,影响客户资信的重大事项包括( )。
    A. 外部政策变动   B. 客户组织结构、股权或主要领导人发生变动
    C. 客户的担保超过所设定的担保警戒线   D. 客户财务收支能力发生重大变化
    E. 客户涉及重大诉讼

101. 不适于拍卖的抵债资产可以采取( )方式变现。
    A. 协议处置   B. 招标处置   C. 打包出售
    D. 经营租赁   E. 融资租赁

102. 出质人向商业银行申请质押担保时应提供的材料包括( )。
    A. 信贷申请报告和出质人提交的"担保意向书"
    B. 质押财产的产权证明文件
    C. 出质人资格证明
    D. 财产共有人出具的同意出质的文件
    E. 有权作出决议的机关作出的关于同意提供质押的文件、决议或其他具有同等法律效力的文件或证明

103. 贷款担保可以分为( )。
    A. 人的担保   B. 抵押物的担保   C. 质押物的担保
    D. 财产的担保   E. 定金担保

104. 对工程总图布置合理性评估主要应从( )方面进行。
    A. 生产工艺流畅性   B. 是否符合土地管理规划要求
    C. 布置是否紧凑   D. 是否符合卫生要求
    E. 能否节约用地

105. 根据《贷款通则》的规定,借款人申请公司贷款应具备的基本条件有( )。
    A. 具有偿还贷款的经济能力   B. 按规定用途使用贷款
    C. 不挪用信贷资金   D. 按期归还贷款本息
    E. 恪守信用

106. 供应阶段的核心是进货,信贷人员应重点分析( )方面。
    A. 货品质量   B. 货品价格   C. 进货渠道
    D. 技术水平   E. 付款条件

107. 关于处于衰退阶段行业的描述正确的有( )。
    A. 销售出现快速下降   B. 利润慢慢地由正变为负
    C. 现金流先是正值,然后慢慢减小   D. 该阶段做好成本控制是企业成功的关键
    E. 新产品出现的速度非常缓慢

108. 经济周期包括( )等几个阶段。
    A. 顶峰   B. 衰退   C. 谷底
    D. 复苏   E. 扩张

109. 面谈结束后进行内部意见反馈,业务人员向主管领导汇报所了解客户信息时,应坚持( )原则。
    A. 明确   B. 及时   C. 全面
    D. 准确   E. 客观

110. 我国人民币贷款利率按贷款期限划分可分为( )。
    A. 短期贷款利率   B. 中长期贷款利率
    C. 票据贴现利率   D. 外汇贷款利率
    E. 金融市场的利率

111. 下列关于评估固定资产扩张所引起的融资需求的说法,不正确的有( )。
    A. 通过分析销售和净固定资产的发展趋势,银行可以初步了解公司的未来发展计划和设备扩张需求之间的关系
    B. 当销售收入/净固定资产比率低于一定比率时,销售增长所要求的固定资产扩张可成为企业借款的合理原因
    C. 如果销售收入/净固定资产比率较低,则说明固定资产的使用效率较高
    D. 销售收入/净固定资产超过一定比率以后,生产能力和销售增长会变得困难
    E. 银行可以通过评价公司的可持续增长率获得有用信息

112. 下列属于财产担保的有( )担保。
    A. 股票   B. 房产   C. 债券
    D. 保险单   E. 企业保证

113. 放款执行部门对自主支付的操作要点管理,主要包括( )。
    A. 用款计划所列用款事项是否与贷款用途相符
    B. 贷款人通过账户分析核查贷款支付情况
    C. 贷款发放后要求借款人定期汇总报告贷款资金支付情况
    D. 用款计划所列资金支付是否超过受托起付标准
    E. 审慎合规确定贷款资金在借款人账户的停留时间与金额

114. 银行检查贷款抵押品的具体内容包括( )。
    A. 抵押品是否被转移至不利于监控的地方   B. 抵押品是否被变卖出售
    C. 抵押品价值变化   D. 抵押品是否被妥善保管
    E. 抵押品保险到期后是否及时续保

115. 商业银行应在全面分析( )等与并购有关的各项风险的基础上评估并购贷款的风险。
    A. 经营风险   B. 财务风险
    C. 整合风险   D. 战略风险
    E. 法律与合规风险

116. 以下关于诉讼保护债权的表述,正确的有( )。
    A. 向法院申请保护债权的诉讼时效期间通常为2年
    B. 保证人和债权人没有约定保证责任期间的,保证期间为从借款人偿还借款的期限届满之日起的1年内
    C. 从诉讼时效中断时起,重新计算诉讼时效期间
    D. 在诉讼时效期间内,债权银行向债务人提出清偿要求的,诉讼时效中断
    E. 债务人自愿履行债务的,仍然受诉讼时效限制

117. 商业银行应当综合考虑并购交易相关经营及财务风险因素,主要根据( )等情况,合理测算并购贷款还款来源,审慎确定并购贷款所支持的并购项目的财务杠杆率。
    A. 并购融资方式   B. 并购双方财务状况
    C. 并购融资金额   D. 并购双方文化差异
    E. 并购双方经营状况

118. 资本回报率(ROE)可分解为( )三者之积。
   A. 财务杠杆　　　　　　　　　　B. 可持续增长率
   C. 实际销售增长率　　　　　　　D. 资产使用效率
   E. 销售利润率
119. 借款人出现( )情况,银行可以停止发放贷款。
   A. 将流动资金贷款用于固定资产建设　　B. 未按合同规定清偿贷款本息
   C. 将贷款资金用于股本权益性投资　　　D. 将贷款资金用于非法经营
   E. 在合同约定的期限内提款
120. 商业银行拟接受的押品应符合的基本条件有( )。
   A. 押品真实存在　　　　　　　　　　　B. 抵押人贷款未出现过逾期
   C. 押品具有良好的变现能力　　　　　　D. 押品符合法律法规规定或国家政策要求
   E. 押品权属关系清晰,抵押(出质)人对押品具有处分权

三、判断题(共20题,每小题1分,共20分。请判断以下各小题的正误,正确的为A,错误的为B)

121. 通常情况下,季节性商业负债增加能满足季节性资产增长所产生的资金需求。　　(　　)
122. 在实际借款需求分析中,不能仅凭一年的经营利润衡量盈利变化对现金流状况及借款需求的长期影响,还要分析公司的盈利趋势。　　(　　)
123. 在贷款申请受理阶段,业务人员应坚持将贷款安全性放在第一位,对安全性较差的项目须持谨慎态度。　　(　　)
124. 信贷人员主要可从客户研发能力、内外研发机构协作能力、研发数量等方面考察客户技术水平。　　(　　)
125. 源于长期销售增长的核心流动资产增长,必须由长期融资来实现。　　(　　)
126. 非预期性支出导致的借款需求是长期的。　　(　　)
127. 目前,我国企业的固定资产折旧实行综合折旧法。　　(　　)
128. 应付利润、应付工资可能为流动负债,也可能为长期负债。　　(　　)
129. 在资产负债表中,无形资产属于流动资产,应收账款属于非流动资产。　　(　　)
130. 在抵押担保中,若债务人按期偿还债务,则债权人无权出售抵押品。　　(　　)
131. 递延资产按实际发生值计算,与之有关的建设期间发生的利息和汇兑损失应计入递延资产价值。　　(　　)
132. 根据《融资担保公司监督管理条例》的规定,融资担保公司的担保责任余额不得超过其净资产的20倍。　　(　　)
133. 在商业银行信贷授权管理中,对内授权与对外授信密切相关。对内合理授权是商业银行对外优质高效授信的前提和基础。　　(　　)
134. 监督借款人按规定的用途用款,是保证银行贷款安全的主要环节。　　(　　)
135. 借款企业用贷款在有价证券、期货等方面从事投机经营的,属于挪用银行贷款的行为。　　(　　)
136. 如果借款人在借款合同到期日之前提前还款,银行有权按照原贷款合同向借款人收取利息。　　(　　)
137. 因提前还款而产生的费用,一般由贷款行承担。　　(　　)
138. 对以机器设备作为抵押物的,在估价时不得扣除折旧。　　(　　)
139. 银团贷款是指由两家或两家以上银行基于相同贷款条件,依据同一贷款合同,按约定时间和比例,通过代理行向借款人提供的本外币贷款或授信业务。　　(　　)
140. 所谓和解是指人民法院受理债权人提出的破产申请后1个月内,债务人的上级主管部门申请整顿,经债务人与债权人会议就和解协议草案达成一致,由人民法院裁定认可而中止破产程序的过程。　　(　　)

机考题库·真题试卷参考答案及解析

机考题库·真题试卷（三）

一、单项选择题

1. C 【解析】一般情况下，短期贷款即为流动资金贷款，长期贷款即为固定资产贷款。周转贷款是短期贷款的一种。故选项C正确。

2. A 【解析】宽限期是从贷款提款完毕之日开始，或最后一次提款之日开始，至第一个还本付息之日为止，介于提款期和还款期之间。有时也包括提款期，即从借款合同生效日起至合同规定的第一笔还款日为止的期间。在宽限期间银行只收取利息，借款人不用还本；或本息都不用偿还，但是银行仍应按规定计算利息，直至还款期才向借款企业收取。

3. B 【解析】在对项目经营机构进行分析时，应依照项目经营程序，如供、产、销等环节审查项目经营机构的设置是否齐备，能否满足项目的要求，如果在机构和制度方面存在缺陷，应及时改善。

4. B 【解析】利息实收率主要用于衡量目标区域信贷资产收益实现的情况，本质上考查的是信贷资产的安全性，而不是盈利能力。故选项A错误。信贷余额扩张系数主要反映目标区域信贷资产增长速度，该指标若过大，说明区域信贷增长速度过快，区域信贷风险会上升。该指标若过小，甚至为负数，则意味着区域信贷增长相对缓慢或正在萎缩，区域风险也会上升，因而该指标过大或过小都不好。故选项B正确。不良率变幅反映某区域不良贷款的变化趋势，若该指标为负，说明资产质量上升，区域风险下降；反之说明资产质量下降，区域风险上升。故选项C错误。信贷资产相对不良率反映某区域信贷资产质量在银行系统中所处的相对位置，一般当该指标大于1时，表明区域风险高于银行一般水平。故选项D错误。

5. A 【解析】根据波特五力模型，一个行业的进入壁垒越高，替代品威胁越小，买卖方议价能力越弱，现有竞争者的竞争能力越弱，行业风险越小。

6. C 【解析】效率比率通过计算资产的周转速度来反映管理部门控制和运用资产的能力，进而估算经营过程中所需的资金量。效率比率主要包括总资产周转率、固定资产周转率、应收账款回收期、存货持有天数、资产收益率、所有者权益收益率等。资产负债率属于杠杆比率。

7. C 【解析】抵押品的可接受性可从其种类、权属、价值、变现难易程度等方面进行考察。

8. C 【解析】客户的贷款需求状况包括贷款目的、贷款用途、贷款金额、贷款期限、贷款利率、贷款条件等。

9. C 【解析】无形资产没有规定使用期限的，按预计使用期限或者不少于10年的期限平均摊销。

10. A 【解析】实务操作中，贷款申请是否受理往往基于对客户或项目的初步判断。作为风险防范的第一道关口，在贷款的派生收益与贷款本身安全性的权衡上，业务人员应坚持将贷款安全性放在第一位，对安全性较差的项目在受理阶段持谨慎态度。

11. B 【解析】面谈后，业务人员须及时撰写会谈纪要。撰写内容包括贷款面谈涉及的重要主体、获取的重要信息、存在的问题与障碍以及是否需要做该笔贷款的倾向性意见或建议；客户经理在与客户面谈以后，应当进行内部意见反馈，使下一阶段工作顺利开展。这一原则适用于每次业务面谈；为确保受理贷款申请的合理性，在必要情况下，业务人员还应将有关书面材料送交风险管理部门征求意见。

12. A 【解析】银企合作协议涉及的贷款安排一般属于贷款意向书性质。

13. C 【解析】速动比率也称酸性测验比率，流动比率也称营运资金比率。故选项A错误。流动比率＝流动资产/流动负债×100%。故选项B错误。流动比率反映了企业用来偿还负债的能力。故选项C正确。流动比率并非越高越好。流动比率过高，即流动资产相对流动负债太多，可能是存货积压，也可能是持有现金太多，或者两者兼而有之。企业的存货积压，说明企业经营不善，存货可能存在问题。现金持有太多，说明企业理财不善，资金利用效率过低。故选项D错误。

14. D 【解析】信贷人员应根据质押财产的价值和质押价值的变动因素，科学地确定质押率。故选项A说法正确。质物、质押权利价值的变动趋势一般可从质押物的实体性贬值、功能性贬值及质押权利的经济性贬值或增值三方面进行分析。故选项B、选项C说法正确。对变现能力较差的质押财产应适当降低质押率。故选项D说法错误。

15. D 【解析】当季节性资产数量超过季节性商业负债数量时，超出的部分需要通过公司内部融资或者银行贷款来补充，这部分融资称作营运资本投资。故选项D正确。

16. A 【解析】融资前,销售利润率 = 净利润/销售收入 × 100% = 573 ÷ 11460 × 100% = 5%, 总资产周转率 = 销售收入/总资产 = 11460 ÷ 7640 × 100% = 150%, 红利支付率 = 股息分红/净利润 × 100% = 171.9 ÷ 573 × 100% = 30%, ROE = 净利润/所有者权益 × 100% = 573 ÷ 3820 × 100% = 15%, 可持续增长率 = ROE × RR/(1 - ROE × RR) = 15% × (1 - 30%) ÷ [1 - 15% × (1 - 30%)] × 100% = 11.7%; 融资后,所有者权益和红利分配政策、总资产周转率、销售利润率保持不变,净利润 = 总资产 × 总资产周转率 × 销售利润率 = 8640 × 150% × 5% = 648(万元), ROE = 净利润/所有者权益 × 100% = 648 ÷ 3820 × 100% = 16.96%, 可持续增长率 = 16.96% × (1 - 30%) ÷ [1 - 16.96% × (1 - 30%)] × 100% = 13.5%。

17. A 【解析】核心流动资产指的是在资产负债表上始终存在的那一部分流动资产。这部分资产应当由长期融资来实现。

18. A 【解析】虚假质押风险是贷款质押的最主要风险因素。

19. D 【解析】银行要将质押证件作为重要有价单证归类保管,一般不应出借,如要出借,必须严格审查出质人借出是否合理,有无欺诈嫌疑。最后,借出的质物,能背书的要注明"此权利凭证(财产)已质押在×银行,×年×月×日前不得撤销此质押",或者以书面形式通知登记部门或托管方"×质押凭证已从银行借出仅用作×,不得撤销原质权",并取得其书面收据以做证明。

20. D 【解析】资本性支出主要包括内部留存收益与外部长期融资两种,其中,内部留存收益是靠公司生产经营积累的、未作为红利发放出去的收益。但即使是利润率很高的公司,仅靠内部融资也很难满足持续、快速的销售收入增长的需求。此时银行就要从外部融资,如银行贷款。

21. B 【解析】资本回报率是企业净资产(所有者权益)所带来的收益,因而它是净利润与净资产(所有者权益)的比率。

22. B 【解析】可持续增长率的假设条件如下:①公司的资产使用效率将维持当前水平;②公司的销售净利率将维持当前水平,并且可以涵盖负债的利息;③公司保持持续不变的红利发放政策;④公司的财务杠杆不变;⑤公司未增加股票,增加负债是其唯一的外部融资来源。故选项B错误,应该是销售净利率不变。

23. C 【解析】借款人的偿债能力和借款人的盈利能力、营运能力、资本结构和净现金流量等因素密切相关。

24. A 【解析】营运能力指通过借款人经营中各项资产周转速度所反映出来的借款人资产运用效率。

25. A 【解析】盈利是借款人偿还债务的主要资金来源,但不是唯一来源。借款人盈利能力越强,还本付息的资金来源越有保障,债权的风险越小。故选项A说法错误。

26. A 【解析】通常正常经营所获得的资金是偿还债务最有保障的来源,即现金流量。

27. C 【解析】财务报表资料应包含注册会计师查账验证报告,不包含普通会计师查账验证报告,因为普通会计师查账报告公信力不够,不能作为银行信贷参考资料。故选项A错误。会计报表是指借款人在会计期间编制的各类会计报表,除包含资产负债表、利润表、现金流量表外,还包含相关附表。故选项B错误。财务状况说明书主要是对借款人的生产经营状况、利润实现和分配状况、资金增减和周转情况及其他对财务状况发生影响事项的说明。故选项D错误。

28. C 【解析】保证期间是指保证人承担保证责任的起止时间,是指债权人根据法律规定和合同的约定向保证人主张权利的期限。

29. C 【解析】客户评级的评价主体是商业银行,评价目标是客户违约风险,评价结果是信用等级。

30. C 【解析】符合《巴塞尔新资本协议》要求的客户信用评级必须具有两大功能:①能够有效区分违约客户,即不同信用等级的客户违约风险随信用等级的下降而呈加速上升的趋势;②能够准确量化客户违约风险,即能够估计各信用等级的违约概率,并将估计的违约概率与实际违约频率之间的误差控制在一定范围内。

31. D 【解析】客户信用评级是商业银行对客户偿债能力和偿债意愿的计量和评价,反映客户违约风险的大小。客户评级的评价主体是商业银行,评价目标是客户违约风险,评价结果是信用等级。

32. C 【解析】信用评级分为外部评级和内部评级。外部评级是专业评级机构对特定债务人的偿债能力和偿债意愿的整体评估,主要依靠专家定性分析,评级对象主要是企业,尤其是大中型企业;内部评级是商业银行根据内部数据和标准(侧重于定量分析),对客户的风险进行评价,并据此估计违约概率及违约损失率,作为信用评级和分类管理的标准。

33. C 【解析】商业银行外部评级的对象主要是企业,尤其是大中型企业。故选项C说法错误。

34. D 【解析】在《巴塞尔新资本协议》推出之前,商业银行以大型客户作为营销重点,其信用评估在很大程度上依靠外部评级机构。

35. B 【解析】《巴塞尔新资本协议》下,内部评级法下的每个评级结果都需要对应一个违约概率。违约概率模型的构建和测算是内部评级法的核心,也是许多技术问题的焦点。

36. C 【解析】与传统的定性分析方法相比,违约概率模型能够直接估计客户的违约概率,因此对历史数据的要求更高,需要商业银行建立一致的、明确的违约定义,并且在此基础上积累至少5年的数据。

37. D 【解析】中小企业风险暴露是商业银行对年销售额不超过3亿元的债务人开展的授信业务形成的债权。

38. C 【解析】财务报表分析是评估未来现金流量是否充足和借款人偿债能力的中心环节。

39. D 【解析】各种因素导致供给和需求发生变化,使得经济处于非均衡状态,从而形成累积性的经济扩张或收缩的现象称为经济周期;行业风险是指由于一些不确定因素的存在,导致对某行业生产、经营、投资或授信后偏离预期结果而造成损失的可能性;宏观风险指的是经济活动和物价水平波动可能导致的企业利润损失;产业本身有一个发展周期,是由行业自身的特点决定的。

40. C 【解析】《民法典》第三百八十九条规定,担保物权的担保范围包括主债权及其利息、违约金、损害赔偿金、保管担保财产和实现担保物权的费用。当事人另有约定的,按照其约定。

41. D 【解析】贷款保证就是债权债务关系当事人以外的第三人担保债务人履行债务的一种担保制度。在成立保证担保的情况下,如果债务人不履行债务,由保证人代为履行或承担连带责任,以满足债权人的清偿要求。因此,当贷款到期时,银行可要求B公司偿还全部金额,也可要求贾某偿还全部金额。

42. D 【解析】留置是指债权人按照合同约定占有债务人的动产,债务人不按照合同约定的期限履行债务的,债权人有权按照规定留置该财产,以该财产折价或者以拍卖、变卖该财产的价款优先受偿。

43. D 【解析】《民法典》规定的法定担保范围为主债权、利息、违约金、损害赔偿金、实现债权的费用、质物保管费用。

44. C 【解析】实现债权的费用,指债务人在债务履行期届满而不履行或不完全履行债务,银行为实现债权而支出的合理费用。一般包括诉讼费、鉴定评估费、公证费、拍卖费、变卖费、执行费等费用。

45. D 【解析】审贷分离的形式包括岗位分离、部门分离、地区分离。选项D不属于审贷分离的形式。

46. D 【解析】替代债务的期限取决于付款期缩短和财务不匹配的原因,以及公司产生现金流的能力。

47. A 【解析】积极拓展信贷业务,做好市场和客户调查,优选客户,受理借款人申请,这是信贷业务岗位的职责之一。

48. A 【解析】选项A属于信贷业务岗的职责。

49. A 【解析】作为风险防范的第一道关口,在贷款的派生收益与贷款本身安全性的权衡上,业务人员应坚持将贷款安全性放在第一位,对安全性较差的项目在受理阶段须谨慎态度。

50. C 【解析】长期贷款展期的期限累计不得超过3年。

51. D 【解析】放款执行部门的主要审核内容:①审核合规性要求的落实情况;②审核限制性条款的落实情况;③核实担保的落实情况;④审核审批日至放款核准日期间借款人重大风险变化情况;⑤审核资本金同比例到位的落实情况;⑥审核申请提款金额是否与项目进度相匹配;⑦审核提款申请是否与贷款约定用途一致。

52. A 【解析】选项B,对于以金融机构出具的不可撤销保函或备用信用证担保的,应在收妥银行认可的不可撤销保函或备用信用证正本后,才能允许借款人提款。选项C,借款合同一经签订生效后,受法律保护的借贷关系即告确立,借贷双方均应依据借款合同的约定享有权利和承担义务。选项D,银行须审查建设项目的资本金是否已足额到位,如因特殊原因不能按时足额到位,贷款支取的比例也应同步低于借款人资本金到位的比例。

53. A 【解析】贷款发放的进度放款原则是指在中长期贷款发放过程中,银行应按照完成工程量的多少进行付款。故选项A正确。

54. A 【解析】贷款发放的计划、比例放款原则,是指银行应按照已批准的贷款项目年度投资计划所规定的建设内容、费用,准确、及时地提供贷款。借款人用于建设项目的其他资金(自筹资金和其他银行贷款)应与贷款同比例支用。

55. D 【解析】对于用票据设定质押的,还必须对背书的连续性进行审查。

56. B 【解析】资本金足额原则是指银行须审查建设项目的资本金是否已足额到位。即使因特殊因素不能按时足额到位,贷款支取的比例也应同步低于借款人资本金到位的比例。

57. A 【解析】选项B,融资租入的固定资产,按照租赁合同确定的价款加上运输费、保险费、安装调试费入账。选项C,企业构建固定资产所缴纳的投资方向调节税、耕地占用税、进口设备增值税和关税应计入固定资产原值。选项D,与构建固定资产有关的建设期支付的贷款利息和汇兑损失应计入相应的固定资产原值。

58. A 【解析】风险预警的程序:①信用信息的收集和传递;②风险分析;③风险处置;④后评价。

59. D 【解析】选项A,在贷款分类中,对于被判定为正常类贷款的,应该对其分析判断的因素更多,判断过程更长。选项B,如果一笔贷款仅是贷款信息或信贷档案存在缺陷,并且这种缺陷对于还款不构成实质性影响,贷款不应被归为关注类,也不能将有特定风险的某一种类的贷款片面地归入关注类。选项C,在判断可疑类贷款时,要考虑有"明显缺陷,且有大部分损失"的关键特征。

60. B 【解析】在我国银行业实践中,风险预警是一门新兴的交叉学科,可以根据运作机制将风险预警方法分为黑色预警法、蓝色预警法和红色预警法。

61. C 【解析】完善性原则即贷款合同文本内容应力求完善,借贷双方权利义务明确,条理清晰。

62. B 【解析】低经营杠杆行业的变动成本占较高比例,在经济恶化或者销售量降低的情况下,这些行业可以较快和较容易地减少变动成本,以保证盈利水平。

63. C 【解析】当前我国银行业金融机构使用的主要是格式合同。

64. D 【解析】流动资金贷款是指贷款人向企(事)业法人或国家规定可以作为借款人的其他组织发放的用于借款人日常生产经营周转的本外币贷款。

65. A 【解析】选项A,属于企业管理状况风险,其余选项均是企业经营风险的体现。

66. D 【解析】不良贷款是指借款人未能按原定的贷款协议按时偿还商业银行的贷款本息,或者已有迹象表明借款人不可能按原定的贷款协议按时偿还商业银行的贷款本息而形成的贷款。

67. D 【解析】银行在办理抵债资产接收后,应根据抵债资产的类别(包括不动产、动产和权利等)、特点等决定采取上收保管、就地保管、委托保管等方式。

68. C 【解析】法院裁定债务人进入破产重整程序以后,其他强制执行程序,包括对担保物权的强制执行程序,都应立即停止。

69. C 【解析】司法型债务重组,主要指在《企业破产法》规定的和解与整顿程序中,以及国外的破产重整程序中,在法院主导下债权人对债务进行适当的调整。

70. A 【解析】银行债权应首先考虑以货币形式受偿,从严控制以物抵债。受偿方式以现金受偿为第一选择,债务人、担保人无货币资金偿还能力时,要优先选择以直接拍卖、变卖非货币资产的方式回收债权。当现金受偿确实不能实现时,可接受以物抵债。

71. C 【解析】财务状况变化是企业还款能力变化的直接反映。银行应定期收集符合会计制度要求的企业财务报表,关注并分析异常的财务变动和不合理的财务数据,还可对贷款存续期间借款人的资产负债率、流动比率、速动比率、销售收入增减幅度、利润率、分红比率等财务指标提出控制要求。

72. D 【解析】选项D,借款人应该提供近3年和最近一期的财务报表。

73. A 【解析】借款人还款能力的主要标志是借款人的现金流量是否充足。

74. D 【解析】对于单笔贷款计提准备金时,应当扣除该笔贷款抵押品的价值;对批量贷款计提准备金时,则不需要扣除。

75. A 【解析】商业银行应至少每季度对全部金融资产进行一次风险分类。对于债务人财务状况或影响债务偿还的因素发生重大变化的,应及时调整风险分类。

76. D 【解析】资产管理公司是指具有健全公司治理、内部管理控制机制,并有5年以上不良资产管理和处置经验,公司注册资本金100亿元(含)以上,取得国务院银行业监督管理机构核发的金融许可证的公司,以及各省、自治区、直辖市人民政府依法设立或授权的资产管理或经营公司。故选项D正确。

77. B 【解析】项目融资除评估授信项目建议书、可行性研究报告及未来现金流量预测情况外,是否对质押权、抵押权以及保证或保险等严格调查,防止关联客户无交叉互保。

78. C 【解析】超过风险承受能力是指一家商业银行对单一集团客户授信总额超过商业银行资本余额15%或商业银行视为超过风险承受能力的其他情况。故选项C正确。

79. D 【解析】下列债权或者股权不得作为呆账核销:①借款人或者担保人有经济偿还能力,银行未按本办法规定,履行所有可能的措施和实施必要的程序追偿的债权;②违反法律法规的规定,以各种形式逃废或者悬空的银行的债权;③因行政干预造成逃废或者造成悬空的银行的债权;④银行未向借款人和担保人追偿的债权;⑤其他不应当核销的银行债权或者股权。选项D,可以作为呆账核销。选项A、选项B、选项C,都是按照规定不允许作为呆账核销的债权或股权。

80. B 【解析】商业银行制定的集团客户授信业务风险管理制度应当报国务院银行业监督管理机构备案。

二、多项选择题

81. ABC 【解析】按贷款担保方式划分,公司信贷可分为抵押贷款、质押贷款、保证贷款。

82. ABCDE 【解析】影响贷款价格的主要因素有贷款成本、贷款占用的经济资本成本、贷款风险程度、贷款费用、借款人的信用及与银行的关系、银行贷款的目标收益率、贷款供求状况、贷款的期限、借款人从其他途径融资的融资成本。

83. CD 【解析】在流动资金贷款中,如为票据贴现,应出具承兑的汇票是银行承兑汇票或商业承兑汇票。故选项C、选项D正确。

84. ABCE 【解析】贷前调查的主要对象就是借款人、保证人、抵(质)押人、抵(质)押物等。选项D,关联企业不属于贷前调查的主要对象。

85. ABCE 【解析】季节性资产增加的三个主要融资渠道:①季节性商业负债增加:应付账款和应计费用;②内部融资,来自公司内部的现金和有价证券;③银行贷款。

86. ABCDE 【解析】行业风险的产生主要受以下因素影响:①经济周期;②产业发展周期;③产业组

29

织结构;④地区生产力布局;⑤国家政策;⑥产业链位置。

87. ACDE 【解析】客户技术水平是其核心竞争力的主要内容。故选项B错误。

88. ACDE 【解析】银行业金融机构应当有效识别、计量、监测、控制信贷业务活动中的环境风险和社会风险,建立环境风险和社会风险管理体系,完善相关信贷政策制度和流程管理。

89. ABCD 【解析】市场占有率指标通常指客户产品的市场份额,所占市场份额较大说明客户在行业中的地位较高,其价格策略的调整对行业整体销售状况能产生影响;反之,则说明客户在行业中的地位较低,其价格策略的调整对行业整体销售状况不能产生影响。

90. BCD 【解析】初次面谈时,调查人员对客户还贷能力的了解主要从其主营业务状况、现金流量构成、经济效益、还款资金来源等方面进行。

91. CDE 【解析】保证合同要以书面形式订立,以明确双方当事人的权利和义务;保证人与商业银行可以就单个主合同分别订立保证合同,也可以协商在最高贷款限额内就一定期间连续发生的贷款订立一个保证合同,后者大大简化了保证手续。故选项A、选项B错误。

92. ABCD 【解析】债务人或者第三人有权处分的下列财产可以抵押:①建筑物和其他土地附着物;②建设用地使用权;③海域使用权;④生产设备、原材料、半成品、产品;⑤正在建造的建筑物、船舶、航空器;⑥交通运输工具;⑦法律、行政法规未禁止抵押的其他财产。下列财产不得抵押:①土地所有权;②宅基地、自留地、自留山等集体所有土地的使用权,但是法律规定可以抵押的除外;③学校、幼儿园、医疗机构等为公益目的成立的非营利法人的教育设施、医疗卫生设施和其他公益设施;④所有权、使用权不明或者有争议的财产;⑤依法被查封、扣押、监管的财产;⑥法律、行政法规规定不得抵押的其他财产。

93. ABC 【解析】选项D、选项E属于信贷业务政策符合性审查的内容。

94. ABCE 【解析】选项D应为银行业金融机构应建立完善的档案管理制度,定期对合同的使用、管理等情况进行检查。

95. ABC 【解析】"贷放分控"是指银行业金融机构将贷款审批与贷款发放作为两个独立的业务环节,分别管理和控制,以达到降低信贷业务操作风险的目的。"贷放分控"中的"贷"是指业务流程中贷款调查、审查、审批等环节,尤其是贷款审批环节,以区别贷款发放与支付环节。"放"是指银行放款,特指贷款审批通过后,由银行审核,将符合条件的贷款发放或支付出去的环节。

96. ADE 【解析】对保证人的管理主要有以下三个方面的内容:①审查保证人的资格;②分析保证人的保证实力;③了解保证人的保证意愿。

97. ABDE 【解析】竞争性进入威胁的严重程度取决于两方面的因素:进入新领域的障碍大小与预期现有企业对于进入者的反应情况。进入障碍主要包括规模经济、产品差异、资本需要、转换成本、销售渠道开拓、政府行为与政策、不受规模支配的成本劣势、自然资源、地理环境等方面,其中有些障碍是很难借助复制或仿造的方式来突破的。预期现有企业对进入者的反应情况主要取决于有关厂商的财力情况、报复记录、固定资产规模、行业增长速度等。新企业进入一个行业的可能性大小,取决于进入者主观估计进入所能带来的潜在利益、所需花费的代价与所要承担的风险这三者的相对大小情况。

98. ABCDE 【解析】在其他贷款条件没有明显恶化的情况下,具备以下条件之一的,商业银行可以考虑办理债务重组:①通过债务重组,能够追加或者完善担保条件;②通过债务重组,借款企业能够改善财务状况,增强偿债能力;③通过债务重组,可在其他方面减少银行风险;④通过债务重组,能够使银行债务先行得到部分偿还;⑤通过债务重组,能够弥补贷款法律手续方面的重大缺陷。

99. ABDE 【解析】调整还款期限主要根据企业偿债能力制定合理的还款期限,从而有利于鼓励企业增强还款意愿。延长还款期限要注意遵守银行监管当局的有关规定。在变更借款企业时,要防止借款企业利用分立、对外投资、设立子公司等手段逃废银行债务。根据现行规定,银行可以自主免除符合条件的表外欠息。调整利率主要将逾期利率调整为相应档次的正常利率或下浮,从而减轻企业的付息成本。调低利率也要遵守人民银行和各银行关于利率管理的规定。重组贷款时可以根据实际需要采取其他方式。

100. BD 【解析】根据《贷款通则》第十九条的规定,借款人的义务包括以下内容:①应当如实提供贷款人要求的资料(法律规定不能提供者除外),应当向贷款人如实提供所有开户行、账号及存贷款余额情况,配合银行的调查、审查和检查;②应接受贷款人对其使用信贷资金情况和有关生产经营、财务活动的监督;③应当按借款合同约定用途使用贷款;④应当按借款合同约定及时清偿贷款本息;⑤将债务全部或部分转让给第三方的,应当取得贷款人的同意;⑥有危及贷款人债权安全的情况时,应当及时通知银行,同时采取保全措施。

101. BDE 【解析】通过对现金流的预测以及月度或季度的营运资本投资、销售和现金水平等的分析,银行可以获得如下信息:决定季节性销售模式是否创造季节性借款需求;评估营运资本投资需求的时间和金额;决定合适的季节性贷款结构及偿还时间表。

102. ABD 【解析】商业银行主要对抵押合同的内容进行审查,从而决定是否贷款给申请人。抵押合同应当包括以下内容:①被担保的主债权种类、数额;②债务人履行债务的期限;③抵押物的名称、数量、质量、状况、所在地、所有权权属或者使用权权属;④抵押担保的范围;⑤当事人认为需要约定的其他事项。

103. ABDE 【解析】经营风险主要体现在以下方面:①经营活动发生显著变化,出现停产、半停产或经营停止状态;②业务性质、经营目标或习惯做法改变;③主要数据在行业统计中呈现出不利的变化或趋势;④兼营不熟悉的业务、新的业务或在不熟悉的地区开展业务;⑤不能适应市场变化或客户需求的变化;⑥持有一笔大额订单,不能较好地履行合约;⑦产品结构单一;⑧对存货、生产和销售的控制力下降;⑨对一些客户或供应商过分依赖,可能引起巨大的损失;⑩在供应链中的地位关系变化,如供应商不再供货或减少信用额度;⑪购货商减少采购;⑫企业的地点发生不利的变化或分支机构分布趋于不合理;⑬收购其他企业或者开设新销售网点,对销售和经营有明显影响,如收购只是出于财务动机,而与核心业务没有密切关系;⑭出售、变卖主要的生产性、经营性固定资产;⑮厂房和设备未得到很好的维护,设备更新缓慢,缺乏关键产品生产线;⑯建设项目的可行性存在偏差,或计划执行出现较大的调整,如基建项目的工期延长,或处于停缓状态,或预算调整;⑰借款人的产品质量或服务水平出现明显下降;⑱流失一大批财力雄厚的客户;⑲遇到台风、火灾、战争等严重自然灾害或社会灾难;⑳企业未实现预定的盈利目标。

104. ABC 【解析】贷前调查的内容:贷款合规性调查、贷款安全性调查、贷款效益性调查。

105. AD 【解析】在分析资金结构是否合理时要注意以下两方面内容:①资产负债表结构是否合理,即长期资产应由长期资金和所有者权益支持,短期资产由短期资金支持;②企业经营风险水平,即企业控制和管理的全部资产的不确定性如何。

106. ABCD 【解析】借款人采用隐瞒事实等不正当手段取得贷款可划入次级类贷款,选项E不符合题意。故应选项A、选项B、选项C、选项D。

107. ABDE 【解析】根据竞争与垄断关系的不同,市场通常可分为完全竞争、垄断竞争、寡头垄断和完全垄断四种不同类型。

108. ABCDE 【解析】根据商业银行固定资产贷前调查报告内容相关要求,银行从项目获得的收益预测一般应包括以下内容:①利息收入;②转贷手续费;③年结算量及结算收入;④日均存款额;⑤盘活贷款存量;⑥其他收入和收益等内容。

109. ABCE 【解析】退出市场的成本越高,竞争程度越大。故选项D错误。

110. ABCDE 【解析】加强合同管理的实施要点:①修订和完善贷款合同等协议文件;②建立完善有效的合同管理制度;③加强贷款合同规范性审查管理;④实施履行监督、归档、检查等管理措施;⑤做好有关配套和支持工作。

111. BC 【解析】银行判断公司长期销售收入增长是否会产生借款需求的方法主要有三种。(1)快速简单的方法是判断持续的销售增长率是否足够高。(2)更为准确的方法是确定是否存在以下三种情况:①销售收入保持稳定、快速增长;②经营现金流不足以满足营运资本投资和资本支出的增长;③资产效率相对稳定。(3)确定若干年的"可持续增长率"并将其同实际销售增长率相比较。故选项B、选项C符合题意。

112. ABD 【解析】借款人应符合的要求包括,除国务院另有规定外,有限责任公司和股份有限公司对外股本权益性投资累计未超过其净资产总额的50%。

113. ABDE 【解析】银行在依法收贷的纠纷中申请财产保全有两方面作用:一是防止债务人的财产被隐匿、转移或者毁损灭失,保障日后执行顺利进行;二是对债务人财产采取保全措施,影响债务人的生产和经营活动,迫使债务人主动履行义务。财产保全分为两种:诉前财产保全和诉中财产保全。诉前财产保全是指债权银行因情况紧急,不立即申请财产保全将会使其合法权益受到难以弥补的损失,因而在起诉前向人民法院申请采取财产保全措施;诉中财产保全是指可能因债务人一方的行为或者其他原因,使判决不能执行或者难以执行的案件,人民法院根据债权银行的申请裁定或者在必要时不经申请自行裁定采取财产保全措施。故选项A、选项B、选项D、选项E正确。

114. ABD 【解析】行业分散是指一个行业中拥有大量数目的竞争企业,这种行业的竞争较激烈,故选项A说法正确。高经营杠杆增加竞争,故选项B说法正确。市场成长越缓慢,竞争程度越大,故选项C说法错误。退出市场的成本越高,竞争程度越大,故选项D说法正确。在行业发展阶段的后期,大量的企业开始进入此行业以图分享利润,市场达到饱和并开始出现生产能力过剩,价格战争开始爆发,竞争趋向白热化,故选项E说法错误。

115. ABC 【解析】银行对企业的借款需求进行分析的意义主要有:①银行能够更有效地评估风险,更合理地确定贷款期限,并帮助企业提供融资结构方面的建议。②银行在对客户进行借款需求分析时,要关注企业的借款需求原因,即所借款项的用途,同时还要关注企业的还款来源以及可靠程度。实际上,在一个结构合理的贷款中,企业的还款来源与其贷款原因应当是相匹配的,而这可以通过借款需求分析来实现。③银行只有通过借款需求分析,才能把握公司借款需求的本质,从而作出合理的贷款决策。④有利于公司的稳健经营,也有利于银行降低贷款风险。⑤有利于银行进行全面的风险分析和控制。

116. AE 【解析】若抵押物价值减少时,银行有权要求抵押人恢复抵押物的价值,或者提供与减少的价值相等的担保。若抵押人对抵押物价值减少无过错,银行只能在抵押人因损害而得到的赔偿范围内要求提供担保。其抵押物未减少的部分,仍作为债权的担保。

117. ACDE 【解析】长期贷款展期的期限累计不得超过3年(国家另有规定的除外),故选项A错误。借款人未申请展期或申请展期未得到批准,其贷款从到期日次日起,转入逾期贷款账户,故选项C错误。凡采用"挂钩"方式转贷的,一般不允许展期,故选项D错误。现行短期贷款展期的期限累计不超过原贷款期限,故选项E错误。

118. CDE 【解析】杠杆比率一般包括资产负债率、负债与所有者权益比率、负债与有形净资产比率、利息保障倍数等。

119. BCE 【解析】衡量借款人短期偿债能力的指标主要有流动比率、速动比率和现金比率等;衡量借款人长期偿债能力的指标主要有资产负债比率和产权比率等。故选项A、选项D错误。

120. BCDE 【解析】贷款授信额度是在对以下因素进行评估和考虑的基础上决定的:①了解并测算借款企业的需求;②客户的还款能力;③借款企业对借贷金额的需求;④银行或借款企业的法律或监督条款的限制,以及借款合同条款对公司借贷活动的限制;⑤贷款组合管理的限制;⑥银行的客户政策,即银行针对客户提出的市场策略;⑦关系管理因素。

三、判断题

121. B 【解析】还款期是指从借款合同规定的第一次还款日起至全部本息清偿日止的期间。

122. A 【解析】我国人民币贷款利率按贷款期限划分,可分为短期贷款利率、中长期贷款利率及票据贴现利率。短期贷款利率可分为6个月(含6个月)以下和6个月至1年(含1年)两个档次,中长期贷款利率可分为1至3年(含3年)、3至5年(含5年)以及5年以上三个档次。

123. A 【解析】面谈后,业务人员须及时撰写会谈纪要,为公司业务部门上级领导提供进行判断的基础性信息。

124. B 【解析】流动资金贷款不得用于固定资产、股权等投资,不得用于国家禁止生产、经营的领域和用途。

125. B 【解析】长期投资属于一种战略投资,其风险较大,因此最适当的融资方式是股权性融资。

126. A 【解析】应付账款被认为是公司的无成本融资来源,因为公司在应付账款到期之前可以充分利用这部分资金购买商品和服务等。

127. A 【解析】银行可以通过营运现金流量分析来判断公司的营运现金流是否仍为正,并且能够满足偿还债务、资本支出和预期红利发放的需要。如果能够满足,则发放红利不能作为合理的借款需求原因。

128. A 【解析】公司可能会遇到意外的非预期性支出,比如保险之外的损失、设备安装、与公司重组和员工解雇相关的费用、法律诉讼费等,一旦这些费用超过了公司的现金储备,就会导致公司的借款需求。

129. A 【解析】在实际借款需求分析中,需要考虑公司的盈利趋势。

130. B 【解析】信贷人员对客户法人治理结构的评价要着重考虑控股股东行为的规范和对内部控制人的约束和激励这两个因素。

131. A 【解析】贷款担保是指为提高贷款偿还的可能性,降低银行资金损失的风险,银行在发放贷款时要求借款人提供担保,以保障贷款债权实现的法律行为。

132. A 【解析】银行保险机构应当建立有效的绿色金融考核评价体系和奖惩机制,落实激励约束措施,完善尽职免责机制,确保绿色金融持续有效开展。

133. B 【解析】选择的抵押物适用性要强,由适用性判断其变现能力。对变现能力较差的,抵押率应适当降低。对于抵押率的确定,除了审核抵押物的适用性、变现能力外,还要注意抵押物价值的变动趋势。

134. B 【解析】在审查担保类文件时,公司业务人员应特别注意抵(质)押协议生效的前提条件(如需向有关部门登记生效)。对于抵押协议虽正式签署但生效滞后的贷款项目,应在抵押正式生效前,采取必要的手段和措施规避贷款风险。

135. A 【解析】贷款人办理提款,应在提款日前填妥借款凭证。除非借款合同另有规定,银行不能代客户填写借款凭证。

136. A 【解析】贷款逾期后,银行不仅对贷款的本金计收利息,而且对应收未收的利息也要计收利息,即计复利。在催收的同时,对不能按借款合同约定期限归还的贷款,应当按规定加罚利息,加罚的利率应在贷款协议中明确规定;应收未收的罚息也要计复利。

137. B 【解析】银行如果让质押存款的资金存放在

借款人在本行的活期存款账户上是有司法风险的。为规避这种风险,银行需将质押资金转为定期存单单独保管,或者更为妥当的方式,将其转入银行名下的保证金账户。

138. A 【解析】批量转让是指金融企业对一定规模的不良资产(10户/项以上)进行组包,定向转让给资产管理公司的行为。金融企业应进一步完善公司治理和内控制度,不断提高风险管理能力,建立损失补偿机制,及时提足相关风险准备。不良资产批量转让工作应坚持依法合规、公开透明、竞争择优、价值最大化原则。

139. A 【解析】借款人蓄意通过兼并、破产或者股份制改造等途径侵吞信贷资金的,应当依据有关法律规定承担相应部分的赔偿责任并处以罚款;造成贷款人重大经济损失的,应当依照有关法律规定追究直接责任人员的刑事责任。

140. B 【解析】金融企业是指在中华人民共和国境内依法设立的国有及国有控股商业银行、政策性银行、信托投资公司、财务公司、城市信用社、农村信用社以及国务院银行业监督管理机构依法监督管理的其他国有及国有控股金融企业(金融资产管理公司除外)。

机考题库·真题试卷(四)

一、单项选择题

1. D 【解析】在广义的定义下,贷款期限通常分为提款期、宽限期和还款期。

2. A 【解析】提款期是指从借款合同生效之日开始,至合同规定贷款金额全部提款完毕之日止,或最后一次提款之日为止,其间借款人可以按照合同约定分次提款。

3. A 【解析】与传统纸质票据相比,电子商业汇票实现了以数据电文形式代替原有纸质实物票据、以电子签名取代实体签章、以网络传输取代人工传递、以计算机录入代替手工书写等变化,其期限最长为6个月,使企业融资期限安排更加灵活。

4. C 【解析】信贷前台部门包括公司业务部门、个人贷款部门、金融机构部门等。风险管理部门是信贷中台部门。

5. B 【解析】在保证贷款中,一般保证人承担的是连带责任,即与债务人共同对债务负责,偿还顺序不分先后,且偿还金额不受限制。因此,当贷款到期时,银行可要求某公司偿还全部金额,也可要求王某偿还全部金额。

6. B 【解析】银行确立贷款意向后,信贷业务人员有核对的义务,应对借款人提供的复印件与相应的文件正本进行核对,核对无误后,业务人员在复印件上签字确认。

7. B 【解析】贷款意向书和贷款承诺书都是贷款程序中不同阶段的成果,常见于中长期贷款。

8. C 【解析】贷款承诺费是指银行对已承诺贷给客户而客户又没有使用的那部分资金收取的费用。

9. C 【解析】低经营杠杆行业的变动成本占较高比例,但是,在经济增长、销售上升时,低经营杠杆行业的增长速度要比高经营杠杆行业的增长速度缓慢得多。经营杠杆是营业利润相对于销售量变化敏感度的指示剂。经营杠杆越大,销售量对营业利润的影响就越大。通常情况下,高经营杠杆行业代表高风险。这些行业需要获得更高的销售量来维持利润,而且利润相对于销售也非常敏感。

10. D 【解析】退出市场的成本越高,竞争程度越大。例如,在固定资产较多,并且很难用于生产其他产品的资本密集型行业,企业通常不会轻易选择退出市场。在经济周期达到低点时,企业之间的竞争程度达到最大。在营运杠杆较高的行业,这一情况更为严重。

11. A 【解析】选项A,属于固定资产贷款须提交的资料。

12. B 【解析】如为出口打包贷款,应出具进口方银行开立的信用证;如为票据贴现,应出具承兑的汇票(银行承兑汇票或商业承兑汇票);如借款用途涉及国家实施配额、许可证等方式管理的进出口业务,应出具相应批件。

13. D 【解析】选项A,在行业风险分析框架中,成本结构是指某一行业内企业固定成本与可变成本间的比例。选项B,固定成本是指不随销售量变化而变化的成本,主要指固定资产折旧、企业日常开支、利息等,原材料、广告费用均属于变动成本。选项C,如果一个行业固定成本占总成本比例很高,则称行业的经营杠杆很高。在高杠杆经营行业中,企业生产量越高,获得利润越高,并且企业成本会随生产销售的增加而降低,因而经营杠杆高的行业成功的关键在于保持高市场占有率和高销售量。选项D,对于高杠杆企业,当经济恶化或销售量降低时,企业成本无法随之大幅削减,因而盈利水平大幅降低,此时容易发生信用风险。

14. D 【解析】营运能力是指通过借款人经营中各项资产周转速度所反映出来的借款人资产运用效率,它不仅反映借款人的资产管理水平和资产配置组合能力,而且也影响着借款人的偿债能力和盈利能力。

33

15. B 【解析】资本回报率（ROE）＝净利润/所有者权益＝875÷5833×100%＝15%；红利支付率＝股息分红/净利润＝350÷875×100%＝40%；留存比率（RR）＝1－红利支付率＝1－40%＝60%；可持续增长率（SGR）＝（ROE×RR)/(1－ROE×RR)＝(15%×60%)÷(1－15%×60%)×100%＝9.9%。

16. B 【解析】内部融资的资金来源主要是净资本、留存收益和增发股票。一般情况下，企业不能任意发行股票。因此，在估计可持续增长率时通常假设内部融资的资金来源主要是留存收益。

17. C 【解析】RR为留存比率，RR＝1－红利支付率＝1－40%＝60%。

18. C 【解析】根据题干信息可知，资本回报率（ROE）＝净利润/所有者权益＝1572÷9732×100%＝16%；红利支付率＝股息分红/净利润＝608÷1572×100%＝39%；留存比率（RR）＝1－红利支付率＝1－39%＝61%；所以本公司可持续增长率（SGR）＝（ROE×RR)/(1－ROE×RR)＝(16%×61%)÷(1－16%×61%)＝11%。

19. D 【解析】贷款人在短期贷款到期1个星期之前、中长期贷款到期1个月之前，应当向借款人发送还本付息通知单；借款人应当及时筹备资金，按期还本付息。

20. C 【解析】一个公司的可持续增长率取决于以下四个变量：①利润率。利润率越高，销售增长越快；②留存利润。用于分红的利润越少，销售增长越快；③资产使用效率。效率越高，销售增长越快；④财务杠杆。财务杠杆越高，销售增长越快。

21. C 【解析】留存比率（RR）＝1－红利支付率＝1－（股息分红/净利润×100%）＝1－（171.9÷573×100%）＝70%。

22. D 【解析】财务杠杆越高，销售增长越快。

23. D 【解析】银行在进行财务报表分析时要注意收集丰富的财务报表资料，以便于正确地作出贷款决策。具体包括以下内容：①会计报表；②会计报表附注和财务状况说明书；③注册会计师查账验证报告；④其他资料。

24. C 【解析】比较分析法是将客户的有关财务数据与同行业平均水平或在不同企业之间进行比较，找出差异及其产生原因，用于判断客户管理水平和业绩水平。

25. B 【解析】结构分析法是以财务报表中的某一总体指标为基础，计算其中各构成项目占总体指标的百分比，然后比较不同时期各项所占百分比的增减变动趋势。

26. A 【解析】结构分析法是以财务报表中的某一总体指标为基础，计算其中各构成项目占总体指标的百分比，然后比较不同时期各项所占百分比的增减变动趋势。趋势分析法是将客户连续数期财务报告中的相同项目的绝对数或相对数进行比较，以揭示它们增减变化趋势的一种方法。该信贷人员将企业近3年来的流动资金占总资产比例、速动资产比例、存货和其他应收款占比进行比较，首先体现了趋势分析法的运用；而总资产包括存货、其他应收款、速动资产等项目，比较不同时期这些项目占总资产的比例则是对结构分析法的运用。

27. B 【解析】比较分析法是将客户的有关财务指标数据与同行业平均水平或在不同企业之间进行比较，找出差异及其产生原因，用以判断客户管理水平和业绩水平。现在常用方法一般以上市公司的标准作为行业平均水平。

28. C 【解析】比率分析法是在同一张财务报表的不同项目之间、不同类别之间，或在两张不同财务报表如资产负债表和利润表的有关项目之间做比较，用比率来反映它们之间的关系，以评价客户财务状况和经营状况好坏的一种方法。比率分析法是最常用的一种方法。

29. A 【解析】选项A应该为借款人的资金结构应与资产转换周期相适应。

30. A 【解析】待摊费用属于流动资产，故选项B错误。当企业总资产利润高于长期债务成本时，加大长期债务可使企业获得财务杠杆收益，从而提高企业权益资本收益率，故选项C错误。如借款人属于稳定的生产制造企业，那么其资产转换周期较长且稳定，因而其融资需求更多的是长期资金，故选项D错误。

31. C 【解析】所有者权益代表投资者对企业净资产的所有权。净资产就是资产负债表中的所有者权益，它是属于企业所有，并可以自由支配的资产。

32. D 【解析】在分析资产负债表时，一定要注意借款人的资产结构是否合理，是否与同行业的比例大致相同。如借款人的资产结构与同行业的平均水平存在较大的差异，就应该进一步分析差异产生的原因。超市属于零售业，根据资产结构参考指标，零售业的现金占总资产比例为5%～8%、存货为50%～60%、固定资产为10%～20%、应收账款为0～10%；而该超市的现金占总资产比例为3%（30÷1000×100%）、存货为20%（200÷1000×100%）、固定资产为40%（400÷1000×100%）、应收账款为15%（150÷1000×100%），对比可见，该超市与行业比例差异较大，因而应进一步分析差异原因。

33. A 【解析】资产负债表是反映借款人在某一特定日期财务状况的财务报表；利润表又称损益表，它是通过列示借款人在一定时期内取得的收入，所发生的费用支出和所获得的利润来反映借款人一定时期内经营成果的报表；现金流量表所表达的是在固定期间（通常是每月或每季）内，一家机构的现金（包含银行存款）的增减变动情形；所有者权益变动表又称股东权益变动表,是指反映构成所有者权益的各组成部分当期的增减变动情况的报表。所有者权益变动表应当全面反映一定时期所有者权益变动的情况。

34. C 【解析】资产负债表是反映借款人在某一特定日期财务状况的财务报表。资产、负债和所有者权益是资产负债表的基本内容。

35. A 【解析】收款条件主要取决于市场供求和厂商品牌两个因素。

36. C 【解析】资产负债表由资产、负债、所有者权益所组成。

37. D 【解析】选项D属于流动资产。

38. D 【解析】流动负债指需要在1年或者超过1年的一个营业周期内偿还的债务。流动负债又称短期负债,具有成本低、偿还期短的特点。故选项D待摊费用,不属于流动负债。

39. A 【解析】总市场潜量可表示为$Q=npq$,则本题中水果市场的总市场潜量为$Q=npq=15×13×12=2340$(亿元)。

40. D 【解析】损害赔偿金是指债务人因不履行或不完全履行债务给银行造成损失时,向银行支付的补偿费。

41. D 【解析】诚实信用原则,主要是指当事人在担保活动时要言行一致、表里如一,恪尽担保合同的义务。

42. D 【解析】主要包括借款人的企业性质、发展沿革、品质、组织架构及公司治理、经营环境、所处的行业市场分析、行业地位分析、产品定价分析、生产技术分析、客户核心竞争能力分析等。

43. B 【解析】在我国市场经济建立和发展过程中,银行开展担保贷款业务具有重要的意义。担保的作用主要表现为以下四个方面:①协调和稳定商品流转秩序,使国民经济健康运行;②降低银行贷款风险,提高信贷资金使用效率;③促进借款企业加强管理,改善经营管理状况;④巩固和发展信用关系。

44. B 【解析】所谓保证是指保证人与债务人约定,当债务人不履行债务时,保证人必须按照约定履行债务或者承担责任的行为。贷款担保是指为提高贷款偿还的可能性,降低银行资金损失的风险,银行在发放贷款时要求借款人提供担保,以保障贷款债权实现的法律行为。贷款抵押是债务人或者第三人对债务人以一定财产作为清偿债务担保的法律行为。质押是贷款担保方式之一,它是债权人所享有的通过占有由债务人或第三人移交的质物而使其债权优先受偿的权利。

45. C 【解析】只有选项C属于信贷业务岗的职责,其余选项都属于信贷审查岗的职责。其中,选项A属于合规性审查;选项B属于表面真实性审查;选项D属于合理性审查。

46. C 【解析】信贷审查岗职责包括表面真实性审查、完整性审查、合规性审查、合理性审查和可行性审查。

47. B 【解析】审查人员没有最终决策权,信贷决策权应该由贷款审查委员会或最终审批人行使。

48. B 【解析】信贷决策权应由贷款审查委员会或最终审批人行使。

49. C 【解析】选项C,审查人员无最终决策权,即使其对贷款发放持否定态度,也应按正常的信贷流程继续进行审批。最终审批人参考审查意见后,对是否批准贷款提出明确的意见。信贷决策权应由贷款审查委员会或最终审批人行使。

50. D 【解析】固定资产贷款发放原则:①计划、比例放款原则;②进度放款原则;③资本金足额原则。

51. A 【解析】选项A属于担保类文件的内容,选项B、选项C、选项D属于与项目有关的协议的内容。

52. D 【解析】存贷款期限结构匹配、提高存货周转速度、提高应收账款周转速度都将提高商业银行经营流动性和安全性,而提高二级市场股票的换手频率不会影响商业银行手中现金流,因而不会对其流动性和安全性产生影响。

53. C 【解析】贷款实务操作中,先决条件文件会因贷款而异。

54. C 【解析】选项C属于担保类文件。

55. C 【解析】贷款类文件包括以下内容:①借贷双方已正式签署的贷款合同;②银行之间已正式签署的贷款协议(多用于银团贷款)。选项A属于借款人及保证人(如有)文件。选项B、选项D均属于与项目有关的协议。

56. C 【解析】贷款的效益性是指贷款经营的盈利情况,是商业银行经营管理活动的主要动力。业务人员开展的调查内容:①对借款人过去3年的经营效益情况进行调查,并进一步分析行业前景、产品销路以及竞争能力;②对借款人当前经营情况进行调查,核实其拟实现的销售收入和利润的真实性及可行性;③对借款人过去和未来给银行带来收入、存款、贷款、结算、结售汇等综合效益情况进行调查、分析、预测。

57. D 【解析】上市客户的法人治理关注点包括股权结构不合理、关键人控制、信息披露的实际质量难以保证。选项B属于关键人控制的内容;选项D属于国有独资客户的法人治理关注点之一。

58. A 【解析】银行不得对自营贷款或特定贷款在计收利息之外收取任何其他费用。但是若根据国际惯例,在借款合同中规定,变更提款应支付承担费,那么当借款人变更提款计划时,公司业务部门应根据合同办理,可按改变的提款计划部分的贷款金额收取承担费。借款人在提款有效期内如部分或全额未提款,应提未提部分的贷款可根据借款合同的规定收取承担费。未提部分的贷款在提款期终了时自动注销。公司业务部门在借款人的提款期满之前,将借款人应提未提的贷款额度通知借款人。

59. D 【解析】受托支付目前适用的情况是贷款资金单笔金额超过项目总投资5%或超过500万元。

60. D 【解析】固定资产贷款和流动资金贷款的授信对象是企事业法人或国家规定可以作为借款人的其他组织。

61. C 【解析】单项信贷额度指银行基于不同授信业务品种风险特征及其差异化信贷管理需要在客户授信总额之下,为客户不同信贷品种设置的分类管理额度。主要适用于产品额度项下单笔业务审批和支用管理。

62. D 【解析】贷款风险预警信号系统中,有关经营状况的信号主要包括:丧失一个或多个客户,而这些客户财力雄厚;关系企业生产能力的某一客户的订货变化无常;投机于存货,使存货超出正常水平;工厂或设备维修不善,推迟更新过时的无效益的设备等。

63. B 【解析】在风险预警处置流程中,对于出现的较大风险,客户部门无法自行在3个月内控制和化解处置的,应视贷款金额的大小及风险状况及时报告授信审批行风险资产管理部门或信贷管理部门,由授信审批部门调整客户分类和授信方案,介入风险认定和处置。故选项B正确。

64. C 【解析】根据风险的程度和性质,应采取相应风险处置措施:①列入重点观察名单;②要求客户限期纠正违约行为;③要求增加担保措施;④暂停发放新贷款或收回已发放的授信额度等。

65. C 【解析】预警处置是借助预警操作工具对银行经营运作全过程进行全方位实时监控考核,在接收风险信号、评估、衡量风险基础上提出有无风险、风险大小、风险危害程度及风险处置、化解方案的过程。

66. D 【解析】还本付息通知单应载明贷款项目名称或其他标志、还本付息的日期、当前贷款余额、本次还本金额、付息金额以及利息计算过程中涉及的利率、计息天数、计息基础等。

67. B 【解析】依据《商业银行金融资产风险分类办法》,商业银行金融资产按照风险程度划分为正常类、关注类、次级类、可疑类和损失类。其中,可疑类贷款是指债务人已经无法足额偿付本金、利息或收益,金融资产已发生显著信用减值。

68. D 【解析】选项A、选项B、选项C都有利于企业的经营,提高企业的抗风险能力;选项D,企业未实现预定的盈利目标,表明企业的经营存在困难和问题,可能为企业带来经营风险。

69. B 【解析】商业银行不良贷款的处置方式主要有以下几种:①现金清收;②贷款重组,从广义上来说,即债务重组,目前商业银行的贷款重组方式主要有六种:变更担保条件、调整还款期限、调整利率、借款企业变更、债务转为资本和以资抵债;③呆账核销。

70. C 【解析】常规清收包括直接追偿、协商处置抵质押物、委托第三方清收等方式。

71. B 【解析】授权适度原则,指银行业金融机构应兼顾信贷风险控制和提高审批效率两方面的要求,合理确定授权金额及行权方式,以实现集权与分权的平衡。实行转授权的,在金额、种类和范围上均不得大于原授权。

72. A 【解析】贷审会投票未通过的信贷事项,有权审批人不得审批同意,对贷审会通过的授信,有权审批人可以否定。这里的有权审批人主要指行长或其授权的副行长等。行长不得担任贷审会的成员,但可指定一名副行长担任贷审会主任委员,但该主任委员不得同时分管前台业务部门。故选项B、选项C、选项D错误。

73. D 【解析】信贷人员应根据质押财产的价值和质押财产价值的变动因素,科学地确定质押率。确定质押率的依据:①质物的适用性、变现能力。对变现能力较差的质押财产应当降低质押率。②质物、质押权利价值的变动趋势。一般可从质物的实体性贬值、功能性贬值及质押权利的经济性贬值或增值三个方面进行分析。

74. C 【解析】信贷的效益性是指贷款经营的盈利情况,是商业银行信贷经营管理活动的主要动力。

75. D 【解析】贷款人开展固定资产贷款业务应当遵循依法合规、审慎经营、平等自愿和公平诚信的原则。

76. A 【解析】选项A应为借款人信用状况良好,无重大不良记录。

77. D 【解析】根据《固定资产贷款管理办法》的规定,贷款人应要求借款人在合同中对与贷款相关的重要内容作出承诺,承诺内容应包括以下内容:①贷款项目及其借款事项符合法律法规的要求;②及时向贷款人提供完整、真实、有效的材料;③配合贷款人进行贷款支付管理、贷后管理及相关检查;④发生影响其偿债能力的重大不利事项及时通知贷款人;⑤进行合并、分立、股权转让、对外投资、实质性增加债务融资重大事项前征得贷款人同意等。

78. C 【解析】采用借款人自主支付方式的,贷款人应要求借款人定期汇总报告贷款资金支付情况,并通过账户分析、凭证查验、现场调查等方式核查贷款支付是否符合约定用途。

79. A 【解析】贷款支取的比例也应同步低于借款人资本金到位的比例。

80. B 【解析】选项B不正确,总资产周转率=销售收入净额/资产平均总额×100%。

二、多项选择题

81. ABCE 【解析】按照借贷关系持续期内利率水平是否变动来划分,利率可分为固定利率与浮动利率;浮动利率是指借贷期限内利率随物价、市场利率或其他因素变化相应调整的利率;浮动利率的特点是可以灵敏地反映金融市场上资金的供求状况;借贷双方所承担的利率变动风险较小;固定利率是指在贷款合同签订时即设定好固定的利率,在贷款合同期内,不论市场利率如何变动,借款人都按照固定的利率支付利息,不需要"随行就市"。

82. ABCD 【解析】衰退期是指银行产品已滞销并趋于淘汰的阶段。这个阶段的特点是市场上出现了大量的替代产品,许多客户减少了对老产品的使用,产品销售量急剧下降,价格也大幅下跌,银行利润日益减少。

83. CDE 【解析】选项A、选项B属于贷款合规性调查的内容。

84. ABCDE 【解析】商业银行固定资产贷款贷前调查报告一般包括的内容有借款人征信情况、项目合法性要件取得情况、投资估算与资金筹措安排情况、项目情况、项目配套条件落实情况、项目效益情况、项目风险分析、还款能力、担保情况、银行收益预测和结论性意见。

85. AD 【解析】资本回报率(ROE) = 净利润/所有者权益 × 100% = 600 ÷ 6000 × 100% = 10%;销售利润率 = 净利润/销售收入 × 100% = 600 ÷ 10000 × 100% = 6%;资产使用效率 = 销售收入/总资产 × 100% = 10000 ÷ 12000 × 100% = 83.3%。

86. ABCE 【解析】客户档案:①借款企业及担保企业的"三证",即营业执照、法人代码本、税务登记证;②借款企业及担保企业的信用评级资料;③借款企业及担保企业的开户情况;④借款企业及担保企业的验资报告;⑤借款企业及担保企业近3年的主要财务报表,包括资产负债表、损益表、现金流量表等,上市公司、"三资"企业须提供经审计的年报;⑥企业法人、财务负责人的身份证或护照复印件;⑦反映该企业经营、资信(如是"三资"企业,还应提交企业批准证书、公司章程等)及历次贷款情况的其他资料。

87. ABCDE 【解析】财务分析方法:①趋势分析法;②结构分析法;③比率分析法;④比较分析法;⑤因素分析法。

88. ABCD 【解析】流动资产包括货币资金、交易性金融资产、应收票据、应收账款、预付账款、存货、其他应收款等项目。预收账款属于流动负债。

89. ABCE 【解析】所有者权益由两部分组成:一部分是投资者投入的资本金(实收资本或股本);另一部分是在生产经营过程中形成的资本公积金、盈余公积金和未分配利润。

90. ABD 【解析】间接法,即以利润表中最末一项净收益为出发点,加上没有现金流出的费用和引起现金流入的收入,减去没有现金流入的收入和引起现金流出的资产负债表项目的变动值。

91. ABC 【解析】由于我国的法律还未就抵押物估价问题作出具体规定,一般的做法由抵押人与银行双方协商确定抵押物的价值,委托具有评估资格的中介机构给予评估或银行自行评估。

92. ABCDE 【解析】对于房屋建筑的估价,主要考虑房屋和建筑物的用途及经济效益、新旧程度和可能继续使用的年限、原来的造价和现在的造价等因素。

93. BCDE 【解析】①贷款期限应符合相应授信品种有关期限的规定;②贷款期限一般应控制在借款人相应经营的有效期限内;③贷款期限应与借款人资产转换周期及其他特定还款来源的到账时间相匹配;④贷款期限还应与借款人的风险状况及风险控制要求相匹配。

94. ABCD 【解析】我国传统信贷管理文化将贷款发放与支付视作贷款审批通过后的一个附属环节,认为审批通过后即可放款,有的对提款条件的审查不够严格;有的允许借款人在获得贷款资金后再去落实贷款前条件,补齐相关手续文件。

95. ABCDE 【解析】放款执行部门的核心职责是贷款发放和支付的审核,其主要职能包括以下内容:①审核银行内部授信流程的合法性、合规性、完整性和有效性。②核准放款前提条件。主要审核贷款审批书中提出的前提条件是否逐项得到落实;放款执行部门要进行把关,提出审核意见并对审核意见负责,主要审核内容包括审核审批日至放款核准日期间借款人重大风险变化情况等。③其他职责。

96. BE 【解析】担保的补充机制:①追加抵押品,确保抵押权益;②追加保证人。

97. ABCDE 【解析】银行若在贷后检查中发现借款人提供的抵押品或质押物的质押权益尚未落实,或担保品的价值由于市场价格的波动或市场滞销而降低。由此造成超额押值不充分,或保证人保证资格或能力发生不利变化,均可要求借款人落实抵押权益或追加担保品。另外,如果由于借款人财务状况恶化或由于贷款展期使得贷款风险增大,或追加新贷款,银行也会要求借款人追加担保品,以保障贷款资金的安全。

98. ABCE 【解析】固定资产贷款在发放和支付过程中,借款人出现以下情形的,贷款人应与借款人协商补充贷款发放和支付条件,或根据合同约定停止贷款资金的发放和支付:①信用状况下降;②不按合同约定支付贷款资金;③项目进度落后于资金使用进度;④违反合同约定,以化整为零的方式规避贷款人受托支付。

99. ABCDE 【解析】目前商业银行的贷款重组方式主要有6种,即变更担保条件、调整还款期限、调整利率、借款企业变更、债务转为资本和以资抵债。

100. ABCDE 【解析】在客户信用等级和客户评价报告的有效期内,对发生影响客户资信的重大事项,商业银行应重新进行授信分析评价。重大事项包括以下内容:①外部政策变动;②客户组织结构、股权或主要领导人发生变动;③客户的担保超过所设定的担保警戒线;④客户财务收支能力发生重大变化;⑤客户涉及重大诉讼;⑥客户在其他银行交叉违约的历史记录;⑦其他。

101. ABC 【解析】不适于拍卖的,可根据资产的实际情况,采用协议处置、招标处置、打包出售、委托销售等方式变现。

102. ABCDE 【解析】出质人向商业银行申请质押担保,应在提交信贷申请报告的同时,提交出质人提交的"担保意向书"及以下材料:①质押财产的产权证明文件。②出质人资格证明。③出质人须提供有权作出决议的机关作出的关于同意提供质押的文件、决议或其他具有同等法律效力的文件或证明(包括但不限于授权委托书、股东会决议、董事会决议)。股份有限公司、有限责任公司、中外合资企业、具有法人资格的中外合作企业作为出质人的,应查阅该公司或企业的章程,确定有权就担保事宜作出决议的机关是股东会还是董事会(或类似机构)。④财产共有人出具的同意出质的文件。

103. AD 【解析】贷款担保可分为人的担保和财产的担保两种。

104. ABCDE 【解析】在技术评估时应分析总图布置的合理性主要包括以下内容:是否满足生产工艺流程流畅;是否符合卫生、安全要求;能否节约用地、节约投资经济合理等。

105. ABCDE 【解析】根据《贷款通则》的规定借款人申请贷款,应当具备产品有市场、生产经营有效益、不挤占挪用信贷资金、恪守信用等基本条件,并且应当符合一些要求。要求不在此一一赘述,选项A、B、C、D、E均符合题意。

106. ABCE 【解析】供应阶段信贷人员应重点分析:①货品质量;②货品价格;③进货渠道;④付款条件。

107. ABC 【解析】衰退阶段行业的特点主要有:销售出现快速下降,利润慢慢地由正变为负,现金流先是正值,然后慢慢减小。故选项A、选项B、选项C符合题意。选项D、选项E描述的是成熟期阶段行业的特点。

108. ABCDE 【解析】经济周期通常包括四个或五个阶段,经济学家虽然对此始终有争议,但是经济周期普遍包括以下五个周期:①顶峰;②衰退;③谷底;④复苏;⑤扩张。

109. BCD 【解析】公司信贷中,业务人员在面谈后,应当向主管领导汇报了解到的客户信息。反映情况应做到及时、全面、准确,避免上级领导掌握信息出现偏差。

110. ABC 【解析】利率档次是利率差别的层次。我国中央银行目前主要按期限和用途的差别设置不同的贷款利率水平。我国人民币贷款利率按贷款期限划分可分为短期贷款利率、中长期贷款利率及票据贴现利率。

111. BC 【解析】通过分析销售和净固定资产的发展趋势,银行可以初步了解公司的未来发展计划和设备扩张需求之间的关系,这时销售收入/净固定资产比率是一个相当有用的指标,故选项A说法正确。通常来讲,如果该比率较高或不断增长,则说明固定资产的使用效率较高,故选项C说法不正确。该比率超过一定比率以后,生产能力和销售增长就变得相当困难了,此时销售增长所要求的固定资产扩张便可以成为企业借款的合理原因,故选项D说法正确,选项B说法不正确。除了研究销售收入与净固定资产比率的趋势之外,银行还可以通过评价公司的可持续增长率获得有用信息,故选项E说法正确。

112. ABCD 【解析】贷款担保可分为人的担保和财产的担保两种。财产的担保可分为不动产、动产和权利财产(如股票、债券、保险单等)担保。选项E属于人的担保。

113. ABCDE 【解析】自主支付的操作要点:①明确贷款发放前的审核要求,贷款人应审核借款人提交的用款计划或用款清单所列用款事项是否符合约定的贷款用途,计划或用款清单中的贷款资金支付是否超过贷款人受托支付起付标准或条件;②加强贷款资金发放和支付的核查,借款人实际支付是否超过约定的借款人自主支付的金额标准;③审慎合规地确定贷款资金在借款人账户的停留时间和金额。

114. ABCDE 【解析】贷款抵(质)押品检查的具体内容:①抵(质)押品价值的变化情况;②抵(质)押品是否被妥善保管;③抵(质)押品有无被变卖出售或部分被变卖出售的行为;④抵(质)押品保险到期后有没有及时续保情况;⑤抵(质)押品有无被转移至不利于银行监控的地方;⑥抵押品有无未经贷款人同意的出租情况;⑦抵(质)押品的权属证明是否妥善保管、真实有效。

115. ABCDE 【解析】商业银行应在全面分析战略风险、法律与合规风险、整合风险、经营风险以及财务风险与并购有关的各项风险的基础上评估并购贷款的风险。商业银行并购贷款涉及跨境交易的,还应分析国别风险、汇率风险和资金过境风险等。

116. CDE 【解析】向人民法院申请保护债权的诉讼时效期间通常为3年,故选项A错误。连带责任保证的保证人与债权人未约定保证期间的,债权人有权自债务履行期届满之日起6个月内要求保证人承担保证责任,故选项B错误。

117. ABCE 【解析】商业银行应当综合考虑风险因素,根据并购双方经营和财务状况、并购融资方式和金额等情况,合理测算并购贷款还款来源,审慎确定并购贷款所支持的并购项目的财务杠杆率,确保并购的资金来源中含有合理比例的权益性资金,防范高杠杆并购融资带来的风险。

118. ADE 【解析】利润率、资产效率、财务杠杆三个因素通过资本回报率(ROE)反映。

119. ABCD 【解析】停发贷款的情形:①用贷款进行股本权益性投资;②用贷款在有价证券、期货方面从事投机经营;③未依法取得经营房地产资格的借款人挪用贷款经营房地产业务;④套取贷款相互借贷谋取非法收入;⑤借款企业挪用流动资金搞基本建设或用于财政性开支或用于弥补企业亏损,或用于职工福利。其他违约情况:①未按合同规定清偿贷款本息;②违反国家政策法规,使用贷款进行非法经营。

120. ACDE 【解析】押品应符合的条件:①押品真实存在;②押品权属关系清晰,抵押(出质)人对押品具有处分权;③押品符合法律法规规定或国家政策要求;④押品具有良好的变现能力。

三、判断题

121. B 【解析】通常情况下,季节性商业负债增加并不能满足季节性资产增长所产生的资金需求。在销售高峰期,应收账款和存货增长的速度往往要大于应付账款和应计费用增长的速度。

122. A 【解析】在实际借款需求分析中,因为经济具有波动性,单独一年的经营利润不能全面衡量盈利变化对现金流状况和借款需求的长期影响,因此还要进行公司盈利趋势分析。

123. A 【解析】实务操作中,贷款申请是否受理往往基于对客户或项目的初步判断。作为风险防范的第一道关口,在贷款的派生收益与贷款本身安全性的权衡上,业务人员应坚持将贷款安全性放在第一位,对安全性较差的项目须持谨慎态度。

124. B 【解析】客户生产阶段的核心是技术,信贷人员对客户技术水平的分析主要可从研发能力、内外研发机构协作能力、科研成果三个方面进行。

125. A 【解析】源自长期销售增长的核心流动资产增长必须由长期融资来实现,具体包括核心流动负债的增长或营运资本投资的增加。

126. B 【解析】非预期性支出导致的借款需求可能是长期的,也可能是短期的。

127. B 【解析】固定资产折旧可用分类折旧法计算,也可以用综合折旧法计算。目前企业固定资产实行分类折旧。

128. B 【解析】流动负债是借款人在生产经营过程中应付给他人的资金,是借款人承担的应在1年或在一个营业周期内偿还的债务,包括短期借款、应付票据、应付账款、预收账款、应付工资、应交税费、应付利润、其他应付款等。

129. B 【解析】无形资产属于非流动资产,应收账款属于流动资产。

130. A 【解析】抵押是债权人在担保财产中合法利益的保障,通过担保取得抵押权的债权人在债务人未按时偿还债务时可出售或转让抵押品,但债务人一旦按期偿还债务,债权人即失去此权利。

131. A 【解析】递延资产按实际发生值计算,与递延资产有关的建设期间发生的利息和汇兑损失应计入递延资产价值。

132. B 【解析】根据《融资担保公司监督管理条例》的规定,融资担保公司的担保责任余额不得超过其净资产的10倍。

133. A 【解析】信贷授权是银行业金融机构信贷管理和内部控制的基本要求,旨在健全内部控制体系,增强防范和控制风险的能力,并有利于优化流程、提高效率,以实现风险收益的最优化。对内授权与对外授信密切相关。对内合理授权是银行业金融机构对外优质高效授信的前提和基础。

134. A 【解析】监督借款人按规定的用途用款,是保证银行贷款安全的主要环节。

135. A 【解析】挪用贷款的情况一般包括以下内容:①用贷款进行股本权益性投资;②用贷款在有价证券、期货等方面从事投机经营;③未依法取得经营房地产资格的借款人挪用贷款经营房地产业务;④套取贷款相互借贷谋取非法收入;⑤借款企业挪用流动资金搞基本建设或用于财政性开支或者用于弥补企业亏损,或者用于职工福利。

136. A 【解析】根据《人民币利率管理规定》有关利率的相关规定,借款人在借款合同到期日之前归还借款时,银行有权按原贷款合同向借款人收取利息。

137. B 【解析】因提前还款而产生的费用,一般由借款人承担。

138. B 【解析】对于机器设备的估价,主要考虑的因素是无形损耗和折旧,在估价时应扣除折旧。

139. A 【解析】银团贷款是指由两家或两家以上银行基于相同贷款条件,依据同一贷款合同,按约定时间和比例,通过代理行向借款人提供的本外币贷款或授信业务。

140. B 【解析】所谓和解是指人民法院受理债权人提出的破产申请后3个月内,债务人的上级主管部门申请整顿,经债务人与债权人会议就和解协议草案达成一致,由人民法院裁定认可而中止破产程序的过程。

未来教育
Future Education

银行业专业人员职业资格考试（初级）

机考题库与高频考点

公司信贷

◆ 机考题库·真题试卷（五）
◆ 机考题库·真题试卷（六）
（含参考答案及解析）

微信扫码领取图书增值服务

视频课程	全套名师教材精讲课，单科约61课时
智能题库	套题10套/科，章节题1100+题/科
全真机考	网页端模拟机考环境，提前走进考场
直播互动	考前每周2~3次直播课，名师在线答疑，带您科学备考
答疑指导	助教邀请进入学习群，提供报考指导和产品使用咨询等
备考资料	免费获取思维导图、考试大纲、考试百事通等资料

微信扫描上方二维码
领取增值服务

《公司信贷》机考题库·真题试卷

机考题库·真题试卷(五)

本试卷采用虚拟答题卡技术,自动评分

考生扫描右侧二维码,将答题选项填入虚拟答题卡中,题库系统可自动统计答题得分,生成完整的答案及解析。题库系统根据考生答题数据,自动收集整理错题,记录考生薄弱知识点,方便考生在题库系统中查漏补缺。

一、单项选择题(本大题共80小题,每小题0.5分,共40分。在以下各小题所给出的四个选项中,只有一个选项符合题目要求,请将正确选项填入括号内)

1. 在确立贷款意向后,银行要向借款人索取贷款申请资料。借款人提供复印件需加盖公章,业务人员应对借款人提供的复印件及相应的文件正本进行核对,核对无误后,业务人员在( )上签字确认。
   A. 资料核对审查书   B. 资料纪要   C. 文件正本   D. 复印件

2. ( )是指由非政府部门的民间金融组织确定的利率。
   A. 法定利率   B. 基准利率
   C. 行业公定利率   D. 市场利率

3. 银行确立贷款意向后,对于( ),可不对其提供的财务报表作严格要求,但应及时获取借款人重要的财务数据。
   A. 固定资产贷款   B. 新建项目贷款
   C. 转贷款   D. 政府贷款项目

4. 下列贷前调查方法中,属于现场调研的是( )。
   A. 与企业行政部门主管进行会谈
   B. 通过互联网资料进行调查
   C. 委托中介机构开展调查
   D. 书面向客户的供应商了解客户的有关情况

5. 客户的长期资金在客户的资金构成中占有十分重要的地位。下列表述错误的是( )。
   A. 在实践中,企业可以对拟定的筹资总额提出多种筹资方案,分别计算出各方案的综合成本,并从中选择出综合成本最低的方案,以此作为最佳资金结构方案
   B. 从理论上看,最佳资金结构是指企业权益资本净利润率最高,企业价值最大而综合成本最低时的资金结构
   C. 客户的长期资金是由所有者权益和长期负债构成的
   D. 当企业总资产利润率低于长期债务成本时,增加长期债务可使企业获得财务杠杆收益,从而提高企业权益资本收益率

6. 下列借款需求中,不合理的是( )。
   A. 公司销售快速增长。无法按时偿还应付账款
   B. 公司希望换一家贷款银行来降低融资利率
   C. 公司为了规避债务协议限制,想要归还现有借款
   D. 公司从上年度开始发生严重亏损,但仍希望按往年惯例发放高额红利

7. 假设A公司的所有者权益为5580万元,净利润为610万元,股息分红为413万元,则A公司的可持续增长率为( )。
   A.13.5%　　　　　B.9.6%　　　　　C.2.6%　　　　　D.3.7%

8. 假设一家公司的财务信息如下表所示(单位:万元)。

总资产	7640	销售额	11460
总负债	3820	净利润	573
所有者权益	3820	股息分红	171.9

如果该公司通过商业信用增加了1000万元的外部融资,所有者权益、资产使用效率、销售利润率保持不变,则该公司的净利润为( )万元;新的资本回报率(ROE)为( )。
   A.648;17%　　　B.648;15%　　　C.673;17%　　　D.673;15%

9. 下列关于企业资产结构分析的表述中,错误的是( )。
   A. 企业资产结构与其资产转换周期相关　　B. 企业资产结构与其所在行业有关
   C. 资本密集型行业流动资产占比通常较高　　D. 劳动力密集型行业流动资产占比通常较高

10. 以下( )不属于资产负债表资产方科目。
    A. 应收账款　　　B. 待摊费用　　　C. 预付账款　　　D. 预收账款

11. 企业一定时期内的收入、成本费用、利润应列入( )。
    A. 利润表　　　B. 财务状况说明书　　　C. 现金流量表　　　D. 资产负债表

12. 银行在进行利润表分析时,应从利润总额出发,减去( ),得出当期净利润。
    A. 营业费用　　　B. 所得税　　　C. 投资净收益　　　D. 主营业务成本

13. 下列关于商业银行与借款人、担保人签订合同的表述中,错误的是( )。
    A. 如签约人委托他人代替签字,则签字人必须出具委托人委托其签字并经公证的委托授权书
    B. 如保证人为法人,保证方签字人应为其法定代表人或其授权代理人,授权代理人必须提供有效的书面或口头授权
    C. 对采取抵押担保方式的,应要求抵押共有人在相关合同文本上签字
    D. 如借款人为自然人,则应在当面核实签约人身份证明后由签约人当场签字

14. 国家机关可作为保证人的一种特殊情况是( )。
    A. 经上级部门批准后,为外企保证
    B. 经上级部门批准后,为涉外企业保证
    C. 经国务院批准后,为使用外国政府或国际经济组织贷款进行转贷
    D. 经发改委批准后,为涉外企业保证

15. 下列主体中,( )通常不具备贷款保证人资格。
    A.IT企业　　　B. 出版社　　　C. 地方政府部门　　　D. 会计师事务所

16. 商业银行在贷款审查中,审查借款用途是否合法合规,是否符合国家宏观经济政策、产业行业政策等,这属于( )审查。
    A. 信贷资料完整性及调查工作与申报流程的合规性
    B. 借款人主体资格及基本情况
    C. 信贷业务政策符合性
    D. 非财务因素

17. 下列不属于贷款发放审查中担保落实情况的是( )。
    A. 是否已按要求进行核保
    B. 担保人的担保资料是否完整、合规、有效

C.抵(质)押物保险金额是否覆盖信贷业务金额
D.是否可以事后补办抵(质)押登记

18.下列有关商业银行贷款发放审查事项的表述中,错误的是( )。
A.公司业务部门应在借款人的提款额满之后,将借款人应提未提的贷款额度通知借款人
B.借款人办理提款,应在提款日前填妥借款凭证,并加盖借款人在银行的预留印鉴
C.借款人提款用途通常包括土建费用、工程设备款、购买商品费用、支付劳务费用等
D.在审查工作中,银行应通过可能的渠道了解借款人是否存在重复使用商务合同骗取不同银行贷款的现象

19.关于逾期贷款的处理,下列表述错误的是( )。
A.贷款逾期后,银行不仅对贷款的本金计收利息,而且对应收未收的利息也要计收利息,即计复利
B.在还本付息日当天营业时间终了前,借款人未向银行提交偿还贷款本息的支票或支取凭条的,并且其偿债账户或其他存款账户中的存款余额不足以由银行主动扣款的,该笔贷款即为逾期贷款
C.应收未收的罚息不需要计复利
D.在催收的同时,对不能按借款合同约定期限归还的贷款,应当按规定加收罚息

20.下列关于固定资产贷款中借款人提前还款的表述中,错误的是( )。
A.如果借款人希望提前归还贷款,则应与银行协商
B.对已提前偿还的部分不得要求再贷
C.在征得银行同意后,借款人才可以提前还款
D.如果借款人提前还款,应一次性偿还全部剩余本金

21.A企业在B银行有一笔一年期流动资金贷款即将到期,但A企业集团因季节性因素影响了销售及资金回笼,资金暂时出现不足,无法偿还在B银行的贷款。下列表述中,正确的是( )。
A.B银行业务部门客户经理对A企业展期条件审查核实后,直接批准企业展期申请
B.A企业未向B银行提出展期申请,其贷款自到期之日起,转入损失类贷款
C.为确保企业足额还款且不影响其正常生产,B银行可同意企业展期期限为两年
D.A企业应在到期前向银行提出贷款展期申请

22.贷款常规清收过程中需注意的问题不包括( )。
A.要分析债务人拖欠贷款的真正原因,判断债务人短期和中长期的清偿能力
B.利用政府和主管机关向债务人施加压力
C.要强制执行债务人资产
D.要将依法收贷作为常规清收的后盾

23.下列关于财产保全的表述中,错误的是( )。
A.银行不需承担财产保全申请错误对被申请人固定财产保全所造成的损失
B.财产保全分为诉前财产保全和诉中财产保全两类
C.财产保全能起到迫使债务人主动履行义务的作用
D.诉前财产保全是指债权人因情况紧急,不立即申请财产保全将会使其合法权益受到损失,因而在起诉前申请采取财产保全措施

24.下列关于商业银行对贷款担保状况分析的表述中,错误的是( )。
A.在没有市场的情况下,可自行确定担保物的市场价值
B.要考虑担保的有效性
C.要判断担保能消除或减少贷款风险损失的程度
D.要考虑担保的充分性

25. 当前我国银行业中应用较普遍的一种贷款分类方法是( )。
    A. 历史成本法　　B. 市场价值法　　C. 公允价值法　　D. 净现值法

26. 下列关于流动资金贷款管理的说法中,不正确的是( )。
    A. 与借款人新建立信贷业务关系且借款信用状况一般的流动资金贷款,原则上应采用贷款人受托支付方式
    B. 贷款人应采取现场与非现场相结合的形式履行尽职调查,形成书面报告,并对其内容的真实性、完整性和有效性负责
    C. 贷款人应根据贷审分离、分级审批的原则,建立规范的流动资金贷款评审制度和流程,确保风险评价和信贷审批的独立性
    D. 贷款人可以根据内部绩效考核指标,制定期望的贷款规模指标,必要时可在季末突击放款

27. 流动资金贷款应采用贷款人受托支付方式的情形不包括( )。
    A. 支付对象明确且单笔支付金额较大
    B. 单笔金额超过项目总投资5%或超过500万元人民币的贷款资金支付
    C. 与借款人新建立信贷业务关系且借款人信用状况一般
    D. 贷款人认定的其他需要受托支付的情形

28. 其他条件相同时,下列各行业中,进入壁垒较高的是( )。
    A. 各公司绝对成本水平相当的行业　　B. 顾客无转换成本的行业
    C. 存在规模经济的行业　　D. 产品高度同质化的行业

29. 强调产品组合的深度和关联性,产品组合的宽度一般较小的产品组合策略的形式是( )。
    A. 全线全面型　　B. 市场专业型
    C. 产品线专业型　　D. 特殊产品专业型

30. 借款人使用贷款时支付的价格为( )。
    A. 外汇利率　　B. 贷款利率　　C. 固定利率　　D. 浮动利率

31. 下列选项中,不属于费率的类型是( )。
    A. 担保费　　B. 承兑费　　C. 银团安排费　　D. 法律咨询费

32. 相对大型企业和特大型企业来说,中小企业的资金运行特点是( )。
    A. 额度小、需求急、周转快　　B. 额度小、需求急、周转慢
    C. 额度大、需求急、周转慢　　D. 额度大、需求缓、周转快

33. 零售业微型企业需满足的条件之一是( )。
    A. 从业人员(X) < 5人　　B. 从业人员(X) < 10人
    C. 营业收入(Y) < 200万元　　D. 营业收入(Y) < 50万元

34. 下列关于国民经济划分方式的说法中,错误的是( )。
    A. 按产业可划分为第一产业、第二产业、第三产业
    B. 按产生的时代不同,可分为知识生产部门、网络部门和服务生产部门
    C. 按生命周期不同,可划分为朝阳产业和夕阳产业
    D. 按生产要素的密集程度不同,可划分为劳动密集型产业、资本(资金)密集型产业、技术(知识)密集型产业

35. ( )是贷前调查中最常用、最重要的一种方法。
    A. 现场调研　　B. 搜寻调查
    C. 委托调查　　D. 通过行业协会了解客户情况

36. ( )通过中介机构或银行自身网络开展调查。
    A. 现场会谈　　B. 实地考察　　C. 搜寻调查　　D. 委托调查

37. 下列选项中,不属于非现场调查方法的是( )。
    A. 实地考察   B. 搜寻调查
    C. 委托调查   D. 接触客户的关联企业获取有价值信息

38. 直接影响投资环境的优劣和区域发展的快慢因素是( )。
    A. 区域自然条件   B. 区域市场化程度与法制框架
    C. 区域产业结构   D. 市场的成熟和完善与否

39. 银行开展客户分析的主要目的不包括( )。
    A. 筛选优质客户
    B. 为识别、计量、监测和控制信用风险奠定基础
    C. 分析客户经营历史
    D. 评价客户还款能力

40. 关于可持续增长率与其四个影响因素的关系,下列说法错误的是( )。
    A. 利润率越高,销售增长越快   B. 留存利润越多,销售增长越快
    C. 资产效率越高,销售增长越快   D. 财务杠杆越低,销售增长越快

41. 下列选项中,不属于可持续增长率的假设条件的是( )。
    A. 公司的资产使用效率将维持当前水平   B. 公司保持持续不变的红利发放政策
    C. 公司的财务杠杆不变   D. 公司连续增发股票

42. 银行在接到一笔新的贷款业务时,最需要重点关注的指标是( )。
    A. 可持续增长率   B. 借款人规模
    C. 利润率   D. 周转率

43. 如果实际增长率( )可持续增长率,那么,公司目前未能充分利用内部资源,银行不予受理贷款申请。
    A. 低于   B. 高于   C. 等于   D. 不低于

44. 下列选项中,不属于流动负债的是( )。
    A. 短期借款   B. 应付票据   C. 预收账款   D. 预付账款

45. 下列不属于流动资产的组成的是( )。
    A. 存货   B. 待摊费用   C. 预付账款   D. 无形资产

46. 以下关于借款人资金结构表述,正确的是( )。
    A. 资金结构不合理将导致偿债能力比较低
    B. 季节性生产企业主要需求集中在长期资金
    C. 生产制造企业更多需要的是短期资金
    D. 企业总资产利润率高于长期债务成本时,应降低长期债务比重

47. 在分析企业资金结构是否合理时,要注意经营风险水平和( )方面的内容。
    A. 资产负债表结构   B. 现金流量表结构
    C. 资金成本   D. 资产收益

48. 企业控制和管理的全部资产的不确定性所导致的风险称为( )。
    A. 财务风险   B. 经营风险   C. 价格风险   D. 流动性风险

49. 为应对经营风险,企业应( )。
    A. 使流动资产在整个资金来源中占足够比重,至少能应付资产变现需求
    B. 使应收账款在整个资产中只占很小比重,最多仅限于所有者权益数额
    C. 使自有资金在整个资金来源中占足够比重,至少能弥补资产变现时的损失
    D. 使长期资产在整个资金来源占足够比重,至少能弥补资产变现损失

50. 损益表分析通常采用( )。
   A. 结构分析法　　B. 比较分析法　　C. 比率分析法　　D. 趋势分析法

51. 利润表结构分析是以( )为100%,计算产品销售成本、产品销售费用、产品销售利润等指标各占产品销售收入的百分比,计算出各指标所占百分比的增减变动,分析其对借款人利润总额的影响。
   A. 产品销售收入净额　　　　　　B. 产品销售成本
   C. 产品销售收入总额　　　　　　D. 产品销售利润

52. 损益表的编制原理是( )。
   A. 资产 = 负债 + 所有者权益　　　B. 利润 = 收入 − 费用
   C. 营业利润 = 营业收入 − 营业成本　　D. 利润 = 收入 − 所得税

53. 损益表分析中,计算企业净利润的步骤应为( )。
   A. 收入→利润总额→毛利润→净利润　　B. 毛利润→营业利润→利润总额→净利润
   C. 营业利润→毛利润→利润总额→净利润　　D. 营业利润→利润总额→毛利润→净利润

54. 贷款银行最直接关心的应该是( )。
   A. 借款人的现金流量　　　　　　B. 借款人的营运能力
   C. 借款人的盈利能力　　　　　　D. 借款人的偿债能力

55. 开办费在项目投产后按不短于( )年的期限平均摊销。
   A. 5　　B. 10　　C. 15　　D. 20

56. 下列关于保证人资格的说法,错误的是( )。
   A. 保证人应是企业法人
   B. 保证人为有限责任公司的,出具担保时必须提供董事会同意担保的决议及相关授权书
   C. 尽可能避免相互担保或连环担保
   D. 对业务上互不关联公司的担保一定要分析提供担保的原因

57. 下列选项中,属于企业财务状况风险的是( )。
   A. 财务成本不合理上升、高成本融资不合理增加,显示企业流动性出现问题
   B. 客户的主要股东、关联企业或母子公司等发生重大不利变化
   C. 企业发生重要人事变动
   D. 主要控制人或高级管理者出现个人征信问题、涉及民间借贷或涉及赌博等行为

58. 下列关于集体审议机制的说法,错误的是( )。
   A. 我国商业银行一般采取贷款集体审议决策机制
   B. 贷审会投票未通过的信贷事项,有权审批人不得审批同意
   C. 贷审会委员审议表决应当遵循"集体审查审议、明确发表意见、绝对多数通过"的原则
   D. 行长不得担任贷审会的成员,但可以指定一名副行长担任贷审会主任委员,该主任委员可以同时分管前台业务部门

59. 某电力生产企业2014年年末资产负债表主要科目情况如下表所示:(单位:元)

现金	1000	短期借款	60000
应收账款	3000	应付账款	5000
存货	6000	长期借款	50000
固定资产	130000	实收资本	45000
在建工程	20000		

从其资产负债表分析,该电力生产企业最有可能存在的问题是( )。
   A. 营运资金不合理,长期借款过多

B. 资产结构不合理,长期资产比重过高
C. 资金结构不合理,资金使用和筹措期限错配
D. 资产负债结构不合理,所有者权益不足

60. ( )就是对贷款投向、贷款金额、贷款期限及利率等进行的决策。
    A. 项目可行性研究　　　　　　　　B. 项目评估
    C. 贷款发放　　　　　　　　　　　D. 贷款审批

61. ( )的授信对象是符合规定条件的自然人。
    A. 固定资产贷款　　B. 个人贷款　　C. 流动资金贷款　　D. 项目融资

62. 商业银行对于投资额大、技术复杂、按照项目进度分期付款的固定资产贷款项目,在借款人提取贷款时,一般应要求借款人提供( )。
    A. 银团贷款代理行签署确认的项目进度和质量的书面文件
    B. 有监理、评估、质检等第三方机构参与签署的确认项目进度和质量的书面文件
    C. 施工单位签署确认的项目进度和质量的书面文件
    D. 当地政府签署确认的项目进度和质量的书面文件

63. 商业银行应至少( )对风险分类制度、程序和执行情况进行一次内部审计,审计结果应及时向董事会书面报告,并报送银保监会及其派出机构。
    A. 每年　　　　　　B.1 年　　　　　　C.2 年　　　　　　D.3 年

64. 下列选项中,不属于借款合同必备条款的是( )。
    A. 贷款种类　　　　B. 借款用途　　　　C. 借款金额　　　　D. 借款币种

65. 贷款执行阶段的操作程序为( )。
    ①银行受理借款人提款申请书;②借款人按合同要求提交提款申请和其他有关资料;③签订贷款合同;④有关用款审批资料按内部审批流程经有权签字人签字同意;⑤按账务处理部门的要求提交审批及相关用款凭证办理提款手续;⑥所提贷款项入账后,向账务处理部门索取有关凭证,入档案卷保存;⑦建立台账并在提款当日记录。
    A.②①④③⑤⑥⑦　　　　　　　　B.②④①③⑦⑤⑥
    C.②①③④⑤⑥⑦　　　　　　　　D.②③⑤①④⑥⑦

66. 关于停止发放贷款的情况,下列说法中错误的是( )。
    A. 借款人用贷款进行股本权益性投资的,银行不必停止发放贷款
    B. 未按借款合同的规定清偿贷款本息,意味着借款人在财务安排上已出现问题,或者主观故意违约,此时不宜再发放贷款
    C. 在贷款发放阶段,银行务必密切关注借款人的资金使用方向,一旦出现影响企业偿债能力的违约情况,要立即终止借款人提款
    D. 使用贷款进行非法经营,例如,走私贩毒、开办赌场等严重违反国家政策法规的行为,银行贷款绝对禁止投入此类非法经营活动

67. ( )是实贷实付的外部执行依据。
    A. 受托支付　　B. 按进度发放贷款　　C. 满足有效信贷需求　　D. 协议承诺

68. 银行在催收贷款的同时,对不能按借款合同约定期限归还的贷款,应当按规定加罚利息,加罚的利率为( )。
    A. 在贷款协议中明确规定的利率　　　　B. 与贷款利率相同的利率
    C. 罚息是双方协定　　　　　　　　　　D. 当时的市场利率

69. 提前归还贷款应按贷款协议规定的还款计划以( )进行。
    A. 正序　　　　　　B. 倒序　　　　　　C. 分时　　　　　　D. 分段

70. 以下关于贷款偿还的描述,不正确的是( )。
   A. 贷款逾期后,银行要对应收未收的利息计收利息
   B. 对不能按借款合同约定期限归还的贷款,应当按规定加罚利息
   C. 因提前还款而产生的费用应由银行负担
   D. 银行在短期贷款到期1个星期之前、中长期贷款到期1个月之前,应当向借款人发送还本付息通知单

71. 在银行转贷款中,国内借款人向银行提前还款或银行向国外贷款行提前还款两者不同步,则此转贷款为( )模式。
   A. "挂钩"   B. "拉钩"   C. "脱钩"   D. "倒钩"

72. 提前归还贷款指借款人希望改变贷款协议规定的还款计划,提前偿还( ),由借款人提出申请,经贷款行同意,缩短还款期限的行为。
   A. 本息   B. 全部贷款   C. 全部或部分贷款   D. 部分贷款

73. 借款人不能按期归还贷款时,应当在贷款到期日之前,向银行( )。
   A. 申请贷款展期   B. 说明未及时还贷理由
   C. 申请贷款担保   D. 申请贷款抵押

74. 借款人无法足额偿还本息,即使执行抵押或担保,也肯定要造成较大损失的贷款属于( )贷款。
   A. 关注   B. 次级   C. 可疑   D. 损失

75. 银行采取常规清收手段无效而向人民法院提起诉讼,人民法院审理该案件,一般应在立案之日起( )个月内作出判决。
   A. 3   B. 6   C. 12   D. 24

76. 假设无到账风险,按历史成本法反映的银行贷款组合就是( )。
   A. 当前未偿还贷款总额   B. 历史贷款总额
   C. 当前已偿还贷款总额   D. 历史已还贷款总额

77. 历史成本法的重要依据是( )。
   A. 审慎的会计准则   B. 匹配原则
   C. 市场价值   D. 净现值

78. 贷款人应对流动资金贷款申请材料的方式和具体内容提出要求,并要求借款人恪守( )原则,承诺所提供材料真实、完整、有效。
   A. 依法合规   B. 平等自愿   C. 诚实守信   D. 审慎经营

79. 借款人应符合的基本要求不包括( )。
   A. 诚信申贷
   B. 信用记录良好
   C. 有特殊行业的经营许可证
   D. 信贷业务用途及还款来源明确合法

80. 借款人或债务人由于本国外汇储备不足或外汇管制等原因,无法获得所需外汇偿还其境外债务的风险是( )。
   A. 利率风险   B. 流动性风险   C. 信用风险   D. 转移风险

二、多项选择题(本大题共40小题,每小题1分,共40分。在以下各小题所给出的选项中,至少有两个选项符合题目要求,请将正确选项填入括号内)

81. 下列属于银行公司信贷产品生命周期的有( )。
   A. 介绍期   B. 成长期   C. 转移期
   D. 成熟期   E. 衰退期

82. 影响客户还贷能力的因素有( )。
   A. 现金流量构成   B. 经济效益   C. 还款资金来源
   D. 客户的家庭背景   E. 担保人的经济实力

83. 会谈纪要的撰写应力求( )。
   A. 条理清晰   B. 言简意赅   C. 内容详尽
   D. 准确客观   E. 突出问题

84. 进入壁垒( )。
   A. 是行业内既存企业对于潜在企业和刚刚进入这个行业的新企业所具有的某种优势
   B. 是想进入或者刚刚进入某个行业的企业与既存企业竞争时可能遇到的种种不利因素
   C. 是打算进入某一行业的企业所必须承担的一种额外成本
   D. 影响该行业市场垄断和竞争关系
   E. 是长期的、可持续的

85. 下列关于计算经营活动现金流量的间接法的说法,正确的有( )。
   A. 间接法以资产负债表中的现金为出发点   B. 间接法又被称为"自上而下"法
   C. 计算时应加上折旧   D. 计算时应加上应付税金的增加值
   E. 计算时应减去存货的增加值

86. 下列关于盈利能力分析的说法中,正确的有( )。
   A. 盈利能力简单地说就是获取利润的能力
   B. 盈利能力越强,客户还本付息的可能性越大,贷款的风险越大
   C. 销售利润率是指销售利润和产品销售收入净额的比率
   D. 销售利润率越高,表明单位净销售收入中销售成本所占的比重越低,销售利润越高
   E. 税前利润率是客户利润总额和销售收入净额的比率

87. 商业银行客户信用评级主要包括( )。
   A. 专家分析法   B. 统计分析法
   C. 传统客户评级方法   D. 财务报表分析法
   E. 利润表分析法

88. 计算盈亏平衡点时,要注意( )在增值税计算口径上的一致性。
   A. 销售单价   B. 销售收入   C. 变动成本
   D. 销售税金   E. 固定成本

89. 债务人或第三人有权处分的可以抵押的财产包括( )。
   A. 建筑物和其他土地附着物   B. 建设用地使用权
   C. 土地所有权   D. 所有权、使用权不明或者有争议的财产
   E. 正在建造的建筑物、船舶、航空器

90. 下列财产中可以抵押的有( )。
   A. 土地所有权
   B. 抵押人所有的房屋和其他地上定着物
   C. 宅基地、自留地、自留山的土地使用权
   D. 学校、幼儿园、医院的教育设施、医疗卫生设施
   E. 抵押人依法承包并经发包方同意抵押的荒山、荒沟、荒滩等荒地

91. 贷款审批要素包括( )。
   A. 贷后管理要求   B. 贷款利率   C. 信贷期限
   D. 担保方式   E. 发放条件与支付方式

92. 放款执行部门在审核项目贷款时,应审核的内容包括( )。
    A. 合规性要求的落实情况　　　　B. 项目贷款定价的合理性
    C. 资本金同比例到位落实情况　　D. 担保的落实情况
    E. 限制性条款的落实情况

93. 下列选项中,属于首次放款的先决条件文件的有( )。
    A. 法律类文件　　　　　　　　　B. 贷款类文件
    C. 借款人及保证人(如有)文件　　D. 担保类文件
    E. 税务类文件

94. 在客户法人治理结构评价中,对客户内部激励约束机制评价需考虑的关键因素有( )。
    A. 董事长、总经理和监事之间是否兼任
    B. 董事长、总经理和监事是否兼任子公司或关联公司的关键职位
    C. 董事长和总经理的薪酬结构和形式
    D. 内部决策的程序和方式
    E. 在内部决策中,董事长与总经理、监事之间如何制衡

95. 贷款风险预警的程序包括( )。
    A. 信用信息的收集与传递　　　　B. 风险处置
    C. 停止放款　　　　　　　　　　D. 风险分析
    E. 后评价

96. 现代主要的风险预警方法有( )。
    A. 专家判断法　　B. 评级方法　　C. 信用评分方法
    D. 统计模型　　　E. 立体模拟法

97. 基本信贷分析包括( )。
    A. 贷款目的分析　　　　　　　　B. 还款来源分析
    C. 资产转换周期分析　　　　　　D. 资产转换方式分析
    E. 还款记录分析

98. 下列应该被认定为呆账的有( )。
    A. 借款人触犯刑法,依法被判处刑罚,导致其丧失还款能力,其财产不足归还所借债务,又无其他债务承担者,金融企业经追偿后,仍未能收回的剩余债权
    B. 借款人依法宣告破产、关闭、解散或者撤销,相关程序已经终结,金融企业对借款人财产进行清偿,并对担保人进行追偿后,仍未能收回的剩余债权;法院依法宣告借款人破产后180天以上仍未终结破产程序的,金融企业对借款人和担保人进行追偿后,经法院或破产管理人出具证明或内部清收报告,仍未能收回的剩余债权
    C. 借款人已完全停止经营活动,被县级及县级以上市场监督管理部门依法注销、吊销营业执照,金融企业对借款人和担保人进行追偿后,仍未能收回的剩余债权
    D. 由于借款人和担保人不能偿还到期债务,金融企业诉诸法律,借款人和担保人虽有财产,但对借款人和担保人强制执行超过180天以上仍未能收回的剩余债权;或者借款人和担保人虽有财产,但进入强制执行程序后,由于执行困难等原因,经法院裁定终结(中止)执行或者终结本次执行程序的债权;或者借款人和担保人无财产可执行,法院裁定终结(中止)执行或者终结本次执行程序的债权
    E. 金融企业对借款人和担保人诉诸法律后,在法院主持下出具调解书或者达成执行和解协议并记入执行笔录,根据和解协议或调解书,金融企业向担保人进行追偿后,仍未能收回的剩余债权

99. 根据《商业银行授信工作尽职指引》的规定,商业银行授信实施后,应持续重点监测的内容包括( )。
    A. 客户是否按约定用途使用授信,是否诚实地全面履行合同
    B. 授信项目是否正常进行
    C. 客户的法律地位是否发生变化
    D. 客户的财务状况是否发生变化
    E. 授信的偿还情况

100. 按是否可循环使用,信用证可分为( )。
    A. 跟单商业信用证 B. 循环信用证   C. 不可循环信用证
    D. 远期信用证   E. 可撤销信用证

101. 商业银行公司信贷管理的原则包括( )。
    A. 全流程管理原则 B. 实贷实付原则   C. 协议承诺原则
    D. 贷放分控原则   E. 诚信申贷原则

102. 下列属于呆账核销审查要点的有( )。
    A. 呆账核销理由是否合规   B. 银行债权是否充分受偿
    C. 呆账数额是否准确   D. 贷款责任人是否已经认定、追究
    E. 呆账日常关联是否规范

103. 下列选项中,可能导致企业借款需求增加的有( )。
    A. 利润率由正转负 B. 季节性销售增长 C. 资产效率的提高
    D. 固定资产扩张   E. 商业信用减少

104. 关于贷款偿还的一般操作过程,下列说法正确的是( )。
    A. 借款方不按合同规定归还贷款的,应当承担违约责任并加付利息
    B. 业务操作部门还应按规定时间提前向借款人发送还本付息通知单,督促借款人按时足额还本付息
    C. 借款人收到还本付息通知单后,应当及时筹备资金,按时还本付息
    D. 对于逾期超过7天的贷款,业务操作部门要向借款人、保证人发出催收通知单
    E. 贷款逾期后,银行不仅对贷款的本金计收利息,而且对应收未收的利息也要计收利息

105. 下列关于质押的合法性的描述中,正确的有( )。
    A. 用动产出质的,应通过审查动产购置发票、财务账簿,确认其是否为出质人所有
    B. 用权利出质的,应核对权利凭证上的所有人与出质人是否为同一人
    C. 审查质押的设定是否已由出质人有权决议的机关作出决议
    D. 所有权、使用权不明或有争议的动产,法律规定禁止流通的动产不得作为质物
    E. 对于用票据设定质押的,对背书的连续性不必审查

106. 下列属于抵债资产管理原则的有( )。
    A. 严格控制   B. 合理定价   C. 妥善保管
    D. 及时处置   E. 公开透明

107. 关于《民法典》对保证人的资格的限制性规定,下列说法正确的有( )。
    A. 国家机关不得作保证人,但经国务院批准对特定事项做保证人的除外
    B. 禁止政府及其所属部门要求银行等金融机构或者企业为他人提供担保
    C. 医院、学校等以公共利益为目的的事业单位、社会团体不得做保证人
    D. 企业法人的分支机构或职能部门能做保证人
    E. 医院、学校等以公益为目的的事业单位、社会团体提供保证的保证合同无效

108. 商业银行信贷业务经营管理组织架构包括( )。
　　A.董事会及其专门委员会　　B.监事会
　　C.高级管理层　　　　　　　D.人力资源部
　　E.信贷业务前中后台部门

109. 商业银行开展押品管理的基本原则有( )。
　　A.合法性原则　　B.有效性原则
　　C.审慎性原则　　D.专款专用原则
　　E.从属性原则

110. 评价区域金融发展水平的主要指标有( )。
　　A.地区存(贷)款总量及增长率　　B.地区社会融资规模
　　C.实际利用外资总额　　　　　　D.地区存贷比水平
　　E.地方政府负债率

111. 一般来说,在经济周期的经济收缩时期形成的产业热点有( )。
　　A.住宅　　B.轿车　　C.基础原材料
　　D.食品　　E.公用设施

112. 商业银行贷款分类应遵循的原则包括( )。
　　A.真实性原则　　B.及时性原则　　C.重要性原则
　　D.可比性原则　　E.审慎性原则

113. 非融资性保证业务主要有( )。
　　A.借款保证　　　　　　B.债券偿付保证
　　C.预收(付)款退款保证　D.付款保证
　　E.投标保证

114. 在贷款决策中,商业银行需要使用的财务指标主要包括( )。
　　A.杠杆比率　　B.盈利比率　　C.效率比率
　　D.流动比率　　E.风险比率

115. 下列选项属于常规清收的有( )。
　　A.直接追偿　　B.协商处置抵押物　　C.委托第三方清收
　　D.财产清查　　E.破产重组

116. 杜邦分析通过将净资产收益率换算为( )的乘积便于定量分析净资产收益率产生差异的原因。
　　A.净利率　　　　B.销售毛利率　　C.杠杆率
　　D.资产周转率　　E.销售收入净额

117. 监控企业整体管理状况时,企业管理状况的风险主要体现在( )。
　　A.职能部门矛盾尖锐,互相不配合,管理层素质偏低
　　B.客户的主要股东、关联企业或母子公司等是否发生重大不利变化
　　C.股东间发生重大纠纷且不能在短期内妥善解决
　　D.中层管理者是否短期内多人离职
　　E.经营目标发生变化

118. 下列选项中,属于固定资产贷款贷前调查报告中建设项目效益分析内容的有( )。
　　A.流动资产与流动负债的动态平衡　　B.内部收益率分析
　　C.敏感性分析　　　　　　　　　　　D.银行获得的收益预测
　　E.盈亏平衡点分析

119. 一个公司的可持续增长率取决于( )。
   A. 利润率
   B. 留存利润
   C. 财务杠杆
   D. 营业成本
   E. 资产使用效率

120. 资金周转周期的延长引起的借款需求与( )有关。
   A. 应收账款周转天数
   B. 存货周转天数
   C. 应付账款周转天数
   D. 设备使用年限
   E. 固定资产折旧年限

三、判断题(共20题,每小题1分,共20分。请判断以下各小题的正误,正确的为A,错误的为B)

121. 按照《民法典》的有关规定,担保方式包括定金、留置、保证、抵押、质押五种方式。( )
122. 对处于衰退行业的企业进行的贷款中,短期贷款更为安全。( )
123. 贷款的合规性是指银行对借款人和担保人的主体资格、信贷用途及相关手续等合乎法律和监管要求的情况进行调查、认定。( )
124. 波特五力模型是迈克尔·波特于20世纪90年代初首次提出的。( )
125. 当企业的现金需求大于现金供给时,资产效率增加和商业信用减少可能就会成为企业贷款的原因。( )
126. 银行不能为公司并购提供债务融资。( )
127. 在利润表结构分析中,是以产品销售收入净额为100%,计算其他各项指标占该指标的百分比来进行分析的。( )
128. 用多余现金购买3个月期债券,表现为现金净流出。( )
129. 计算现金流量时,现金流量表中的现金应剔除已办理质押的活期存款。( )
130. 商业银行对企业非预期支出导致的借款需求。应结合企业的未来现金积累能力和负债能力决定贷款的期限。( )
131. 银行对可以接受的目标客户发放贷款,贷款担保能为银行提供一种额外的保障,但是不会因贷款担保而改善借款人的经营和财务状况。( )
132. 根据《融资担保公司监督管理条例》的规定,融资性担保公司对单个被担保人提供的融资性担保责任余额不得超过净资产的20%。( )
133. 实行转授权的,在金额、种类和范围上均不得小于原授权。( )
134. 在企业出现挪用贷款的情况下,银行可以宣布贷款合同项下的借款本息全部立即到期。( )
135. 通过实贷实付制度的推行和完善,当前我国银行业金融机构在贷款协议管理方面已经不存在问题。( )
136. 借款人必须提前与银行协商,经银行同意,贷款才可以展期。( )
137. 贷款经批准展期后,银行应重新确定每一笔贷款的风险度。( )
138. 从银行角度来讲,资产转换周期包括生产转换周期和资本转换周期两个方面。( )
139. 对于划分为损失的贷款,应按贷款余额的90%计提专项准备金。( )
140. 呆账核销是指银行经过内部审核确认后,动用呆账准备金将无法收回或者长期难以收回的贷款或投资从账面上冲销,从而使账面反映的资产和收入更加真实。( )

机考题库·真题试卷(六)

本试卷采用虚拟答题卡技术,自动评分

考生扫描右侧二维码,将答题选项填入虚拟答题卡中,题库系统可自动统计答题得分,生成完整的答案及解析。题库系统根据考生答题数据,自动收集整理错题,记录考生薄弱知识点,方便考生在题库系统中查漏补缺。

一、单项选择题(本大题共80小题,每小题0.5分,共40分。在以下各小题所给出的四个选项中,只有一个选项符合题目要求,请将正确选项填入括号内)

1. 下列关于公司信贷基本要素的说法,错误的是( )。
   A. 信贷产品主要包括贷款、担保、承兑和贴现、贸易融资、信用承诺等
   B. 按计算利息的周期,计息方式分为按日计息、按月计息、按季计息、按年计息
   C. 广义的贷款期限通常分为提款期、宽限期和还款期
   D. 利率一般有年利率、季利率、月利率、日利率四种形式

2. 某人向银行申请一笔贷款,约定每月等额偿还贷款的本金和利息,20年还清,则此种清偿计划属于( )中的( )。
   A. 定额还款;约定还款
   B. 等额还款;等额本金还款
   C. 等额还款;等额本息还款
   D. 分次还款;不定额还款

3. ( )一般按银团贷款总额的一定比例一次性支付。
   A. 承诺费   B. 安排费   C. 服务费   D. 代理费

4. 通常情况下,合理的速动比率一般为( )。
   A. 0.5   B. 1   C. 2   D. 大于2

5. 在抵押期间,无论抵押物所生的是天然孳息还是法定孳息,均由( )收取。
   A. 贷款银行   B. 抵押权人   C. 抵押人   D. 国家财政

6. 实行"实贷实付"的根本目的是( )。
   A. 满足有效信贷需求
   B. 防范信贷风险
   C. 防止贷款资金闲置
   D. 防止贷款诈骗

7. 下列选项中,不属于项目效益情况的内容是( )。
   A. 各年累计盈余资金是否出现负值
   B. 盈亏平衡点分析
   C. 利润分析表
   D. 敏感性分析

8. ( )的影响主要包括行业市场集中度、行业壁垒程度等。
   A. 产业发展周期
   B. 产业组织结构
   C. 地区生产力布局
   D. 产业链

9. 处于成熟期的行业,价格竞争( ),新产品出现速度非常( )。
   A. 很激烈;快   B. 很激烈;慢   C. 不激烈;快   D. 不激烈;慢

10. 处于成长阶段的行业,产品价格( ),利润为( )。
    A. 下降;负值
    B. 下降;正值
    C. 上升;正值
    D. 上升;负值

11. 处于成长阶段的行业通常年增长率会( )。
    A. 达到100%以上   B. 超过20%   C. 5%~10%   D. 下降

12. 在行业发展的各阶段中,处在( )的行业代表着最低的风险。
    A. 启动阶段   B. 成长阶段   C. 成熟期   D. 衰退期
13. 银行办理的质押贷款在业务中的主要风险不包括( )。
    A. 虚假质押风险   B. 司法风险   C. 利率风险   D. 操作风险
14. 评价信贷资产质量的指标不包括( )。
    A. 信贷余额扩张系数   B. 利息实收率
    C. 流动比率   D. 加权平均期限
15. 借款人存货周转率是指用一定时期内的( )除以( )得到的比率。
    A. 平均存货余额;销货收入   B. 销货收入;平均存货余额
    C. 销货成本;平均存货余额   D. 平均存货余额;销货成本
16. 假设一家公司的财务信息如下表所示(单位:万元)。

项目	第一年	第二年
销售收入	1800	2000
商品销售成本	1050	1250
存货	260	415

该公司第一年和第二年存货周转天数分别为( )天(一年按365天计算)。
A. 90.38;75.74   B. 90.38;121.18   C. 52.72;75.74   D. 52.72;121.18

17. B公司去年销售收入为4亿元,销售利润率为20%,预计今年销售收入将增长10%,营运资金周转次数为2,则B公司的营运资金量为( )亿元。
    A. 2.64   B. 1.76   C. 1.44   D. 2.16
18. 某啤酒生产企业2016年销售收入净额为6000万元,年初应收账款余额为300万元,年末应收账款余额为500万元,每年按360天计算,则该公司的应收账款周转天数为( )天。
    A. 17   B. 24   C. 15   D. 22
19. 抵押担保的范围不包括( )。
    A. 主债权及利息   B. 违约金   C. 诉讼费用   D. 实现抵押权的费用
20. 抵押权的标的物以( )最为常见。
    A. 不动产   B. 权利凭证   C. 动产   D. 股票
21. 抵押物由于技术相对落后造成的贬值称为( )。
    A. 经济性贬值   B. 功能性贬值   C. 科技性贬值   D. 实体性贬值
22. 抵债资产必须经过严格的资产评估来确定价值,评估程序应合法合规,要以( )为基础合理定价。
    A. 市场价格   B. 公允价值   C. 协议价格   D. 资产原值
23. 对抵押物进行估价时,对于机器设备的估价,主要考虑( )。
    A. 抵押物的市场价格   B. 无形损耗和折旧
    C. 用途   D. 造价
24. 对于抵押物的估价,应当是评估抵押物的( )。
    A. 现值   B. 购买成本   C. 生产成本   D. 历史价值
25. 对于质押贷款业务,商业银行对用于质押的存款没有办理内部冻结看管手续的风险属于( )。
    A. 虚假质押风险   B. 司法风险   C. 操作风险   D. 经济风险

26. 反映某区域信贷风险在银行系统内所处位置的内部指标是( )。
   A. 利息实收率   B. 加权平均期限
   C. 增量存贷比率   D. 信贷资产相对不良率

27. 分析项目的还款能力时,除了进行还款指标计算,还必须把项目的( )作为评估的重点。
   A. 还款资金来源分析   B. 还款资金的充足性
   C. 还款指标适用性   D. 还款指标的精确性

28. 下列关于项目的微观背景分析的阐述,错误的是( )。
   A. 分析项目的微观背景主要从项目发起人和项目本身着手
   B. 首先应对项目的投资环境进行分析,然后分析项目和项目的发起人单位,对项目的提出理由进行分析
   C. 投资环境是指在一定时间、一定地点或范围内,影响和制约项目投资活动的各种外部环境状况和条件要素的有机集合体
   D. 项目投资理由的分析主要是指对提出项目的理由及投资意向进行分析评估

29. 根据《呆账核销管理办法》的规定,城市商业银行在采取所有可能的措施和实施必要的程序之后,对于余额在( )万元以下的对公贷款,经追索( )年以上,仍无法收回的债权,可认定为呆账。
   A. 5;1   B. 50;1   C. 5;2   D. 50;2

30. 甲企业与A单位共有一处房屋,经评估,房屋价格为600万元,该企业拥有50%所有权。经与A单位协商,A单位同意甲企业将此房屋作为抵押物向银行申请抵押贷款,贷款抵押率为60%,银行对企业放款金额最多为( )万元。
   A. 360   B. 180   C. 220   D. 328

31. 假定有一个公司向银行申请300万元的贷款,分析、发放和管理这笔贷款的非资金性营业成本为总贷款额的2%。银行以3%的利率吸收存款,并追加2%的违约风险补偿利率以及1%的利润率。则这笔贷款的利率为( )。
   A. 2%   B. 3%   C. 5%   D. 8%

32. 价格竞争一般会出现在( )。
   A. 启动阶段末期   B. 成长阶段末期   C. 成熟阶段末期   D. 长期负债末期

33. 借款人的贷款申请应遵循"诚信申贷"的基本要求,下列选项中,不符合这一要求的是( )。
   A. 借款人应证明其设立合法、经营管理合规合法
   B. 借款人信用记录良好、贷款用途以及还款来源明确合法
   C. 借款人恪守诚实守信原则
   D. 借款人承诺部分材料的真实性、完整性和有效性

34. 借款人将其财产作为抵押进行贷款,如果借款人不能按期归还贷款本息,银行将行使抵押权,处理抵押物以收回贷款,这属于( )。
   A. 质押贷款   B. 抵押贷款   C. 信用贷款   D. 保证贷款

35. 如果一个公司的固定资产使用率( ),一般就意味着投资和借款需求很快将会上升,具体由( )决定。
   A. 小于20%或30%;资本的周转周期
   B. 大于60%或70%;资本的周转周期
   C. 小于20%或30%;行业技术变化比率
   D. 大于60%或70%;行业技术变化比率

36. 金融企业应在每批次不良资产转让工作结束后( )个工作日内,向同级财政部门和国务院银行业监督管理机构或属地银保监局报告转让方案及处置结果。
    A. 15　　　　　　B. 45　　　　　　C. 30　　　　　　D. 60

37. 下列关于项目建设条件的说法,正确的是( )。
    A. 是指客观外部条件
    B. 内部条件是指拟建项目的人力、物力、财力等资源条件
    C. 外部条件是指拟建工程所需的原材料、建筑施工条件
    D. 人力资源属于企业外部条件

38. 经营杠杆是衡量( )相对于销售量变化敏感度的指标。
    A. 营运资本　　　B. 存货　　　　　C. 营业利润　　　D. 销售费用

39. 当销售收入在盈亏平衡点以下时,企业将会( )。
    A. 盈亏相等　　　　　　　　　　　B. 盈利或亏损不确定
    C. 承受损失　　　　　　　　　　　D. 创造利润

40. 在信贷意向阶段,( )可表明贷款可正式予以受理。
    A. 主管领导同意后　　　　　　　　B. 银行审查通过后
    C. 银行确立贷款意向　　　　　　　D. 银行出具贷款意向书后

41. 债务人或者第三人有权处分的财产中,可以抵押的是( )。
    A. 建设用地使用权　　　　　　　　B. 土地所有权
    C. 宅基地使用权　　　　　　　　　D. 所有权、使用权不明或者有争议的财产

42. 下列关于抵押物估价的说法,正确的是( )。
    A. 可以由抵押人自行评估
    B. 可以由债务人自行评估
    C. 可委托具有评估资格的中介机构给予评估
    D. 委托给政府物价部门进行估价

43. 某公司拟以其所有的通勤车、厂房、被法院封存的存货及其租用的机器作抵押向银行申请借款。但依据我国法律规定,以上财产中可以用来抵押的是( )。
    A. 通勤车、厂房　B. 全部财产　　　C. 厂房、存货　　D. 通勤车、厂房、存货

44. 下列关于贷款抵押额度,表述错误的是( )。
    A. 抵押人所担保的债权不得超出其抵押物的价值
    B. 抵押贷款额 = 抵押物评估价值×抵押贷款率
    C. 贷款额度要在抵押物的评估价值与抵押贷款率的范围内加以确定
    D. 抵押财产价值高于所担保债权的余额部分不可以再次抵押

45. 客户重组的基本方式不包括( )。
    A. 重整　　　　　　B. 收购　　　　　C. 改组　　　　　D. 合并

46. 根据《民法典》的规定,保证合同不能为( )。
    A. 书面形式　　　　　　　　　　　B. 口头承诺
    C. 信函、传真　　　　　　　　　　D. 主合同中的担保条款

47. 利润达到最大化的是行业的( )。
    A. 启动阶段　　　B. 成长阶段　　　C. 成熟阶段　　　D. 衰退阶段

48. 利益产品又称( )。
    A. 核心产品　　　B. 基础产品　　　C. 扩展产品　　　D. 附加产品

49. 某抵押物市场价值为15万元,其评估值为10万元,抵押贷款率为60%,则抵押贷款额为( )万元。
   A.12.6　　　　　　B.9　　　　　　C.8.6　　　　　　D.6

50. ( )是指债权银行因情况紧急,不立即申请财产保全将会使其合法权益受到难以弥补的损失,因而在起诉前向人民法院申请采取财产保全措施。
   A.诉后财产保全　　　　　　　　　　B.诉前财产保全
   C.诉中财产保全　　　　　　　　　　D.诉讼财产保全

51. 某公司向银行申请300万元贷款,银行为取得资金,以3%的利率吸收存款,分析、发放、管理贷款的非资金性营业成本为贷款总额的2%,因可能的贷款违约风险追加2%的贷款利率,银行利润率为1%,则这笔贷款的利率为( )。
   A.7%　　　　　　B.5%　　　　　　C.8%　　　　　　D.6%

52. 某公司以其所有的建设用地使用权200万元、轿车80万元、厂房500万元、被法院封存的存货50万元、租用的机器280万元作抵押,欲向银行借款650万元。该笔贷款的抵押率为60%。实务操作中,银行对该笔抵押贷款的最高限额应为( )万元。
   A.468　　　　　　B.498　　　　　　C.650　　　　　　D.666

53. 某公司以上市公司法人股权质押作为贷款担保,则应该以( )价格作为质押品的公允价格。
   A.公司最近一期经审计的财务报告中所写明的上市公司法人股权的净资产价格为2500万元
   B.以公司最近的财务报告为基础,测算公司未来现金流入的现值,所估算的上市公司法人股权的价值为3000万元
   C.公司正处于重组过程中,交易双方关于上市公司法人股权最新的谈判价格为2800万元
   D.贷款日该上市公司法人股权市值为2600万元

54. 某商业银行的贷款业务发生呆账的,经审核批准核销后,应首先( )。
   A.冲减贷款呆账准备金　　　　　　B.冲减税后利润
   C.增加贷款风险准备金　　　　　　D.冲减税前利润

55. 下列关于质物、质押权利的合法性描述,错误的是( )。
   A.出质人提交的权利凭证必须具有真实性、合法性和有效性
   B.用票据设定质押的,无须对背书进行连续性审查
   C.用海关监管期内的动产作质押的,须出具海关同意质押的证明文件
   D.以股票设定质押的,必须是依法可以流通的股票

56. 目前我国家电行业产品成熟,产品差异化很小,产品质量与技术提升的空间都非常有限,由于产品的同质化使消费者可选择的空间扩大,从而导致各家电厂家竞争激烈,大打"价格战"。根据行业成熟度四阶段模型判断,该行业处于( )。
   A.启动阶段　　　B.成长阶段　　　C.成熟阶段　　　D.衰退阶段

57. 下列关于抵押物认定的说法,错误的是( )。
   A.实行租赁经营责任制的企业,要有产权单位同意的证明
   B.银行对选定的抵押物要逐项验证产权
   C.用共有财产作抵押时,无须取得共有人同意抵押的证明
   D.只有为抵押人所有或有权支配的财产才能作为贷款担保的抵押物

58. 信贷档案管理模式包括( )。
   A.通盘管理　　　　　　　　　　　B.按时交接
   C.多人负责　　　　　　　　　　　D.不定期检查

59. 下列做法中,不符合信贷档案管理原则和要求的是( )。
   A.将一个信贷项目形成的文件资料划分为信贷文件和信贷档案,实行分段管理
   B.任命直接经办贷款的信贷人员担任信贷档案员
   C.业务经办人员将信贷执行过程续生的文件随时移交信贷档案员
   D.将信贷档案的检查列入年度绩效考核中

60. 必须是存款客户将款项交付存款机构经确认并出具存款凭证后,存款合同方才成立,因此,存款合同是一种( )。
   A.格式化合同　　B.非格式化合同　　C.实践合同　　D.诺成合同

61. 下列商业银行各部门中,( )负责客户营销和维护,也是银行的"利润中心"。
   A.信贷管理部门　　B.合规部门　　C.风险管理部门　　D.信贷业务前台部门

62. 信贷文件是指( )。
   A.正在执行中的、尚未结清信贷的文件材料
   B.贷款档案中的文件
   C.贷前审批及贷后管理的有关文件
   D.贷款申请的有关文件

63. 下列不属于加强合同管理的实施要点的是( )。
   A.修订和完善贷款合同等协议文件　　B.建立完善有效的贷款合同管理制度
   C.加强贷款合同规范性审查管理　　D.做好行政工作

64. 下列不属于一级文件(押品)的是( )。
   A.银行本票　　　　　　　　　　B.银行承兑汇票
   C.抵债物资的物权凭证　　　　　D.法律文件

65. 财务内部收益率是反映项目( )的( )指标。
   A.获利能力;静态　　　　　　　B.获利能力;动态
   C.偿债能力;静态　　　　　　　D.偿债能力;动态

66. 营运能力是指通过借款人( )的有关指标反映出来的资产利用效率,它表明企业管理人员经营、管理和运用资产的能力。
   A.盈利比率　　B.财务杠杆　　C.现金流量　　D.资金周转速度

67. ( )是判断贷款偿还可能性的最明显标志。
   A.贷款目的　　B.还款来源　　C.资产转换周期　　D.还款记录

68. 关于商业银行安全性、流动性和效益性原则的说法,不正确的是( )。
   A.为了保证贷款的安全性,商业银行需要合理安排贷款的种类和期限
   B.在信贷资金总量一定的情况下,资金的周转速度加快,效益性相应较差
   C.在贷款规模一定的情况下,一般贷款期限越长,收益越大
   D.贷款期限越长,安全性越高

69. 在贷款分类中,挪用的贷款至少被分为( )。
   A.次正常类贷款　　B.关注类贷款　　C.次级类贷款　　D.可疑类贷款

70. 对于划分为损失类的贷款,应按贷款余额的( )计提专项准备金。
   A.50%　　　B.75%　　　C.90%　　　D.100%

71. 借款人还款能力的主要标志是( )。
   A.借款人的现金流量是否充足　　B.借款人的资产负债比率是否足够低
   C.借款人的管理水平是否足够高　　D.借款人的销售收入和利润是否足够高

72.下列贷款重组方式中,不属于变更担保条件的是( )。
　　A.将抵押或质押转换为保证　　　　B.将保证转换为抵押或质押,或变更保证人
　　C.直接减轻或免除保证人的责任　　D.借款企业变更

73.下列不良资产不可以被金融企业批量转让的是( )。
　　A.已核销的账销案存资产
　　B.抵债资产
　　C.个人贷款
　　D.按规定程序和标准认定为次级、可疑、损失类的贷款

74.企业与银行往来异常现象不包括( )。
　　A.借款人在银行的存款有较大幅度下降
　　B.短期借款超过了借款人的合理支付能力
　　C.在多家银行开户(公司开户数明显超过其经营需要)
　　D.商业负债大幅上升

75.设立质权的人,称为( )。
　　A.质权人　　　　B.出质人　　　　C.受质人　　　　D.质押人

76.提款条件不包括( )。
　　A.合法授权　　　　　　　　　　B.财务维持
　　C.政府批准　　　　　　　　　　D.资本金要求

77.以下关于抵押资产的处置,说法不正确的是( )。
　　A.抵债资产收取后原则上不能对外出租
　　B.抵债资产在处置时限内不可以出租
　　C.银行不得擅自使用抵债资产
　　D.抵债资产拍卖原则上应采用有保留价拍卖的方式

78.通过列示借款人在一定时期内取得的收入,所发生的费用支出和所获得的利润来反映借款人一定时期内经营成果的报表是( )。
　　A.利润表　　　　　　　　　　　B.现金流量表
　　C.利润分配表　　　　　　　　　D.资产负债表

79.通过强调合同的完备性、承诺的法制化乃至管理的系统化,弥补过去贷款合同不足的是公司信贷管理的( )。
　　A.诚信申贷原则　　　　　　　　B.贷放分控原则
　　C.全流程管理原则　　　　　　　D.协议承诺原则

80.关于呆账核销审批,下列说法正确的是( )。
　　A.对于任何一笔呆账,分行都没有权力审批
　　B.一级分行可以向分支机构转授一些比较小的权力,处理日常工作
　　C.对符合条件的呆账经批准核销后,做冲减呆账准备处理
　　D.除法律法规和《金融企业呆账核销管理办法(2017年版)》的规定外,其他任何机构和个人不得干预、参与银行呆账核销运作,债务人除外

二、多项选择题(本大题共40小题,每小题1分,共40分。在以下各小题所给出的选项中,至少有两个选项符合题目要求,请将正确选项填入括号内)

81.下列关于贷款损失准备金计提比例的说法,正确的有( )。
　　A.普通准备金的计提比例可以确定为一个固定的比例

B.专项准备金的计提比例,可以由商业银行按照各类贷款的历史损失概率确定

C.对于没有内部风险计算体系的银行,监管当局可以为专项准备金计提比例规定一个参考比例

D.特别准备金的计提比例,可以由监管当局按照国别或行业等风险的严重程度确定

E.普通准备金的计提比例可以确定上、下限

82.银行判断公司长期销售收入增长是否会产生借款需求的方法有(   )。

A.判断其持续销售增长率是否足够高

B.判断利润增长率

C.判断成本节约率

D.判断其资产效率是否相对稳定,销售收入是否保持稳定、快速增长,且经营现金流是否不足以满足营运资本投资和资本支出增长

E.比较若干年的可持续增长率与实际销售增长率

83.下列选项中,不属于季节性资产的有(   )。

A.应收账款   B.应付账款   C.应计费用
D.存货   E.证券

84.下列选项中属于贷款发放管理的发放原则的有(   )。

A.计划、比例放款原则

B.不冲突原则

C.资本金足额原则

D.进度放款原则

E.完善性原则

85.下列关于长期投资的说法,正确的是(   )。

A.最常见的长期投资资金需求是收购子公司的股份或者对其他公司的相似投资

B.长期投资属于一种战略投资,其风险较大

C.最适当的融资方式是股权性融资

D.属于负债变化引起的借款要求

E.在发达国家,银行会有选择性地为公司并购或股权收购等提供债务融资,其选择的主要标准是收购的股权能够提供控制权收益,从而形成借款公司部分主营业务

86.下列关于行业发展各阶段特点的说法,正确的有(   )。

A.处在启动阶段的行业一般是指刚刚形成的行业

B.处于启动阶段的行业发展迅速,年增长率可以达到100%以上

C.处在成长阶段的行业,其产品已经形成一定的市场需求

D.成长阶段行业的产品价格下降的同时产品质量却取得了明显提高,销售大幅增长

E.处在成熟阶段的行业增长较为稳定,根据宏观经济增长速度的不同,一般年增长率在10%以上

87.杠杆比率包括(   )。

A.资产负债率   B.负债与所有者权益的比率
C.负债与有形净资产比率   D.利息保障倍数
E.资产收益率

88.下列关于依法收贷的说法,正确的有(   )。

A.应先向人民法院申请强制执行,若债务人拒绝执行,则再向人民法院提起诉讼

B.若胜诉后债务人自动偿还贷款的,则无须申请强制执行

C.为了防止债务人转移、隐匿财产,债权银行可以向人民法院申请财产保全

D. 对于借贷关系清楚的案件,债权银行可以不经起诉而直接向人民银行申请支付令
E. 对于扭亏无望、无法清偿到期债务的企业,可考虑申请其破产

89. 衡量借款人短期偿债能力的指标主要有( )。
    A. 流动比率　　　　B. 速动比率　　　　C. 现金比率
    D. 资产负债比率　　E. 产权比率

90. 下列关于利润表的表述,正确的有( )。
    A. 结构分析法除了用于单个客户利润表相关项目的分析,还经常用于同行业平均水平比较分析
    B. 利润表是根据"资产＝负债＋所有者权益"原理编制的
    C. 借款人在计算利润时,是以其一定时期内的全部收入总和减去全部费用支出总和
    D. 利润表结构分析是以产品销售利润为100%,计算出各指标所占百分比的增减变动,分析其对借款人利润总额的影响
    E. 通过利润表可以考核借款人经营计划的完成情况,进而预测借款人未来的盈利能力

91. 关于投资活动的现金流量来源于( )账户的变化。
    A. 有价证券　　　B. 固定资产　　　C. 无形资产
    D. 长期投资　　　E. 长期负债

92. 贷款担保的作用主要有( )。
    A. 协调和稳定商品流转秩序,使国民经济健康运行
    B. 降低银行贷款风险,提高信贷资金使用效率
    C. 促进借款企业加强管理,改善经营管理状况
    D. 巩固和发展信用关系
    E. 有利于银行信用和借款者信用的实现

93. 根据《贷款通则》的规定,借款人申请贷款,应具备的基本条件有( )。
    A. 生产经营有效益　　　　　　B. 不挤占挪用信贷资金
    C. 产品有市场　　　　　　　　D. 有创新能力
    E. 恪守信用

94. 下列关于自主支付操作要点的说法中,正确的有( )。
    A. 明确借款人应提交的资料要求　　B. 明确支付审核要求
    C. 明确贷款发放前的审核要求　　　D. 加强贷款资金发放和支付后的核查
    E. 审慎合规地确定贷款资金在借款人账户的停留时间和金额

95. 下列属于呆账核销后的管理工作的有( )。
    A. 检查呆账申请材料是否真实　　　B. 抓好催收工作
    C. 银行不得隐瞒不报呆账　　　　　D. 不能提供确凿证据证明的呆账,不得核销
    E. 做好呆账核销工作的总结

96. 信贷档案管理的具体要求有( )。
    A. 定期检查　　　B. 专人负责　　　C. 集中统一管理
    D. 按时交接　　　E. 分段管理

97. 下列情形中,可以借阅一级档案的有( )。
    A. 贷款展期办理抵押物续期登记　　B. 变更质押物品
    C. 审计部门查阅　　　　　　　　　D. 提交法院进行债权债务重组
    E. 补办房产证

98. 商业银行从事项目融资业务,重点从( )等方面评估项目风险。
    A. 项目技术可行性　　　　　　　B. 股东补充还款来源充足性

C.项目财务可行性 D.项目还款来源可靠性
E.第三方担保有效性

99. 在商业银行贷款重组过程中,以下表述正确的有( )。
    A."借新还旧""还旧借新"都属于贷款重组
    B.当债权人内部发生无法调和的争议,或者债权人无法与债务人达成一致意见时,法院会根据自己的判断作出裁决
    C.法院裁定债务人进入破产重整程序以后,其他强制执行程序不受影响
    D.在破产重整程序中,债权人组成债权人会议,与债务人协商债务偿还安排
    E.根据债权性质(如有无担保),债权人依法被划分成不同的债权人组别

100. 根据《商业银行集团客户授信业务风险管理指引》的规定,商业银行对集团客户授信应遵循( )原则。
    A.统一原则 B.适度原则
    C.安全原则 D.预警原则
    E.公平原则

101. 依照《贷款通则》的规定,借款人申请公司贷款,应满足( )等"诚信申贷"基本要求。
    A.经营管理合规合法 B.贷款用途及还款来源明确合法
    C.设立合法 D.恪守诚实信用
    E.信用记录良好

102. 评估企业对外担保情况是开展财务状况监控的手段之一,当出现下列( )情况时,公司信贷人员应详细分析原因,并合理评估是否对借款人财务状况产生不利影响。
    A.对外担保余额超过企业净资产 B.对外担保已出现垫款现象
    C.与同质企业存在互保,担保链的现象 D.对单一企业担保额过大
    E.为一非关联公司的下游客户提供小额融资担保

103. 在确定拍卖保留价时,进行对比分析的价格包括( )。
    A.资产评估价 B.建议拍卖价
    C.意向受让人询价 D.同类资产市场价
    E.贷款所欠本息及相关费用

104. 下列选项中,属于企业营运能力分析的指标有( )。
    A.存货周转率 B.利息保障倍数
    C.应收账款周转率 D.净利润增长幅度
    E.资产负债率

105. 在商业银行贷款依法清收中的财产保全分为( )。
    A.诉前财产保全 B.诉中财产保全
    C.查封财产保全 D.诉后财产保全
    E.仲裁财产保全

106. 客户经理发现某借款客户对应收账款会计处理极不审慎,坏账准备计提严重不足,这种情况会影响( )指标的有效性。
    A.现金流量比率 B.资产负债率
    C.流动比率 D.速动比率
    E.现金比率

107. 在客户财务分析中,盈利能力类指标不包括( )。
    A.资产收益率 B.销售利润率

C. 总资产周转率　　　　　　　　　　　D. 净利润率
E. 负债与所有者权益比率

108. 生产企业季节性资产增加的主要融资渠道为(　　)。
　　A. 季节性负债增加　　　　　　　　B. 长期销售增长
　　C. 增加固定资产　　　　　　　　　D. 银行贷款
　　E. 内部融资

109. 根据《民法典》的规定,担保的原则包括(　　)。
　　A. 平等原则　　　　　　　　　　　B. 自愿原则
　　C. 公平原则　　　　　　　　　　　D. 诚实信用原则
　　E. 协议承诺的原则

110. 公司产生置换存量债务的原因可能有(　　)。
　　A. 为了降低财务成本　　　　　　　B. 对现在的银行不满意
　　C. 为了规避债务协议限制,归还现有借款　　D. 为了拓宽融资渠道
　　E. 商业信用发生变化

111. 下列选项中,属于公司信贷表内业务的有(　　)。
　　A. 信用证　　　B. 贴现　　　C. 承兑
　　D. 贷款　　　　E. 委托贷款

112. 关于现金清收,下列说法正确的有(　　)。
　　A. 当债务人采取各种手段隐匿和转移财产时,可查找债务人的工商登记和纳税记录
　　B. 申请强制执行的期限,从法律规定履行期间的第一天起计算
　　C. 依法清收包括提前诉讼、财产保全、申请支付令、申请强制执行和申请债务人破产等
　　D. 在债权维护过程中,资产保全人员应确保主债权和担保权利具有强制执行效力,确保不超过诉讼时效、保证责任期间,确保不超过生效判决的申请执行期限
　　E. 现金清收准备主要包括债权维护和财产清查两方面

113. 抵押物价值变动趋势的分析要点有(　　)。
　　A. 实体性贬值　　　B. 社会性贬值　　　C. 直接性贬值
　　D. 经济性贬值　　　E. 功能性贬值

114. 下列关于固定资产周转率的实际分析中,须考虑的问题有(　　)。
　　A. 固定资产的净值随折旧时间推移而减少
　　B. 固定资产的净值随固定资产的更新改造而减少
　　C. 不同企业采用不同折旧方法会对固定资产周转率产生影响
　　D. 行业性质不同会造成固定资产状况的不同
　　E. 计算固定资产周转率时,固定资产净值使用平均值

115. 商业银行根据不同的信贷管理体制及模式,将授信额度分为(　　)。
　　A. 分批贷款额度　　　　　　　　　B. 总贷款额度
　　C. 单笔贷款额度　　　　　　　　　D. 客户授信额度
　　E. 集团授信额度

116. 贷款人开展流动资金贷款业务应当遵守(　　)原则。
　　A. 依法合规　　　B. 相互制衡　　　C. 审慎经营
　　D. 平等自愿　　　E. 公平诚信

117. 客户法人治理结构分析包括(　　)。
　　A. 控股股东行为　　　　　　　　　B. 激励约束机制

C. 董事会结构和运作过程　　　　D. 成立动机
E. 财务报表与信息披露的透明度

118. 贷放分控的操作要点包括(　　)。
A. 设立独立的放款执行部门　　　B. 明确放款执行部门的职责
C. 要了解企业的经营性质　　　　D. 注意中央的一些新发文件
E. 建立并完善对放款执行部门的考核和问责机制

119. 面谈过程中,调查人员可以采用国际通行的信用"5C"的标准原则,以下不属于该原则内容的有(　　)。
A. 品德　　　B. 资本　　　C. 优势
D. 劣势　　　E. 控制

120. 计算盈亏平衡点时,通常以(　　)来表示。
A. 产量　　　B. 销售收入　　　C. 生产能力利用率
D. 销售单价　　E. 固定成本

三、判断题(共20题,每小题1分,共20分。请判断以下各小题的正误,正确的为A,错误的为B)

121. 法定利率是指由政府金融管理部门或中央银行确定的利率,它是国家实现宏观调控的一种政策工具。(　　)
122. 客户进货的付款条件主要取决于市场供求和商业信用两个因素。(　　)
123. 借款人将债务全部或部分转让给第三方的,应当取得贷款银行的同意。(　　)
124. 所有者权益代表投资者对资产的所有权。(　　)
125. 用分项详细估算法估算流动资金时,年其他费用不包括工资及福利费和折旧费。(　　)
126. 商业银行应设定足够的债务人级别和债项级别,确保对违约风险的有效区分。(　　)
127. 法定利率、行业公定利率和市场利率都是国家实现宏观调控的一种政策工具。(　　)
128. 财产用于抵押后,其价值大于所担保债权的余额部分不可再次抵押。(　　)
129. 行业进入壁垒是行业内既存企业对于潜在企业或刚刚进入这个行业的新企业所具有的某种优势。(　　)
130. 在"行业动荡期",固定资产很高或者其他方面需要高投资的行业,一般很少出现"价格战争"的现象。(　　)
131. 对于没有明确市场价格的质押品,应从质押品的资产价格、估算的价值及最新的谈判价格中选择较高者作为质押品的公允价值。(　　)
132. 银行应将质押存款的资金放在借款人在本行的活期存款账户中。(　　)
133. 被指定发放的贷款本金额度,经过借贷和还款后,可以再被重复借贷。(　　)
134. 销售增长旺盛时期,公司新增核心流动资产和固定资产投资将超出净营运现金流,需要额外融资,这部分融资实际上属于短期融资需求。(　　)
135. 合同条款有空白栏,但根据实际情况不准备填写内容的,应填写"无"字。(　　)
136. 公司信贷中,借款人原应付贷款利息和到期贷款须已清偿,才可进行下一轮贷款。(　　)
137. 存货周转率越快越好。(　　)
138. 在评价速动比率时,应结合应收账款周转率指标分析应收账款的质量。(　　)
139. 对于投资额不等的几个项目,应使用财务净现值的大小来比较项目单位投资的盈利能力。(　　)
140. 呆账核销账务处理完毕后,说明银行已经放弃债权。(　　)

机考题库·真题试卷参考答案及解析

机考题库·真题试卷(五)

一、单项选择题

1. D 【解析】借款人提供复印件需加盖公章,业务人员应对借款人提供的复印件与相应的文件正本进行核对,核对无误后,业务人员在复印件上签字确认。

2. C 【解析】行业公定利率是指由非政府部门的民间金融组织,如银行协会等确定的利率,该利率对会员银行具有约束力。

3. B 【解析】对于新建项目,银行对其提供的财务报表可不作严格要求,但应及时获取借款人重要的财务数据。

4. A 【解析】选项A属于现场调研,选项B、选项C、选项D三项均属于非现场调查的方法。

5. D 【解析】当企业总资产利润率高于长期债务成本时,加大长期债务可使企业获得财务杠杆收益,从而提高企业权益资本收益率。当总资产利润率低于长期债务成本时,降低长期债务的比重可使企业减少财务杠杆损失,从而维护所有者利益。

6. D 【解析】选项D,对于定期支付红利的公司来说,银行要判断其红利支付率和发展趋势。如果公司未来的发展速度已经无法满足现在的红利支付水平,那么红利发放就不能成为合理的借款需求原因。

7. D 【解析】资本回报率(ROE)=净利润/所有者权益×100%;红利支付率=股息分红/净利润×100%;留存比率(RR)=1-红利支付率。则可持续增长率=[610÷5580×100%×(1-413÷610×100%)]÷[1-610÷5580×100%×(1-413÷610×100%)]≈3.7%。

8. A 【解析】根据题意,增加外部融资前,该公司的资产使用效率=销售收入/总资产×100%=11460÷7640×100%=150%,该公司的销售利润率=净利润/销售收入×100%=573÷11460×100%=5%。如果该公司通过商业信用增加1000万元的外部融资,即总资产由7640万元增加到8640万元,所有者权益、资产使用效率、销售利润率保持不变,那么此时该公司的资产使用效率=销售收入/总资产×100%=销售收入/8640×100%=150%,得出此时的销售收入为12960万元;此时该公司的销售利润率=净利润/销售收入=净利润/12960×100%=5%,得出此时的净利润为648万元;新的资本回报率=净利润/所有者权益×100%=648÷3820×100%=17%。

9. C 【解析】劳动力密集型行业的流动资产占比通常较高,资本密集型行业的流动资产占比通常较低。

10. D 【解析】在资产负债表中,资产按其流动性分为流动资产和非流动资产:①流动资产,包括货币资金、交易性金融资产、应收票据、应收账款、预付账款、存货、其他应收款等项目;②非流动资产,包括长期股权投资、固定资产、无形资产、商誉、长期待摊费用、递延所得税资产和其他非流动性资产等。选项D,预收账款属于流动负债。

11. A 【解析】利润表又称损益表,它是指通过列示借款人在一定时期内取得的收入、所发生的费用支出和所获得的利润来反映借款人一定时期内经营成果的报表。

12. B 【解析】净利润是利润总额减所得税的差额。故选项B正确。

13. B 【解析】如保证人为法人,保证方签字应为其法定代表人或其授权代理人,授权代理人必须提供有效的书面授权文件,而不能口头授权。

14. C 【解析】根据《民法典》的规定,国家机关不得作为保证人,但经国务院批准为使用外国政府或者国际组织贷款进行转贷的除外。

15. C 【解析】根据《民法典》的规定,机关法人不得作为保证人,但经国务院批准为使用外国政府或者国际经济组织贷款进行转贷的除外。

16. C 【解析】借款用途是否合法合规,是否符合国家宏观经济政策、产业行业政策、土地、环保和节能政策以及国家货币信贷政策等,这属于信贷业务政策符合性审查的内容。

17. D 【解析】贷款发放审查中,担保落实情况主要包括以下内容:①担保人的担保行为是否合规,担保资料是否完整、合规、有效;②是否已按要求进行核保,核保书内容是否完整、准确;③抵(质)押率是否符合规定;④是否已按规定办理抵(质)押登记;⑤抵(质)押登记内容与审批意见、抵(质)押合同、抵(质)押物清单、抵(质)押物权属资料是否一致;⑥是否已办理抵(质)押物保险,保险金额是否覆盖信贷业务金额。

18. A 【解析】选项A,公司业务部门应在借款人的提款期满之前,将借款人应提未提的贷款额度通知借款人。

19. C 【解析】在催收的同时,对不能按借款合同约定期限归还的贷款,应当按规定加罚利息,加罚的利率应在贷款协议中明确规定;应收未收的罚息也要计复利。故选项C错误。

20. D 【解析】选项D,借款人可以提前偿还全部或部分本金,如果偿还部分本金,其金额应等于一期分期还款的金额或应为一期分期还款金额的整数倍,并同时偿付截至该提前还款目前一天(含该日)所发生的相应利息,以及应付的其他相应费用。

21. D 【解析】选项A,借款人不能按期归还贷款时,应当在贷款到期日之前,向银行申请贷款展期,是否展期由银行决定。短期贷款展期期限累计不得超过原贷款期限;中期贷款展期期限累计不得超过原贷款期限的一半;长期贷款展期期限累计不得超过3年。选项B,损失类贷款就是在采取所有可能的措施后,只能收回极少部分金融资产,或损失全部金融资产,选项中,A企业只是暂时出现资金不足,因此不属于损失类贷款。选项C,银行展期的批准实行分级审批制度,且短期贷款展期期限累计不得超过原贷款期限。

22. C 【解析】常规清收需要注意以下几点:①要分析债务人拖欠贷款的真正原因,判断债务人短期和中长期的清偿能力;②利用政府和主管机关向债务人施加压力;③要从债务人今后发展需要银行支持的角度,引导债务人自愿还款;④要将依法收贷作为常规清收的后盾。

23. A 【解析】银行在依法收贷的纠纷中申请财产保全有两方面作用:①防止债务人的财产被隐匿、转移或者毁损灭失,保障日后执行顺利进行。②对债务人财产采取保全措施,影响债务人的生产和经营活动,迫使债务人主动履行义务。但是,申请财产保全也需谨慎,因为一旦申请错误,银行要赔偿被申请人固有财产保全所遭受的损失。故选项A错误。

24. A 【解析】选项A,在分析抵押品变现能力和现值时,在有市场的情况下,按照市场价格定价,在没有市场的情况下,应参照同类抵押品的市场价格定价。

25. C 【解析】在没有市场价格的情况下,根据所能获得的全部信息,对贷款价值作出的判断,就是公允价值法的运用。当前较为普遍的贷款分类方法是公允价值法。

26. D 【解析】选项D,根据《流动资金贷款管理办法》的规定,贷款人应根据经济运行状况、行业发展规律和借款人的有效信贷需求等,合理确定内部绩效考核指标,不得制订不合理的贷款规模指标,不得恶性竞争和突击放贷。

27. B 【解析】有以下情形之一的流动资金贷款,原则上应采用贷款人受托支付方式:①与借款人新建立信贷业务关系且借款人信用状况一般;②支付对象明确且单笔支付金额较大;③贷款人认定的其他情形。

28. C 【解析】进入壁垒具有保护行业内现有企业的作用,也是潜在竞争者进入市场时必须首先克服的困难。进入壁垒的高低,既反映了市场内已有企业优势的大小,也反映了新企业所遇障碍的大小。选项C,存在规模经济的行业内,已有企业优势较大,新企业进入壁垒较高。

29. C 【解析】产品线专业型是指商业银行根据自己的专长,专注于某几类产品或服务的提供,并将它们推销给各类客户。这种强调的是产品组合的深度和关联性,产品组合的宽度一般较小。故选项C正确。

30. B 【解析】贷款利率是指借款人使用贷款时支付的价格。

31. D 【解析】费率的类型较多,主要包括担保费、承诺费、承兑费、银团安排费、开证费等。

32. A 【解析】中小企业的资金运行特点是额度小、需求急、周转快,商业银行应针对这些特点,修改并完善其信贷管理制度,以适应中小企业的融资需求。

33. B 【解析】公司信贷客户按规模细分时,零售业微型企业需满足的条件为:①从业人员(X)<10人;②营业收入(Y)<100万元。

34. B 【解析】国民经济按产业可划分为第一产业、第二产业、第三产业。在不同的产业类别中,还可以进一步细分,如将第三产业分为网络部门和知识、服务生产部门。此外,按生命周期不同,可划分为朝阳产业和夕阳产业;按生产要素的密集程度不同,可划分为劳动密集型产业、资本(资金)密集型产业、技术(知识)密集型产业等。

35. A 【解析】由于现场调研可获得对企业最直观的了解,因此现场调研成为贷前调查中最常用、最重要的一种方法,同时也是在一般情况下必须采用的方法。搜寻调查指通过各种媒介物搜寻有价值的资料开展调查。委托调查可通过中介机构或银行自身网络开展调查。业务人员可通过接触客户的关联企业、竞争对手或个人获取有价值信息,还可通过行业协会(商会),政府的职能管理部门(如工商局、税务机关、公安部门等机构)了解客户的真实情况。

36. D 【解析】委托调查是通过中介机构或银行自身网络开展调查。搜寻调查指通过各种媒介物搜寻有价值的资料开展调查。这些媒介物包括:有助于贷前调查的杂志、书籍、期刊、互联网资料、官方记录等。搜寻调查应注意信息渠道的权威性、可靠性和全面性。业务人员可通过接触客户的关联企业、竞争对手或个人获取有价值信息,还可通过行业协会(商会),政府的职能管理部门(如工商局、税务机关、公安部门等机构)了解客户的真实情况。实地察看属于现场调研的方法。

37. A 【解析】非现场调查方法主要有以下几种:①搜寻调查;②委托调查;③其他方法,如业务人员可通过接触客户的关联企业、竞争对手或个人获取有价值信息,还可通过行业协会(商会),政府的职能管理部门(如工商局、税务机关、公安部门等机构)了解客户的真实情况。

38. D 【解析】市场的成熟和完善与否,直接影响投资环境的优劣和区域发展的快慢。通常情况下,市场化程度越高,区域风险越低。

39. C 【解析】选项C属于客户分析的具体内容,不是目的。故选项C符合题意。

40. D 【解析】一个公司的可持续增长率取决于以下四个变量:①利润率:利润率越高,销售增长越快;②留存利润:用于分红的利润越少,销售增长越快;③资产使用效率:效率越高,销售增长越快;④财务杠杆:财务杠杆越高,销售增长越快。

41. D 【解析】可持续增长率的假设条件:①公司的资产使用效率将维持当前水平;②公司的销售净利率将维持当前水平,并且可以涵盖负债的利息;③公司保持持续不变的红利发放政策;④财务杠杆不变;⑤公司未增发股票,增加负债是其唯一的外部融资来源。

42. A 【解析】银行在接到一笔新的贷款业务时,最需要重点关注的指标是可持续增长率。可持续增长率是公司在没有增加财务杠杆情况下可以实现的长期销售增长率,也就是说主要依靠内部融资即可实现的增长率。

43. A 【解析】如果实际增长率低于可持续增长率,那么,公司目前未能充分利用内部资源,银行不予受理贷款申请。

44. D 【解析】流动负债是借款人在生产经营过程中应付给他人的资金,是借款人承担的应在1年或在一个营业周期内偿还的债务,包括短期借款、应付票据、应付账款、预收账款、应付工资、应交税费、应付利润、其他应付款等。预付账款属于流动资产。

45. D 【解析】流动资产是指1年内或在一个营业周期内变现或者耗用的资产。它包括货币资金、交易性金融资产、应收票据、应收账款、预付账款、存货、其他应收款等项目。资产是由流动资产和非流动资产组成,其中非流动资产又主要包括:长期股权投资、固定资产、无形资产、商誉、长期待摊费用、递延所得税资产和其他非流动性资产等。

46. A 【解析】季节性生产企业需要的是短期资金,选项B说法错误;生产制造企业更需要长期资金,选项C说法错误;企业总资产利润率高于长期债务成本时,加大长期债务可使企业获得财务杠杆收益,从而提高企业权益资本收益率,选项D说法错误。

47. A 【解析】在分析资金结构是否合理时要注意以下内容:①资产负债表结构;②经营风险水平。

48. B 【解析】财务风险是公司的财务(资金)结构化所导致的风险;经营风险从广义上是指企业控制和管理的全部资产的不确定性;价格风险是因市场价格变动而造成损失的风险;流动性风险是指由于缺乏获取现金及现金等价物而招致损失的风险。

49. C 【解析】如果借款人的所有者权益在整个资金来源中所占比重过小,不能完全弥补其资产损失,债务人就会拿借入资金来弥补资产损失,此时债权人所投入的资金就会受到损害。因此,银行为维护对借款人贷款的安全性,应要求企业所有者权益数额至少应弥补其资产变现时可能发生损失。

50. A 【解析】在损益表结构分析中就是以产品销售收入净额为100%,计算产品销售成本、产品销售费用、产品销售利润等指标各占产品销售收入的百分比,计算出各指标所占百分比的增减变动,分析其对借款人利润总额的影响。

51. A 【解析】利润表结构分析是以产品销售收入净额为100%,计算产品销售成本、产品销售费用、产品销售利润等指标各占产品销售收入的百分比,计算出各指标所占百分比的增减变动,分析其对借款人利润总额的影响。

52. B 【解析】损益表的编制原理:利润=收入-费用。

53. B 【解析】在损益表分析中,一般先用主营业务收入减主营业务成本、营业费用、营业税,得到毛利润;然后再以毛利润加其他业务利润,减去管理费用、财务费用,得到营业利润;第三步由营业利润加上投资收益及营业外收入,减营业外支出,得

28

到利润总额;最后由利润总额减所得税,得到当期净利润。

54. A 【解析】客户在生产经营过程中,既发生现金流入,同时又会发生现金流出,其净现金流量为正值或是负值,金额为多少,将决定其是否有现金还款。所以,贷款银行最直接关心的应该是借款人的现金流量。

55. A 【解析】开办费在项目投产后按不短于5年的期限平均摊销。无形资产与递延资产根据其原值采用平均年限法分期摊销,无形资产规定有效期限的,按规定期限平均摊销;没有规定使用期限的,按预计使用期限或者不少于10年的期限平均摊销。

56. A 【解析】保证人应是具有代为清偿能力的企业法人或自然人,企业法人应提供其真实营业执照及近期财务报表,保证人或抵押人为有限责任公司或股份制企业的,其出具担保时,必须提供董事会同意其担保的决议和有关内容的授权书。应尽可能避免借款人之间相互担保或连环担保。对有关联关系的公司之间的相互担保一定要慎重考虑。对业务上互不关联的公司的担保要分析其提供担保的原因,警惕企业通过复杂的担保安排骗取银行贷款。

57. A 【解析】客户的主要股东、关联企业或母子公司等发生重大不利变化,主要控制人或高级管理者出现个人征信问题、涉及民间借贷或涉及赌博等行为和企业发生重要人事变动属于管理状况监控的内容。

58. D 【解析】选项D,行长不得担任贷审会的成员,但可指定一名副行长担任贷审会主任委员,但该主任委员不得同时分管前台业务部门。选项A,我国商业银行为了弥补个人经验不足,同时防止个人操纵贷款现象的发生,一般采取贷款集体审议决策机制,多数银行采取设立各级贷款审查委员会(以下简称贷审会)的方式行使集体审议职能。选项B,贷审会投票未通过的信贷事项,有权审批人不得批同意,对贷审会通过的授信,有权审批人可以否定。选项C,审议表决应当遵循"集体审查审议、明确发表意见、绝对多数通过"的原则。

59. B 【解析】由题意知:流动资产=现金+应收账款+存货=1(万元);非流动资产=固定资产+在建工程=15(万元);总资产=15+1=16(万元);流动负债=短期借款+应付账款=6.5(万元);长期负债=长期借款=5(万元);所有者权益=4.5(万元)。从上述计算过程可以看出,该企业长期资产比重过高,约占资产总额的94%($15 \div 16 \times 100\%$),一般情况下,制造业的长期资产占总资产的比重在35%~50%较为合理。

60. D 【解析】贷款审批就是对贷款投向、贷款金额、贷款期限及利率等进行的决策。

61. B 【解析】个人贷款的授信对象是符合规定条件的自然人。

62. B 【解析】对于投资额大、技术复杂、按照项目进度分期付款的固定资产投资项目,贷款人一般要求借款人提供有监理、评估、质检等第三方机构参与签署的确认项目进度和质量的书面文件,包括但不限于借款人、承包商以及第三方机构共同签署的单据等。

63. A 【解析】根据《商业银行金融资产风险分类办法》规定,商业银行应至少每年对风险分类制度、程序和执行情况进行一次内部审计,审计结果应及时向董事会书面报告,并报送银保监会及其派出机构。

64. D 【解析】借款合同中的必备条款有贷款种类、借款用途、借款金额、贷款利率、还款方式、还款期限、违约责任和双方认为需要约定的其他事项。

65. C 【解析】贷款执行阶段的操作程序为:借款人按合同要求提交提款申请和其他有关资料;银行受理借款人提款申请书;签订贷款合同;有关用款审批资料按内审批流程经有权签字人签字同意;按账务处理部门的要求提交审批及相关用款凭证办理提款手续;所提贷款款项入账后,向账务处理部门索取有关凭证,入档案卷保存;建立台账并在提款当日记录;如果借款人、保证人均在同一地区,在其信贷登记系统登记,经审核后进行发送;如为自营外汇贷款还需填写"国内外汇贷款债权人集中登记表""国内外汇贷款变动反馈表"并向国家外汇管理局报送。故选项C正确。

66. A 【解析】在挪用贷款的情况下,银行一般可以采取停止发放贷款的措施,甚至提前收回贷款。具体而言,挪用贷款的情况一般包括以下内容:①用贷款进行股本权益性投资;②用贷款在有价证券、期货等方面从事投机经营;③未依法取得经营房地产资格的借款人挪用贷款经营房地产业务;④套取贷款相互借贷谋取非法收入;⑤借款企业挪用流动资金搞基本建设或用于财政性开支或者用于弥补企业亏损,或者用于职工福利。

67. D 【解析】协议承诺是实货实付的外部执行依据。故选项D正确。

68. A 【解析】加罚的利率在贷款协议中明确规定。加罚的利率应在贷款协议中明确规定,应收未收的罚息也要计复利。

69. B 【解析】贷款协议中,"提前还款"条款的内容之一是,提前还款应按贷款协议规定的还款计划以倒序进行。

70. C 【解析】因提前还款而产生的费用应由借款人

29

负担。故选项C正确。

71. C 【解析】"挂钩"即国内借款人向银行的提前还款,是以银行向国外贷款行提前还款为前提,同步进行;"脱钩"即或者国内借款人向银行提前还款,或者银行向国外贷款行提前还款,两者不同步。

72. C 【解析】提前归还贷款指借款人希望改变贷款协议规定的还款计划,提前偿还全部或部分贷款,由借款人提出申请,经贷款行同意,缩短还款期限的行为。故选项C正确。

73. A 【解析】借款人不能按期归还贷款时,应当在贷款到期日之前,向银行申请贷款展期,是否展期由银行决定。借款人申请贷款展期,应向银行提交展期申请,其内容包括:展期理由、展期期限、展期后的还本、付息、付费计划及拟采取的补救措施。

74. C 【解析】借款人无法足额偿还本息,即使执行抵押或担保,也肯定要造成较大损失的贷款属于可疑贷款。

75. B 【解析】人民法院审理案件,一般应在立案之日起6个月内作出判决。银行如果不服地方人民法院第一审判决的,有权在判决书送达之日起15日内向上一级人民法院提起上诉。

76. A 【解析】根据历史成本法,收入是指一定时期内账面上资产和负债增减的净值。假设没有到账风险,按历史成本法反映的银行贷款组合就是当前未偿还贷款总额。

77. B 【解析】历史成本法的重要依据是匹配原则。

78. C 【解析】贷款人应对流动资金贷款申请材料的方式和具体内容提出要求,并要求借款人恪守诚实信用原则,承诺所提供材料真实、完整、有效。

79. C 【解析】借款人应符合的基本要求包括①经营管理合法合规性;②诚信申贷;③信用记录良好;④信贷业务用途及还款来源明确合法。

80. D 【解析】转移风险是国别风险的主要类型之一,是指借款人或债务人由于本国外汇储备不足或外汇管制等原因,无法获得所需外汇偿还其境外债务的风险。

二、多项选择题

81. ABDE 【解析】银行公司信贷产品的生命周期有介绍期、成长期、成熟期、衰退期四个阶段。转移期不属于产品的生命周期阶段。

82. ABCE 【解析】客户的还贷能力包括现金流量构成、经济效益、还款资金来源、担保人的经济实力等。

83. ABCD 【解析】会谈纪要的撰写应力求条理清晰、言简意赅、内容详尽和准确客观。

84. ABCD 【解析】选项E说法错误,虽然进入壁垒高低是评估行业风险的主要因素,但是进入壁垒的性质和可持续性也不应当被忽略。进入壁垒是指行业内既存企业对于潜在企业和刚刚进入这个行业的新企业所具有的某种优势;换言之,是指想进入或者刚刚进入这个行业的企业与既存企业竞争时可能遇到的种种不利因素;进入壁垒的存在降低了竞争者进入市场的频率,因为进入壁垒可以理解为打算进入某一行业的企业所必须承担的一种额外生产成本;进入壁垒的高低,既反映了市场内已有企业优势的大小,也反映了新企业所遇障碍的大小。进入壁垒的高低是影响该行业市场垄断和竞争关系的一个重要因素,在进入壁垒较高的行业,企业面临的竞争风险较小,它们维持有高利润的机会就越大。

85. CDE 【解析】选项A,间接法以损益表中最末一项净收益为出发点;选项B,直接法又被称为"自上而下"法。

86. ACDE 【解析】盈利能力分析,贷款的风险越小。

87. AB 【解析】商业银行客户信用评级主要包括专家分析法和统计分析法两类方法。专家分析法是商业银行在长期经营信贷业务、承担信用风险过程中逐步发展并完善起来的传统信用分析法。统计分析法在信用评级中越来越受到重视,目前业内通常采用逻辑回归法。

88. ABCD 【解析】计算盈亏平衡点时,要注意销售单价、销售收入、变动成本、销售税金在增值税计算口径上的一致性。

89. ABE 【解析】根据《民法典》的规定,债务人或者第三人有权处分的下列财产可以抵押:①建筑物和其他土地附着物;②建设用地使用权;③海域使用权;④生产设备、原材料、半成品、产品;⑤正在建造的建筑物、船舶、航空器;⑥交通运输工具;⑦法律、行政法规未禁止抵押的其他财产。

90. BE 【解析】根据《民法典》的规定,不得抵押的财产有:土地所有权;宅基地、自留地、自留山等集体所有的土地使用权;学校、幼儿园、医院等为公益目的成立的非营利法人的教育设施、医疗卫生设施和其他社会公益设施;所有权、使用权不明或者有争议的财产;依法被查封、扣押、监管的财产;法律、行政法规规定不得抵押的其他财产。故选项B、选项E正确。

91. ABCDE 【解析】贷款审批要素广义上是指贷款审批方案中所应包含的各项内容,具体包括授信对象、信贷用途、信贷品种、信贷金额、信贷期限、信贷币种、贷款利率及其他信贷产品费率、担保方式、发放条件与支付方式、还款计划安排及贷后管理要求等。

92. ACDE 【解析】放款执行部门的主要审核内容：①合规性要求的落实情况；②限制性条款的落实情况；③担保的落实情况；④审批日至放款核准日期间借款人重大风险变化情况；⑤资本金同比例到位的落实情况；⑥申请提款金额是否与项目进度相匹配；⑦提款申请是否与贷款约定用途一致。

93. BCD 【解析】首次放款的先决条件文件包括贷款类文件；借款人及保证人（如有）文件；担保类文件；与项目有关的协议；与登记、批准、备案、印花税有关的文件；其他类文件。

94. ABCDE 【解析】在客户法人治理结构评价中，对客户内部激励约束机制评价主要考虑以下几个关键要素：①董事长和总经理是如何产生的；②董事长、总经理和监事之间是否兼任，是否兼任于公司或关联公司的关键职位；③董事长和总经理的薪酬结构和形式；④决策的程序和方式，董事长、总经理和监事之间是如何相互制衡的。

95. ABDE 【解析】风险预警是各种工具和各种处理机制的组合结果，无论是否依托于动态化、系统化、精确化的风险预警系统，都应当逐级、依次完成以下程序：①信用信息的收集和传递；②风险分析；③风险处置；④后评价。

96. ABCD 【解析】现代主要的风险预警方法主要包括专家判断法、评级方法、信用评分方法和统计模型。

97. ABCE 【解析】在贷款分类过程中，银行首先要了解的就是贷款基本信息，其内容包括四个方面：①贷款目的，即主要判断贷款实际上是如何使用的，与约定的用途是否有出入；②还款来源，即主要分析贷款合同上的最初偿还来源和目前还款来源；③贷款在使用过程中的周期性分析，即资产转换分析，分析贷款使用过程中的各种相关信息及其影响；④还款记录，即根据贷款偿还记录情况，判断借款人过去和现在以及未来的还款意愿和还款行为。

98. ABCDE 【解析】五个选项都属于呆账的认定条件，应被确认为呆账。

99. ABCDE 【解析】商业银行授信实施后，应对所有可能影响还款的因素进行持续监测，并形成书面监测报告。重点监测以下内容：①客户是否按约定用途使用授信，是否诚实地全面履行合同；②授信项目是否正常进行；③客户的法律地位是否发生变化；④客户的财务状况是否发生变化；⑤授信的偿还情况；⑥抵押品可获得情况和质量、价值等情况。

100. BC 【解析】按是否可循环使用可分为循环信用证和不可循环信用证。

101. ABCDE 【解析】公司信贷管理的原则：①全流程管理原则；②诚信申贷原则；③协议承诺原则；④贷放分控原则；⑤实贷实付原则；⑥贷后管理原则。

102. ABCD 【解析】呆账核销审查要点主要包括呆账核销理由是否合规；银行债权是否充分受偿；呆账数额是否准确；贷款责任人是否已经认定、追究。

103. ABDE 【解析】总体来看，借款需求的主要影响因素包括季节性销售增长、长期销售增长、资产运营效率下降、商业信用的减少及改变、债务重构、固定资产重置及扩张、长期投资、利润率下降等。

104. ABCE 【解析】对于逾期的贷款，业务操作部门要向借款人、保证人及时发出催收通知单，并保留好相关法律文件。故选项D错误。

105. ABCD 【解析】对于用票据设定质押的，还必须对背书进行连续性审查。故选项E错误。

106. ABCD 【解析】抵债资产管理应遵循严格控制、合理定价、妥善保管、及时处置的原则。

107. ABCE 【解析】企业法人的分支机构或职能部门不能做保证人。故D项错误。

108. ABCE 【解析】商业银行信贷业务经营管理组织架构包括董事会及其专门委员会、监事会、高级管理层和信贷业务前中后台部门。

109. ABCE 【解析】商业银行开展押品管理的基本原则有合法性原则、有效性原则、审慎性原则和从属性原则。

110. ABD 【解析】区域金融发展水平直接决定商业银行经营环境，影响银行业务发展规模、质量和结构。评价区域金融发展水平的主要指标：①地区存（贷）款总量及增长率。该指标能够反映一个地区金融总量及变化趋势。②地区社会融资规模。该指标反映的是一定时期和一定区域内实体经济从金融体系获得的资金总额，是增量概念。反映了一个地区非金融企业通过直接渠道和间接渠道获得的融资总规模。③地区存贷比水平。该指标能够反映一个地区储蓄转换投资的效率情况。④地区直接融资占比。该指标能够反映一个地区金融市场发育程度。

111. DE 【解析】选项A、选项B属于经济扩张初期形成的产业热点。选项C属于经济快速增长时期形成的产业热点。

112. ABCE 【解析】商业银行贷款分类应遵循的原则包括：真实性原则；及时性原则；重要性原则；审慎性原则。

113. CDE 【解析】保证业务分为融资性保证和非融资性保证业务两大类，融资性保证业务主要有借款保证、债券偿付保证等；非融资性保证业务较常见的产品有投标保证、履约保证、预收(付)款退款保证、质量保证、付款保证等。

114. ABC 【解析】在贷款决策中,需使用财务指标综合反映借款人的财务状况,这些指标分为四类:①盈利比率;②效率比率;③杠杆比率;④偿债能力比率。

115. ABC 【解析】常规清收包括直接追偿、协商处置抵(质)押物、委托第三方清收等方式。

116. ACD 【解析】杜邦分析通过将净资产收益率换算为净利率、杠杆率和资产周转率的乘积,便于定量分析净资产收益率产生差异的原因。

117. ABCD 【解析】选项E属于企业经营风险。

118. BCE 【解析】固定资产贷款贷前调查报告中,反映项目效益情况的主要内容包括相关财务指标、财务现金流量和各年累计盈余资金是否出现负值、盈亏平衡点分析、敏感性分析等内容。其中,在财务分析中,项目盈利能力主要通过内部收益率、净现值、投资与贷款回收期、投资利润率等评价指标进行分析。选项A,流动资产与流动负债的动态平衡主要用于分析贷款的必要性。选项D,银行获得的收益预测主要站在银行角度预测银行在贷款发放中可能取得的收益。

119. ABCE 【解析】一个公司的可持续增长率取决于利润率、留存利润、资产使用效率、财务杠杆。

120. ABC 【解析】资金周转周期的延长引起的借款需求与应收账款周转天数、存货周转天数和应付账款周转天数有关。选项D、选项E跟固定资产的重置和扩张有关。

三、判断题

121. A 【解析】按照《民法典》的有关规定,典型的担保方式包括保证、抵押、质押、定金和留置等方式。在信贷业务中经常运用的主要是前三种方式中的一种或几种。

122. A 【解析】处在衰退期的行业代表相对较高的风险。衰退行业仍然在创造利润和现金流,短期贷款对银行来说更容易把握也更安全。

123. A 【解析】业务人员在开展贷前调查工作时,需要对贷款合规性、安全性和效益性等方面进行调查。其中,贷款的合规性是指银行对借款人和担保人的主体资格、信贷用途及相关手续等合乎法律和监管要求的情况进行调查、认定。

124. B 【解析】波特五力模型是迈克尔·波特于20世纪80年代初首次提出的。

125. B 【解析】当企业的现金需求大于现金供给时,资产效率下降和商业信用减少可能就会成为企业贷款的原因。

126. B 【解析】在发达国家,银行会有选择性地为公司并购或股权收购等提供债务融资。

127. A 【解析】在利润表结构分析中,是以产品销售收入净额为100%,计算其他各项指标占该指标的百分比来进行分析的。

128. B 【解析】现金流量不讨论现金及现金等价物之间的变动(如用多余现金购买债券),因为这不影响客户的偿债能力,属于现金管理。故题目描述错误。

129. A 【解析】计算现金流量时,已办理质押的活期存款不能用于还款,因此应该从现金中剔除。

130. A 【解析】非预期性支出导致的借款需求可能是长期的,也可能是短期的。银行要分析公司为什么会没有足够的现金储备来满足这部分支出。银行在受理该类贷款时,应当根据公司未来的现金积累能力和偿债能力决定贷款的期限。

131. A 【解析】银行对可以接受的目标客户发放贷款,贷款担保能为银行提供一种额外的保障,但不会由于贷款担保而改善借款人的经营和财务状况。

132. B 【解析】根据《融资担保公司监督管理条例》的规定,融资性担保公司对单个被担保人提供的融资性担保责任余额不得超过净资产的10%。

133. B 【解析】实行转授权的,在金额、种类和范围上均不得大于原授权。

134. A 【解析】当出现借款人挪用贷款等违约情况时,贷款银行有权宣布贷款合同项下的借款本息全部立即到期,根据合同约定立即从借款人在银行开立的存款账户中扣款用于偿还被银行宣布提前到期的所欠全部债务。

135. B 【解析】长期以来,我国银行业金融机构在贷款协议管理方面存在严重缺陷。一方面,贷款协议过于简单粗放,缺乏针对特定风险的特定条款,更缺少实际执行力。另一方面,贷款协议并未要求借款人作出正式承诺,导致银行在法律纠纷中经常处于弱势地位。实贷实付对贷款合同提出的新要求,有利于银行业金融机构加强对信用风险和法律风险的管理,但并不能说我国银行业金融机构在贷款协议管理方面已经不存在问题。

136. A 【解析】贷款展期指借款人不能按照贷款协议规定的还款计划按时偿付每期应偿付的贷款,由借款人提出申请,经贷款银行审查同意,有限期地延长还款期限的行为。同提前还款一样,贷款展期也打乱了银行原有的资金安排,因此借款人必须提前与银行协商,经银行同意,贷款才可以展期。

137. A 【解析】贷款经批准展期后,银行应根据贷款种类、借款人的信用等级和抵押品、质押品、保证人等情况重新确定每一笔贷款的风险度。
138. A 【解析】从银行角度来讲,资产转换周期包括生产转换周期和资本转换周期两个方面。
139. B 【解析】对于划分为损失的贷款,应按贷款余额的100%计提专项准备金。
140. A 【解析】呆账核销是指银行经过内部审核确认后,动用呆账准备金将无法收回或者长期难以收回的贷款或投资从账面上冲销,从而使账面反映的资产和收入更加真实。健全的呆账核销制度,是会计审慎性和真实性原则的要求,是客观反映银行经营状况和有效抵御金融风险的重要基础。

机考题库·真题试卷(六)

一、单项选择题

1. D 【解析】选项D,利率一般有年利率、月利率、日利率三种形式。年利率也称年息率,以年为计息期,一般按本金的百分之几表示;月利率也称月息率,以月为计息期,一般按本金的千分之几表示;日利率也称日息率,以日为计息期,一般按本金的万分之几表示。
2. C 【解析】清偿计划一般分为一次性还款和分次还款。分次还款又有定额还款和不定额还款两种方式。定额还款包括等额还款和约定还款,其中等额还款中通常包括等额本金还款和等额本息还款等方式。根据题意,此人与银行约定每月等额偿还贷款本金与利息,属于分次还款方式下等额还款中的等额本息还款。
3. B 【解析】安排费一般按银团贷款总额的一定比例一次性支付。
4. B 【解析】根据经验,一般认为速动比率为1较为合适。故选项B正确。
5. C 【解析】在抵押期间,无论抵押物所产生的是天然孳息还是法定孳息,均由抵押人收取,抵押权人无权收取。
6. A 【解析】满足有效信贷需求是实贷实付的根本目的。
7. C 【解析】项目效益情况主要包括相关财务指标、财务现金流量和各年累计盈余资金是否出现负值、盈亏平衡点分析、敏感性分析等内容。
8. B 【解析】产业组织结构的影响主要包括行业市场集中度、行业壁垒程度等。故选项B正确。
9. B 【解析】成熟期的产品和服务已经非常标准化,行业中的价格竞争非常激烈,新产品的出现速度也非常缓慢。这一时期,多数产品需要面对来自其他行业中替代品的竞争压力,这一行业中的很多企业可能会转移到其他行业。在这一阶段,做好成本控制成为很多企业成功的关键。
10. B 【解析】处于成长阶段的行业,由于竞争的增加和生产效率的提高,产品价格出现下降;销售大幅提高、规模经济效应和生产效率提升,利润转变为正值。
11. B 【解析】处于成长阶段的行业通常年增长率会超过20%。处于启动阶段的行业发展迅速,年增长率可以达到100%以上。处在成熟阶段的行业增长较为稳定,根据宏观经济增长速度的不同,一般年增长率在5%~10%。处在衰退阶段的行业的共同点是销售额在很长时间内都处于下降阶段。
12. C 【解析】成熟期的行业代表着最低的风险。
13. C 【解析】目前银行办理的质押贷款在业务中的主要风险有虚假质押风险、司法风险、汇率风险、操作风险。
14. C 【解析】评价信贷资产质量的指标主要有信贷平均损失比率、信贷资产相对不良率、不良率变幅、信贷余额扩张系数、利息实收率和加权平均期限。流动比率是用来分析短期偿债能力的指标。
15. C 【解析】存货周转率是一定时期内借款人销货成本与平均存货余额的比率。
16. B 【解析】根据题意,存货周转天数=365/存货周转次数,存货周转次数=销售成本/平均存货余额。所以,第1年的周转天数=365÷(1050÷260)=90.38(天);第2年的周转天数=365÷(1250÷415)=121.18(天)。
17. B 【解析】营运资金量=上年度销售收入×(1-上年度销售利润率)×(1+预计销售收入年增长率)/营运资金周转次数=4×(1-20%)×(1+10%)÷2=1.76(亿元)。
18. B 【解析】应收账款周转次数=销售收入/平均应收账款余额,周转天数=360/周转次数。将题中数据代入,可得:平均应收账款余额=(500+300)÷2=400(万元),应收账款周转天数=360÷(6000÷400)=24(天)。
19. C 【解析】抵押担保的范围包括主债权及利息、违约金、损害赔偿金和实现抵押权的费用。
20. A 【解析】抵押权的标的物可以是动产和不动

产,以不动产最为常见。

21. B 【解析】抵押物价值的变动趋势,一般可从下列方面进行分析:①实体性贬值,即由于使用磨损和自然损耗造成的贬值;②功能性贬值,即由于技术相对落后造成的贬值;③经济性贬值,即由于外部环境变化引起的贬值或增值。

22. A 【解析】抵债资产必须经过严格的资产评估来确定价值,评估程序应合法合规,要以市场价格为基础合理定价。

23. B 【解析】对于机器设备的估价,主要考虑的因素是无形耗损和折旧,估价时应扣除折旧。

24. A 【解析】抵押物的估价是评估抵押物的现值。采购成本是指由购买存货而发生的买价(购买价格或发票价格)和运杂费(运输费用和装卸费用)构成的成本;生产成本也称制造成本,是指生产活动的成本,即企业为生产产品而发生的成本;历史价值是指根据以往经验或者市场价格所得出的价值。

25. C 【解析】银行办理的质押贷款在业务中会存在操作风险。对于质押贷款业务,银行内部如果管理不当,制度不健全也容易出现问题。主要是对质物的保管不当,例如质物没有登记、交换、保管手续,造成丢失;对用于质押的存款没有办理内部冻结看管手续等。

26. D 【解析】反映某区域信贷风险在银行系统内所处位置的内部指标是信贷资产相对不良率;加权平均期限用于衡量目标区域信贷资产的期限结构;增量存贷比是指一个时期内增加的贷款总量与同期增加的存款总量的比值;利息实收率用于衡量目标区域信贷资产的收益实现情况。

27. A 【解析】分析项目的还款能力时,除了进行还款指标计算外,还必须把项目的还款资金来源分析作为评估的重点。

28. B 【解析】分析项目的微观背景主要从项目发起人和项目本身着手。首先应分析项目发起人单位,然后分析项目提出的理由,并对项目的投资环境进行分析。

29. D 【解析】对于余额在50万元以下的对公贷款,经追索2年以上,仍无法收回的债权,可认定为呆账。

30. B 【解析】用共有财产作抵押时,应取得共有人同意抵押的证明,并以抵押人所有的份额为限。由于抵押率=担保债权本息总额/抵押物评估价值额×100%,故银行对企业放款的最大金额=600×60%×50%=180(万元)。

31. D 【解析】贷款利率=筹集可贷资金的成本+银行的非资金性经营成本+银行对贷款违约风险要求的赔偿+银行预期利润水平=2%+3%+2%+1%=8%。

32. B 【解析】在成长阶段的末期,行业中也许会出现一个短暂的"行业动荡期"。这一时期,很多企业可能为了生存而发动"价格战争",采取大幅度打折的策略,否则它们将面临被淘汰的地步。对于固定资产很高或者其他方面需要高投资的行业。

33. D 【解析】贷款申请应遵循"诚信申贷"的基本要求:①借款人恪守诚实守信原则,按照贷款人要求的具体方式和内容提供贷款申请材料,并且承诺所提供材料的真实性、完整性和有效性;②借款人应证明其设立合法、经营管理合规、信用记录良好、贷款用途以及还款来源明确合法等。

34. B 【解析】抵押贷款是指以借款人或第三人财产作为抵押发放的贷款。如果借款人不能按期归还贷款本息,银行将行使抵押权,处理抵押物以收回贷款。

35. D 【解析】如果一个公司的固定资产使用率大于60%或70%,这就意味着投资和借款需求很快将会上升,具体由行业技术变化率决定。

36. C 【解析】金融企业应在每批次不良资产转让工作结束后(金融企业向受让资产管理公司完成档案移交)30个工作日内,向同级财政部门和国务院银行业监督管理机构或属地银保监局报告转让方案及处置结果,其中,中央管理的金融企业报告财政部和国务院银行业监督管理机构,地方管理的金融企业报告同级财政部门和属地银保监局。同一报批日发生的批量转让行为作为一个批次。

37. B 【解析】选项A,拟建项目的建设条件包括客观存在的外部条件和企业自身内部条件;选项C,外部条件主要是拟建项目施工条件、相关项目协作配套条件及国家规定的环境保护条件;选项D,人力资源是指项目技术力量和劳动力的来源及人员培训方案等情况,属于企业内部条件。

38. C 【解析】经营杠杆是营业利润相对于销售量变化敏感度的指示剂。经营杠杆越大,销售量对营业利润的影响就越大。

39. C 【解析】当销售收入在盈亏平衡点以下时,企业将会承受损失;在盈亏平衡点以上时,企业将会创造利润。

40. C 【解析】一笔贷款经过业务人员调查、面谈、内部意见反馈(领导意见、风险管理部门研究等)后,如果银行确立了贷款意向,则表明该笔贷款可正式受理。出具贷款意向书在确立贷款意向之后发生。

41. A 【解析】选项A属于债务人或者第三人有权处分的可以抵押的财产,其他三项都属于不得抵押的财产。

公司信贷

42. C 【解析】由于我国的法律还未就抵押物估价问题作出具体规定,一般的做法是由抵押人与银行双方协商确定抵押物的价值,委托具有评估资格的中介机构给予评估或银行自行评估。

43. A 【解析】根据《民法典》的规定,下列财产可以抵押:①建筑物和其他土地附着物;②建设用地使用权;③海域使用权;④生产设备、原材料、半成品、产品;⑤正在建造的建筑物、船舶、航空器;⑥交通运输工具;⑦法律、行政法规未禁止抵押的其他财产。依法被查封的财产不得进行抵押。

44. D 【解析】贷款抵押额度的确认:由于抵押物在抵押期间会出现损耗、贬值,在处理抵押物期间会发生费用,以及贷款有利息、逾期有罚息等原因,银行一般不能向借款人提供与抵押物等价的贷款,贷款额度要在抵押物的评估价值与抵押贷款率的范围内加以确定。其计算公式为:抵押贷款额 = 抵押物评估值 × 抵押贷款率。抵押人所担保的债权不得超出其抵押物的价值。财产抵押后,该财产的价值大于所担保债权的余额部分,可以再次抵押,但不得超出其余额部分。

45. B 【解析】客户重组包括重整、改组和合并三种基本方式,客户在发展过程中进行重组是一种常见的现象,有正常原因也有非正常原因,需要认真对待并切实调查清楚。

46. B 【解析】根据《民法典》的规定,保证合同要以书面形式订立,以明确双方当事人的权利和义务。保证合同可以是单独订立的书面合同,包括当事人之间的具有担保性质的信函、传真等,也可以是主合同中的担保条款。

47. C 【解析】成熟阶段由于销售的持续上升加上成本控制,利润达到最大化。

48. A 【解析】核心产品是指客户从产品中可得到的基本利益或效用,它是公司信贷产品中最基本最重要的组成部分,又称为利益产品。故选项A正确。

49. D 【解析】抵押贷款额 = 抵押物评估值 × 抵押贷款率。本题抵押贷款额 = 10 × 60% = 6(万元)。

50. B 【解析】诉前财产保全是指债权银行因情况紧急,不立即申请财产保全将会使其合法权益受到难以弥补的损失,因而在起诉前向人民法院申请采取财产保全措施。

51. C 【解析】成本加成定价法下,任何贷款的利率都由四部分组成,即贷款利率 = 筹集可贷资金的成本 + 银行非资金性的营业成本 + 银行对贷款违约风险所要求的补偿 + 每笔贷款的预期利润水平 = 3% + 2% + 2% + 1% = 8%。

52. A 【解析】银行一般向借款人提供的贷款会低于抵押物的评估值,贷款额度要在抵押物的评估价值与抵押贷款率的范围内加以确定。其计算公式为:抵押贷款额 = 抵押物评估值 × 抵押贷款率。题中被法院封存的存货50万元以及租用的机器280万元是不可抵押财产,不计入抵押物评估值。因此,该笔抵押贷款的最高限额 = (200 + 80 + 500) × 60% = 468(万元)。

53. A 【解析】对于没有明确市场价格的质押品,如上市公司法人股权等,应当在以下价格中选择较低者为质押品的公允价值:①公司最近一期经审计的财务报告或税务机关认可的财务报告中所写明的质押品的净资产价格;②以公司最近的财务报告为基础,测算公司未来现金流入量的现值,所估算的质押品的价值;③如果公司正处于重组、并购等股权变动过程中,可以交易双方最新的谈判价格作为确定质押品公允价值的参考。

54. A 【解析】呆账核销是指银行经过内部审核确认后,动用呆账准备金将无法收回或者长期难以收回的贷款或投资从账面上冲销,从而使账面反映的资产和收入更加真实。

55. B 【解析】选项B应该是对于用票据设定质押的,还必须对背书进行连续性审查。

56. C 【解析】处于成熟阶段的行业增长较为稳定,成熟期的产品和服务已经非常标准化,行业中的价格竞争非常激烈,新产品的出现速度也非常缓慢。题干中描述的特征符合四阶段模型中成熟阶段的特征。

57. C 【解析】用共有财产作抵押时,应取得共有人同意抵押的证明,并以抵押人所有的份额为限。

58. B 【解析】信贷档案采取分段管理、专人负责、按时交接、定期检查的管理模式。故选项B正确。

59. B 【解析】根据信贷档案管理专人负责的管理模式,银行各级行的风险管理部门和业务经办部门应设立专职或兼职人员(统称信贷档案员)负责本部门信贷文件的日常管理及结清后的立卷归档等工作。信贷档案员应相对稳定,不得由直接经办信贷业务人员担任。

60. C 【解析】存款合同是实践合同。实践合同是指除当事人意思表示一致以外尚需交付标的物才能成立的合同。诺成合同是指仅以当事人意思表示一致为成立要件的合同,诺成合同自当事人双方意思表示一致时即可成立,不以一方交付标的物为合同的成立要件。

61. D 【解析】题中所述是信贷业务前台部门的职责。其他三个选项都属于信贷业务中台部门。

62. A 【解析】信贷文件是指正在执行中的、尚未结清信贷(贷款)的文件材料。按其重要程度及涵盖内容不同可划分为两级:一级文件(押品)和二级信贷文件。

35

63. D 【解析】加强合同管理的实施要点：①修订和完善贷款合同等协议文件；②建立完善有效的贷款合同管理制度；③加强贷款合同规范性审查管理；④实施履行监督、归档、检查等管理措施；⑤做好有关配套和支持工作。

64. D 【解析】一级文件（押品）主要是指信贷抵（质）押契证和有价证券及押品契证资料收据和信贷结清通知书。其中押品主要包括银行开出的本外币存单、银行本票、银行承兑汇票、上市公司股票、政府和公司债券、保险批单、提货单、产权证书或其他项权证书及抵（质）押物的物权凭证、抵债物资的物权凭证等。

65. B 【解析】财务内部收益率是反映项目获利能力的动态指标。

66. D 【解析】营运能力是指通过借款人资金周转速度的有关指标反映出来的资产利用效率，它表明企业管理人员经营、管理和运用资产的能力。

67. B 【解析】还款来源是判断贷款偿还可能性的最明显标志，还款来源分析需要分析贷款时合同约定的还款来源及目前偿还贷款的资金来源。

68. D 【解析】银行必须保证客户的存款能及时足额提取，为了保证贷款的安全性，银行除保持足够的流动资产外，还必须合理安排贷款的种类和期限，使贷款保持流动性；在信贷资金总量一定的情况下，周转速度越快，流动性就越强，安全性就越能得到保证，但效益性相应较差；在贷款规模一定的情况下，利息收入主要取决于利率和期限。贷款的期限越长，利率越高，收益越大，安全性越低。

69. B 【解析】判断贷款是否正确使用是贷款分类的最基本判断因素之一，贷款一旦被挪用，就意味着将产生更大的风险。在贷款分类中，挪用的贷款至少被分类为关注类贷款。

70. D 【解析】对于划分为损失类的贷款，应按贷款余额的100%计提专项准备金。

71. A 【解析】借款人还款能力的主要标志是借款人的现金流量是否充足。

72. D 【解析】贷款重组方式中，变更担保条件：①将抵押或质押转换为保证；②将保证转换为抵押或质押，或变更保证人；③直接减轻或免除保证人的责任等。

73. C 【解析】下列不良资产不得进行批量转让：①债务人或担保人为国家机关的资产；②经国务院批准列入全国企业政策性关闭破产计划的资产；③国防军工等涉及国家安全和敏感信息的资产；④个人贷款；⑤在借款合同或担保合同中有限制转让条款的资产；⑥国家法律法规限制转让的其他资产。

74. D 【解析】与银行往来异常现象包括借款人在银行的存款有大幅度下降；在多家银行开户（公司开户数明显超过其经营需要）；对短期贷款依赖较多，要求贷款展期；还款来源没有落实或还款资金主要为非销售回款；贷款超过了借款人合理支付能力；借款人有抽逃资金的现象，同时仍在申请新增贷款；借款人在资金回笼后，在还款期限未到的情况下挪作他用，增加贷款风险；客户授信出现贷款逾期、不能按时偿还利息等情况；客户在金融机构贷款余额大幅变动或授信政策调整；以本行贷款偿还其他银行债务；存在套取贷款资金、关联方占款或民间借贷等嫌疑；存在长期借新还旧或短贷长用严重问题，要求贷款展期。

75. B 【解析】设立质权的人，称为出质人；享有质权的人，称为质权人；债务人或者第三人移交给债权人的动产或权利为质物。

76. B 【解析】选项B属于监管条件。监管条件主要包括：财务维持、股权维持、信息交流和其他监管条件。

77. B 【解析】因受客观条件限制，对于在规定时间内确实无法处置的抵债资产，为避免资产闲置造成更大损失，在租赁关系的确立不影响资产处置的情况下，可在处置时限内暂时出租。

78. A 【解析】利润表又称损益表，它是通过列示借款人在一定时期内取得的收入，所发生的费用支出和所获得的利润来反映借款人一定时期内经营成果的报表。通过利润表可以考核借款人经营计划的完成情况，可以预测借款人收入的发展变化趋势，进而预测借款人未来的盈利能力。

79. D 【解析】整体来看，我国银行业金融机构对贷款合同的管理能力和水平差强人意，由此导致了许多合同纠纷和贷款损失。协议承诺原则通过强调合同的完备性、承诺的法制化乃至管理的系统化，弥补过去贷款合同的不足。

80. C 【解析】选项A，对于小额呆账，可授权一级分行审批，并上报总行备案；选项B，一级分行一般不得再向分支机构转授权；选项D，其他任何机构和个人包括债务人均不得干预、参与银行呆账核销运作。

二、多项选择题

81. ABCDE 【解析】普通准备金的计提比例一般确定一个固定比例，或者确定计提比例的上限或下限；专项准备金的计提比例由商业银行按照各类贷款的历史损失概率确定；对于没有内部风险计算体系的银行，监管当局往往规定一个参考比例；特别准备金的计提比例由商业银行或监管当局按照国别或行业等风险的严重程度确定。

82. ADE 【解析】银行判断公司长期销售收入增长是

否会产生借款需求的方法:①快速简单的方法是判断持续的销售增长率是否足够高。②更为准确的方法是确定是否存在以下三种情况:销售收入保持稳定、快速增长;经营现金流不足以满足营运资本投资和资本支出的增长;资产效率相对稳定。③确定若干年的可持续增长率并将其同实际销售增长率相比较。

83. BCE 【解析】应收账款和存货应属于季节性资产,因为其会随季节性销售变化而发生波动。其中,存货增长主要出现于销售旺季期间或之前,应收账款增加则主要随销售增长而增加。应付账款、应计费用属于季节性商业负债,证券一般不属于季节性资产。

84. ACD 【解析】贷款发放管理的发放原则包括计划、比例放款原则;进度放款原则和资本金足额原则。选项B、E属于贷款合同的制定原则。

85. ABCE 【解析】最常见的长期投资资金需求是收购子公司的股份或者对其他公司的相似投资。长期投资属于一种战略投资,其风险较大,因此,最适当的融资方式是股权性融资。在发达国家,银行会有选择性地为公司并购或股权收购等提供债务融资,其选择的主要标准是收购的股权能够提供控制权收益,从而形成借款公司部分主营业务。

86. ABCD 【解析】处在成熟阶段的行业增长较为稳定,根据宏观经济增长速度的不同,一般年增长率为5%~10%。

87. ABCD 【解析】杠杆比率通过比较借入资金和所有者权益来评价借款人偿还债务的能力。杠杆比率一般包括资产负债率、负债与所有者权益比率、负债与有形净资产比率、利息保障倍数等。资产收益率属于盈利比率。

88. BCE 【解析】依法收贷的步骤:向人民法院提起诉讼(或者向仲裁机关申请仲裁),胜诉后由人民法院申请强制执行,故选项A错误。胜诉后债务人自动履行的,则无须申请强制执行,故选项B正确。在起诉前或者起诉后,为了防止债务人转移、隐匿财产,债权银行可以向人民法院申请财产保全,故选项C正确。对于借贷关系清楚的案件,债权银行也可以不经起诉而直接向人民法院申请支付令,故选项D错误。对于扭亏无望、无法清偿到期债务的企业,可考虑申请其破产,故选项E正确。

89. ABC 【解析】衡量借款人短期偿债能力的指标主要有流动比率、速动比率和现金比率等;衡量借款人长期偿债能力的指标主要有资产负债比率和产权比率等。

90. ACE 【解析】利润表的编制原理是"利润=收入-费用",故选项B错误。利润表结构分析是以产品销售收入净额为100%,计算出各指标所占百分比的增减变动,分析其对借款人利润总额的影响。故选项D错误。

91. ABCD 【解析】选项E属于融资活动。

92. ABCD 【解析】贷款担保的作用:①协调和稳定商品流转秩序,使国民经济健康运行;②降低银行贷款风险,提高信贷资金使用效率;③促进借款企业加强管理,改善经营管理状况;④巩固和发展信用关系。

93. ABCE 【解析】根据《贷款通则》的规定,借款人申请贷款,应当具备产品有市场、生产经营有效益、不挤占挪用信贷资金、恪守信用等基本条件。

94. CDE 【解析】自主支付的操作要点包括明确贷款发放前的审核要求;加强贷款资金发放和支付后的核查;审慎合规地确定贷款资金在借款人账户的停留时间和金额。

95. ABE 【解析】呆账核销后的管理工作包括检查工作(重点检查呆账申请材料是否真实)、抓好催收工作、认真做好总结。

96. ABCDE 【解析】信贷档案管理的具体要求包括以下几点:①信贷档案实行集中统一管理原则;②信贷档案采取分段管理、专人负责、按时交接、定期检查的管理模式。

97. ABCDE 【解析】一级档案存档后,原则上不允许借阅。如在下列特殊情况下,确需借阅一级档案的,必须提交申请书,经相关负责人签批同意后,方可办理借阅手续:贷款展期办理抵押物续期登记的;变更抵押物权证、变更质押物品的;提供给审计、稽核部门或相关单位查阅的;提交法院进行法律诉讼、债权债务重组或呆账核销的;需补办房产证、他项权益证书或备案登记的。

98. ACD 【解析】贷款人从事项目融资业务,应当以偿债能力分析为核心,重点从项目技术可行性、财务可行性和还款来源可靠性等方面评估项目风险,充分考虑政策变化、市场波动等不确定因素对项目的影响,审慎预测项目的未来收益和现金流。

99. BDE 【解析】选项A,"借新还旧"和"还旧借新",从严格意义上说,均不属于贷款重组,只不过在某种程度上达到了重组贷款的目的。选项C,法院裁定债务人进入破产重整程序以后,其他强制执行程序包括对担保物权的强制执行程序,都应立即停止。

100. ABD 【解析】商业银行对集团客户授信应当遵循以下原则:①统一原则。商业银行对集团客户授信实行统一管理,集中对集团客户授信进行风险控制。②适度原则。商业银行应根据授信客体风险大小和自身风险承担能力,合理确定对集团客户的总体授信额度,防止过度集中风险。

③预警原则。商业银行应当建立风险预警机制，及时防范和化解集团客户授信风险。

101. ABCDE 【解析】诚信申贷主要包含两层含义：①借款人恪守诚实守信原则，按照贷款人要求的具体方式和内容提供贷款申请材料，并且承诺所提供材料是真实、完整、有效的；②借款人应证明其信用记录良好、贷款用途和还款来源明确合法等。贷款申请是贷款全流程管理与风险控制的第一个环节，对于管理客户关系、开拓业务市场、发现潜在风险具有十分重要的意义。

102. ABCD 【解析】企业的财务风险主要体现在以下几个方面：①企业关键财务指标是否发生重大不利变化，包括盈利能力、资产质量、债务风险、经营增长状况等指标恶化；②经营性净现金流量持续为负值；③产品积压、存货周转率大幅下降；④应收账款异常增加；⑤流动资产占总资产比重大幅下降；⑥短期负债增加失当，长期负债大量增加；⑦银行账户混乱，到期票据无力支付；⑧企业销售额下降，成本提高，收益减少，经营亏损；⑨不能及时报送会计报表，或会计报表有造假现象；⑩财务记录和经营控制混乱；⑪对外担保率过高、对单一客户担保额过大、有同质企业互保、担保链，或对外担保已出现垫款的现象；⑫客户存在过度交易或盲目扩张行为，表现在长期投资与投资收益相比增长过快，营运资金与EBITDA相比金额较大等；⑬财务成本不合理上升、高成本融资不合理增加，显示企业流动性出现问题。

103. ABCD 【解析】抵债资产拍卖原则上应采用有保留价拍卖的方式。确定拍卖保留价时，要对资产评估价、同类资产市场价、意向买受人询价、拍卖机构建议拍卖价进行对比分析，考虑当地市场状况、拍卖付款方式及快速变现等因素，合理确定拍卖保留价。

104. AC 【解析】营运能力具体指标主要包括总资产周转率、固定资产周转率、应收账款周转率、存货周转率，以及相对应的总资产周转天数、固定资产周转天数、应收账款周转天数、存货周转天数等。

105. AB 【解析】财产保全分为两种：诉前财产保全和诉中财产保全。

106. BCD 【解析】现金流量比率＝经营活动现金净流量/流动负债×100％，资产负债率＝负债合计/资产合计×100％，流动比率＝流动资产/流动负债×100％，速动比率＝速动资产/流动负债×100％，现金比率＝现金类资产/流动负债×100％，现金类资产是速动资产扣除应收账款后的余额。应收账款属于资产类，故会影响流动比率、速动比率和资产负债率。

107. CE 【解析】盈利能力指标主要包括销售利润率、营业利润率、净利润率、成本费用利润率、资产收益率、净资产收益率等。

108. ADE 【解析】季节性资产增加的三个主要融资渠道：①季节性负债增加，如应付账款和应计费；②内部融资，主要是来自公司内部的现金和有价证券；③银行贷款。

109. ABCD 【解析】《民法典》规定，担保活动应当遵循平等、自愿、公平、诚实信用的原则。

110. ABCD 【解析】公司产生置换存量债务的原因可能是以下几方面：①对现在的银行不满意；②想要降低目前的融资利率；③想与更多的银行建立合作关系，增加公司的融资渠道；④为了规避债务协议的种种限制，想要归还现有的借款。

111. BD 【解析】表内业务主要包括贷款和票据贴现。

112. ACDE 【解析】申请强制执行的期限，应从法律规定履行期间的最后一日起计算。

113. ADE 【解析】抵押物价值的变动趋势的分析要点包含实体性贬值、功能性贬值和经济性贬值。

114. ADE 【解析】在对固定资产周转率的实际分析中，需考虑以下几个问题，以便真实反映固定资产的运用效率：①固定资产的净值随折旧时间推移而减少，随着固定资产的更新改造而增加；②在不同企业间进行比较时，还要考虑由于采用不同折旧方法对固定资产净值的影响；③不同行业间作比较时，应考虑由于行业性质的不同造成的固定资产状况的不同。固定资产周转率＝销售收入净额/固定资产平均净值×100％，固定资产平均净值＝(年初固定资产净值＋年末固定资产净值)/2，故本题应选选项A、选项D、选项E。

115. CDE 【解析】商业银行不同的信贷管理体制及模式，导致授信额度的授予对象、适用范围、核定流程、管理及使用方式等存在差异，大致可分为集团授信额度、客户授信(信用)额度及单笔贷款额度。

116. ACDE 【解析】贷款人开展流动资金贷款业务，应当遵循依法合规、审慎经营、平等自愿、公平诚信的原则。

117. ABC 【解析】客户法人治理结构分析主要包括控制股东行为、激励约束机制、董事会结构和运作过程。

118. ABE 【解析】贷放分控的操作要点：①设立独立的放款执行部门；②明确放款执行部门的职责；③建立并完善对放款执行部门的考核和问责机制。

119. CDE 【解析】"5C"标准原则的内容有品德、能力、资本、担保和环境。

120. ABCD 【解析】盈亏平衡点通常根据正常生产

年份产品产量或销售量、固定成本、变动成本、产品价格、销售税金及附加等数据计算,用产量、销售收入、生产能力利用率及销售单价来表示。

三、判断题

121. A 【解析】法定利率是指由政府金融管理部门或中央银行确定的利率,它是国家实现宏观调控的一种政策工具。

122. A 【解析】付款条件主要取决于市场供求和商业信用两个因素。

123. A 【解析】将债务全部或部分转让给第三方的,应当取得贷款银行的同意。银行提供贷款,是基于对借款人的信用评价。如借款人将债务转移至第三方,必须事先获得银行的同意。银行只有全面了解新债务人的资信状况、财务状况、生产经营状况和还贷能力等信息之后,才能作出决定。

124. B 【解析】所有者权益代表投资者对净资产的所有权,净资产是借款人全部资产减去全部负债的净额。

125. A 【解析】年其他费用=(制造费用+管理费用+财务费用+销售费用)-(工资及福利费+折旧费+维简费+摊销费+修理费+利息支出),因此,年其他费用不包括工资及福利费和折旧费。

126. B 【解析】商业银行应设定足够的债务人级别和债项级别,确保对信用风险的有效区分。

127. B 【解析】法定利率是指由政府金融管理部门或中央银行确定的利率,它是国家实现宏观调控的一种政策工具。

128. B 【解析】担保人所担保的债权不得超出其抵押物的价值。财产抵押后,该财产的价值大于所担保债权的余额部分,可再次抵押,但不得超出其余额部分。

129. A 【解析】行业壁垒,即行业进入壁垒,指行业内已有企业对准备进入或正在进入该行业的新企业所拥有的优势,或者说是新企业在进入该行业时所遇到的不利因素和限制。

130. B 【解析】在"行业动荡期",对于固定资产很高或者其他方面需要高投资的行业来说,出现"价格战争"的现象更为普遍。

131. B 【解析】对于没有明确市场价格的质押品,如上市公司法人股权等,应当在以下价格中选择较低者为质押品的公允价值:①公司最近一期经审计的财务报告或税机关认可的财务报告中所写明的质押品的净资产价格;②以公司最近的财务报告为基础,测算公司未来现金流入量的现值,所估算的质押品的价值;③如果公司正处于重组、并购等股权变动过程中,可以交易双方最新的谈判价格作为确定质押品公允价值的参考。

132. B 【解析】银行应将质押存款的资金转为定期存单单独保管,或者更为妥当的方式,将其转入银行名下的保证金账户。

133. B 【解析】被指定发放的贷款本金额度,一旦经过借贷和还款后,就不能再被重复借贷。

134. B 【解析】公司大量的核心流动资产和固定资产投资将超出净营运现金流,必然需要额外的融资题干描述的是委托调查的一种形式,但不是唯一形式。由于对核心资产的大量投资,营运现金流在短期内是不足以完全偿还外部融资的。因此,对于这部分融资需求,表面上看是一种短期融资需求,实际上则是一种长期融资。

135. B 【解析】合同条款有空白栏,但根据实际情况不准备填写内容的,应加盖"此栏空白"字样的印章。

136. B 【解析】为保障信贷业务的正常开展,借款人应符合以下要求:①有按期还本付息的能力,原应付贷款利息和到期贷款已清偿;②没有清偿的,已经作出银行认可的偿还计划,即已与银行达成有关贷款展期的协议。

137. B 【解析】过快的、不正常的存货周转率可说明客户没有足够的存货可供耗用或销售,或是采购次数过于频繁、批量太小等。

138. A 【解析】影响速动比率的一个重要因素是应收账款的变现能力,由于应收账款不一定都能变现,实际坏账可能比计提的准备要多,所以在评价速动比率时,还应结合应收账款周转率指标分析应收账款的质量。

139. B 【解析】净现值率主要用于投资额不等的项目的比较,净现值率越大,表明项目单位投资能获得的净现值就越大,项目的效益就越好。

140. B 【解析】呆账核销是银行内部的账务处理,并不视为银行放弃债权。对于核销呆账后债务人仍然存在的,应注意对呆账核销事实加以保密,一旦发现债务人恢复偿债能力,应积极催收。核销后的贷款,除法律法规规定债权与债务或投资与被投资关系已完全终结的情况外,贷款人对已核销的不良贷款继续保留追索的权利。

新增真考280题

考前摸底仿真卷2套

• 公司信贷

微信扫码领取图书增值服务

	视频课程	全套名师教材精讲课,单科约61课时
	智能题库	套题10套/科,章节题1100+题/科
微信扫描上方二维码	全真机考	网页端模拟机考环境,提前走进考场
领取增值服务	直播互动	考前每周2~3次直播课,名师在线答疑,带您科学备考
	答疑指导	助教邀请进入学习群,提供报考指导和产品使用咨询等
	备考资料	免费获取思维导图、考试大纲、考试百事通等资料

《公司信贷》考前摸底仿真卷

考前摸底仿真卷（一）

一、单项选择题（本大题共80小题，每小题0.5分，共40分。在以下各小题所给出的四个选项中，只有一个选项符合题目要求，请将正确选项填入括号内）

1. 在银行流动资金贷款的贷前调查报告中，对借款人财务状况的调查不包括（　　）。
   A. 流动资金数额和周转速度　　　　B. 存货净值和周转速度
   C. 资产负债比率　　　　　　　　　D. 产品市场占有率

2. 分析固定资产扩张引起的贷款需求时，（　　）是相当有用的指标。
   A. 销售收入/净固定资产　　　　　B. 净固定资产/净利润
   C. 净利润/净固定资产　　　　　　D. 固定资产折旧方法

3. 在利润率、资产使用效率、分红政策都不变的情况下，增加财务杠杆将使可持续增长率（　　）。
   A. 提高　　　　　　　　　　　　　B. 不变
   C. 视财务杠杆规模而定　　　　　　D. 降低

4. 商业银行在发放抵押贷款时，可能会因为抵押手续不完善或抵押物不合格而导致抵押权无法实现，下列选项中，不属于此类问题的是（　　）。
   A. 以未成年人财产抵押
   B. 抵押物出现经济性贬值
   C. 办理共有财产抵押手续时未取得财产共有人书面同意
   D. 以法律法规禁止设定抵押的财产设定抵押

5. 现金流量中的现金不包括（　　）。
   A. 活期存款　　　　　　　　　　　B. 长期证券投资
   C. 3个月以内的证券投资　　　　　D. 库存现金

6. 下列关于《银行业保险业绿色金融指引》表述，错误的是（　　）。
   A. 银行保险机构应当将绿色金融政策执行情况纳入内控合规检查范围，定期组织实施内部审计。检查发现违规问题的，应当依规定进行问责
   B. 银行保险机构应当公开绿色金融战略和政策，充分披露绿色金融发展情况
   C. 银行业金融机构必须聘请合格、独立的第三方，对银行保险机构履行环境社会和治理责任的活动进行鉴证、评估或审计
   D. 对涉及重大环境、社会和治理风险影响的授信或投资情况，应当建立申诉回应机制，依据法律法规、自律管理规则等主动、及时、准确、完整披露相关信息，接受市场和利益相关方的监督

7. 银行信贷人员在进行贷款资金用途监控时，发现贷款资金使用违反合同约定的，可采取的措施不包括（　　）。
   A. 要求划回违约支付的贷款资金　　B. 停止贷款资金发放
   C. 降低受托支付起点金额　　　　　D. 要求借款人给予流动性补偿

8. 某企业流动资产为600万元，其中货币资金100万元，有价证券150万元，应收票据50万元，应收账款100万元，存货200万元，流动负债300万元，则该企业的流动比率为（　　）。
   A. 100%　　　　B. 83%　　　　C. 200%　　　　D. 133%

9. 某公司第一年的销售收入为120万元，销售成本比率为35%，第二年的销售收入为260万元，销售成本比率为45%，则公司因销售成本比率的增加多消耗掉（　　）万元的现金。
   A. 20　　　　　B. 36　　　　　C. 52　　　　　D. 26

10. 下列有关商业银行实贷实付的表述，错误的是（　　）。
    A. 协议承诺是实贷实付的外部执行依据　　B. 按进度发放贷款是实贷实付的基本要求
    C. 满足有效信贷需求是实贷实付的根本目的　　D. 自主支付是实贷实付的重要手段

11. 下列关于行业风险分析的表述，正确的是（　　）。
    A. 经营杠杆较低的行业，产品平均成本随着生产量的增加迅速下降
    B. 处于启动阶段的行业代表着最高的风险

C.如果盈亏平衡点较高,很大的销售下滑才可能会导致一定的利润下滑
D.市场成长越缓慢,竞争程度越小

12.某公司财务信息如下:(单位:万元)

总资产	10000	销售额	15000
总负债	6000	净利润	800
所有者权益	4000	股息分红	600

该公司的留存比率为( )。
A.50% B.25% C.75% D.133%

13.从资产负债表看,以下表述错误的是( )。
A.固定资产重置及扩张可能导致长期资产的增加
B.商业信用的减少及改变可能导致流动负债的减少
C.季节性销售增长不会导致流动负债增加
D.红利支付可能导致资本净值的减少

14.商业银行总行每年应对全行集团客户授信风险作( )次综合评估,同时应当检查分支机构对相关制度的执行情况,对违反规定的行为应当严肃查处。商业银行每年应至少向银行业监督管理机构提交( )次相关风险评估报告。
A.2;1 B.1;2 C.1;1 D.2;1

15.在贷款规模一定的情况下,银行的利息收入由( )决定。
A.贷款期限 B.客户规模 C.利率和期限 D.贷款利率

16.根据《商业银行并购贷款风险管理指引》的规定,商业银行对单一借款人的并购贷款余额占同期本行一级资本净额的比例不应超过( )。
A.3% B.10% C.2% D.5%

17.下列各项中,属于二级信贷档案的是( )。
A.借款合同
B.银行承兑汇票押品
C.产权证或他项权益证书及抵(质)押物的物权凭证
D.上市公司股票押品

18.开办银团贷款业务的银行应当定期向当地( )报送银团贷款有关信息。
A.人民银行 B.金融工作办公室 C.银行业协会 D.银行业监管机构

19.关于押品存续期管理,下列表述不正确的是( )。
A.商业银行应加强押品集中度管理,采取必要措施,防范因单一押品或单一种类押品占比过高产生的风险
B.商业银行应根据押品重要程度的风险状况,定期对押品开展压力测试,原则上每两年至少进行一次,并根据测试结果采取应对措施
C.抵质押合同明确约定警戒线或平仓线的押品,商业银行应加强押品价格监控,触及警戒线时要及时采取防控措施,触及强制平仓条件时应按照合同约定平仓
D.商业银行应建立动态监测机制,跟踪押品相关政策及行业、地区环境变化,分析其对押品的价值影响,及时发布预警信息,必要时采取相应措施

20.2002年起,我国全面实行贷款五级分类制度,该制度按照贷款的风险程度,将银行信贷资产分为正常、关注、次级、可疑和损失,其中不属于不良贷款的是( )。
A.次级 B.关注 C.可疑 D.损失

21.下列选项中,属于筹资活动现金流量的是( )。
A.购置固定资产引起的现金流出
B.购货现金支出
C.分配现金股利会带来现金的流出
D.增值税、销项税款和出口退税引起的现金流入

22.下列借款人提交的借款申请文件中,不属于借款用途证明文件的是( )。
A.原辅材料采购合同 B.进出口商务合同
C.担保合同 D.产品销售合同

23. 下列选项中,可能引起企业净现金流量变动的活动是( )。
   A. 用现金等价物清偿30万元的债务 B. 用银行存款购入一个月到期的债券
   C. 用存货抵偿债务 D. 将现金存入银行
24. 假定现金销售比例不变,如果当期应收账款减少,即收回的应收账款( )本期产生的应收账款,销售所得现金就会( )销售收入。
   A. 小于;小于 B. 小于;大于 C. 大于;大于 D. 大于;小于
25. 商业银行在进行押品估值时,对于有活跃交易市场、有明确交易价格的押品,原则上应参考市场价格确定押品价值,采用其他方法估值时,下列关于评估价值表述正确的是( )。
   A. 可在当前合理市场价格上下波动10% B. 不可以高于当前合理市场价格
   C. 可在当前合理市场价格上下波动20% D. 可在当前合理市场价格上下波动5%
26. 贷款保证存在的主要风险因素不包括( )。
   A. 保证人具备担保资格 B. 公司互保
   C. 超过诉讼时效 D. 保证手续不完备
27. 借款企业风险主要包括经营风险、管理风险、财务风险和与银行往来风险等,下列选项中,属于公司经营风险的是( )。
   A. 管理层对企业的发展缺乏战略性的计划,缺乏足够的行业经验和管理能力
   B. 企业中层管理层薄弱,人员更新过快
   C. 借款人的主要股东、关联企业或母子公司等发生重大的不利变化
   D. 兼营不熟悉的业务、新的业务或在不熟悉的地区开展业务
28. 下列关于商业银行公司贷款展期的表述,正确的是( )。
   A. 短期贷款展期期限累计不得超过原贷款期限,中长期贷款展期期限累计不得超过原贷款期限的一半
   B. 中期贷款展期期限原则上不得超过原贷款期限
   C. 展期由借款人申请,商业银行报监管部门审批决定
   D. 短期贷款展期期限累计不得超过原贷款期限,中期贷款展期期限累计不得超过原贷款期限的一半,长期贷款展期期限不得超过3年
29. 关于借款人的权利和义务,下列选项表述错误的是( )。
   A. 应接受贷款人必要的监管 B. 可以自主选择合作银行
   C. 有权拒绝借款合同以外的附加条件 D. 任何情况下不得向第三方转让债务
30. 保证方式分为一般保证和( )。
   A. 连带责任保证 B. 自然人保证 C. 第三方保证 D. 公司保证
31. 客户信用评级方法中的专家判断法是依据( )。
   A. 精确的数理模型 B. 信贷专家自身的专业知识
   C. 外部评级机构的意见 D. 董事会高层的意见
32. 对于一家劳动密集型的服务型企业,长期负债占总资产的比例为50%,下列表述正确的是( )。
   A. 该企业长期负债占比处于行业内中水平
   B. 该企业长期负债占比处于行业内较低水平
   C. 该企业流动性存在较大问题
   D. 该企业长期负债占比处于行业内较高水平
33. 一家公司的净销售额为3000万元,经营性现金成本和费用支出为1400万元,折旧费用为500万元,若不考虑其他因素,则经营活动现金净流量等于( )万元。
   A. 1200 B. 2100 C. 1100 D. 1600
34. 贷款的第一还款来源是指( )。
   A. 借款人的资产变现收入 B. 借款人的担保变现收入
   C. 借款人的对外筹资 D. 借款人的正常经营收入
35. 下列选项中,不能作为保证人的是( )。
   A. 以公益为目的的非营利法人 B. 金融机构
   C. 自然人 D. 担保公司
36. 企业因采购生产用原材料而向银行申请的贷款属于( )。
   A. 流动资金贷款 B. 固定资产贷款
   C. 技术改造贷款 D. 基本建设贷款

37. 下列指标反映了借款客户的短期偿债能力,其中分析错误的是( )。
   A. 应收账款的变现能力对速动比率评价有重要影响
   B. 流动比率越高,借款人偿付日常到期债务能力越强
   C. 现金比率越高,表明客户直接支付能力越强
   D. 流动比率小于1,说明该借款人是用长期资金支持着部分流动资产

38. 下列关于信贷余额扩张系数的表述,不正确的是( )。
   A. 扩张系数过大或过小都可能导致风险上升
   B. 用于衡量目标区域因信贷规模变动对区域风险的影响程度
   C. 负数较大意味着信贷处于扩张状态
   D. 该指标侧重考察因区域信贷投放速度过快而产生扩张性风险

39. 银行在做贷款决策时,需要使用财务指标综合反映借款人的财务状况。以下属于营运能力指标的是( )。
   A. 利息保障倍数　　B. 总资产周转率　　C. 成本费用利润率　　D. 速动比率

40. 商业银行根据各业务职能部门和分支机构的经营业绩、风险状况、制度执行人以及经济形势、信贷政策、业务总量、审批手段等方面的情况变化、及时调整授权。这是信贷授权应遵循的( )原则。
   A. 动态调整　　B. 授权适度　　C. 权责一致　　D. 差别授权

41. 当抵押人以( )做抵押时,抵押物易受损失,且价值变化大,从而导致贷款难以获得有效保障。
   A. 汽车　　B. 房屋　　C. 鲜活物品　　D. 专用机器设备

42. 在贷款担保中,( )不是担保方式应满足的要求。
   A. 合法合规性　　B. 营利性　　C. 可执行性　　D. 易变现性

43. 根据《民法典》的规定,( )可以抵押。
   A. 公司医院的设施
   B. 自留地、自留山等集体土地所有权
   C. 被查封扣押的财产
   D. 建设用地使用权

44. 甲先生胁迫乙先生为其提供担保的行为主要违反( )。
   A. 平等原则　　B. 诚实信用原则　　C. 自愿原则　　D. 公平原则

45. 贷后管理是银行业金融机构在贷款发放后对合同执行情况及借款人经营管理情况进行检查或监控的信贷管理行为。下列选项中,不属于贷后管理内容的是( )。
   A. 检查贷款抵(质)押品和担保权益的完整性
   B. 跟踪掌握企业财务状况及其清偿能力
   C. 办理抵押登记
   D. 监管借款人的贷款使用情况

46. 债务人能够履行合同,没有客观证据表明本息、利息或收益不能按时足额偿付的贷款应归类为( )。
   A. 正常　　B. 次级　　C. 可疑　　D. 关注

47. 下列选项中,不会导致企业产生借款需求的是( )。
   A. 固定资产重置
   B. 商业信用提升
   C. 固定资产扩张
   D. 利润率下降

48. 借款人和担保人虽未依法宣告破产、关闭、解散、撤销,但已完全停止经营活动,被县级及县级以上工商行政管理部门依法注销、吊销营业执照,银行对借款人和担保人进行追偿后,未能收回的贷款,应划分为( )类。
   A. 可疑　　B. 次级　　C. 关注　　D. 损失

49. 通过了解导致借款企业( )的关键因素和事件,银行能够更有效评估借款需求的合理性。
   A. 现金流入　　B. 现金流出　　C. 资金短缺　　D. 盈利

50. 某公司2019年年初拥有总资产8500万元,总负债4500万元,公司2018全年共实现净利润600万元,将其中270万元发放红利,则公司的可持续增长率约为( )。
   A. 8.99%　　B. 3.25%　　C. 7.24%　　D. 4%

51. 下列选项中,不会导致应收账款增加的是( )。
   A. 现金折扣增加
   B. 信用政策放宽
   C. 企业销售规模扩大
   D. 市场竞争加剧

52. 如果流动比率大于1,则下列结论一定成立的是( )。
    A. 现金比率大于1				B. 速动比率大于1
    C. 营运资本大于0			D. 短期偿债能力绝对有保障
53. 下列借款需求不合理的是( )。
    A. 公司为了规避债务协议限制,想要归还现有借款
    B. 公司上年度严重亏损,仍希望按往年惯例发放高额红利
    C. 公司希望换一家贷款银行来降低融资利率
    D. 公司销售快速增长,需要增加资金支付应付账款
54. 质押合同生效后,出质人仍依法拥有对质物的( )。
    A. 处分权		B. 收益权		C. 所有权		D. 使用权
55. 当一家集团客户授信需求超过一家银行的承受能力时,商业银行应该采取组织银团贷款、( )、贷款转让等措施分散风险。
    A. 项目贷款		B. 联合贷款		C. 表外授信		D. 流动资金贷款
56. 下列关于商业银行放款执行部门职责的表述,错误的是( )。
    A. 审核银行授信业务审批文书是否在有效期
    B. 审核提款金额与项目进度的匹配情况
    C. 审核放款条件的落实情况
    D. 审核借款人开户资料
57. 人民法院审理债务诉讼案件,一般应在立案之日起( )内作出判决。
    A. 1年		B. 6个月		C. 3个月		D. 2年
58. 一般来说,会促使企业采用较为宽松的信用销售政策的是( )。
    A. 企业经营资金紧张			B. 企业生产负荷已满
    C. 产品供不应求				D. 市场竞争激烈
59. 一般保证的保证人与债权人未约定保证期间的,保证期间为( )。
    A. 主债务履行期届满之日起两年		B. 借款之日起六个月
    C. 主债务履行期届满之日起六个月	D. 借款之日起两年
60. 担保类文件不包括( )。
    A. 保险权益转让相关协议或文件		B. 已正式签署的抵(质)押协议
    C. 全体董事的名单及全体董事的签字样本	D. 已正式签署的保证协议
61. 下列有关贷款自主支付的表述,错误的是( )。
    A. 对于固定资产贷款,在借款人自主支付方式下,商业银行仍应遵从贷款与资本金同比例到位的基本要求
    B. 自主支付是监管部门倡导和符合国际通行做法的支付方式,是贷款支付的主要方式
    C. 在借款人自主支付方式下,商业银行仍应遵从贷款与资本金同比例到位的基本要求
    D. 事后核查是借款人自主支付方式下银行业金融机构加强贷款资金发放和支付的核查的重要环节
62. 应收账款周转率和存货周转率( )可能成为长期融资和短期融资需求的借款原因。
    A. 为零		B. 下降		C. 不变		D. 上升
63. 下列选项中,属于投资性房地产的是( )。
    A. 自用产地产,即为生成商品、提供劳务或者经营管理而持有的房地产
    B. 出租给本企业职工居住的宿舍
    C. 持有并准备增值后转让的房地产
    D. 作为存货的房地产
64. 在质押期间,( )依法有权收取质物所生的天然孳息和法定孳息。
    A. 国家财政		B. 质权人		C. 借款人		D. 出质人
65. 某公司2020年利润总额为1580万元,销售成本为1200万元,销售费用为2390万元,管理费用为981万元,财务费用为1050万元。B公司的成本费用利润率为( )。
    A. 35.74%		B. 28.11%		C. 44.01%		D. 39.21%
66. 某公司的固定资产使用率( ),通常情况下意味着投资和借款需求很快会上升,具体由( )决定。
    A. 大于30%或40%;设备使用年限		B. 大于30%或40%;行业技术变化比率
    C. 大于60%或70%;行业技术变化比率	D. 大于60%或70%;设备使用年限

67. 抵债资产的保管方式一般不包括( )。
   A. 委托保管　　　B. 上收保管　　　C. 考核保管　　　D. 就地保管
68. 商业银行应按照( )计提贷款损失准备金,并在成本中列支。
   A. 预期收益　　　B. 贷款金额　　　C. 逾期本金　　　D. 预期损失
69. 借款企业风险主要包括经营风险、管理风险、财务风险与银行往来风险等,下列选项中,属于借款企业与银行往来风险的是( )。
   A. 销售额下降,成本提高,收益减少,经营亏损
   B. 产品质量或服务水平出现明显下降
   C. 有抽逃资金的现象,同时仍在申请新增贷款
   D. 主要股东、关联企业或母子公司等发生重大的不利变化
70. 在依法清收中,债务人应当自收到支付令之日起( )日内向债权人清偿债务,或者向人民法院提出书面异议。
   A. 20　　　　　　B. 15　　　　　　C. 10　　　　　　D. 30
71. 依法应办理抵押登记的,抵押权的生效时间为( )。
   A. 抵押交付之日　　　　　　　　　B. 当事人协商之日
   C. 登记之日　　　　　　　　　　　D. 签订之日
72. 下列选项中,不属于偿债能力指标的是( )。
   A. 负债与所有者权益比率　　　　　B. 资产负债率
   C. 成本费用利润率　　　　　　　　D. 负债与有形净资产比率
73. 商业银行从事项目融资业务,( )具备相关资质的独立中介机构为项目提供法律、税务、保险、技术、环保和监理等方面的专业意见或服务。
   A. 借贷双方应共同委托　　　　　　B. 必须要求借款人委托
   C. 可以委托或者要求借款人委托　　D. 只能由商业银行自行委托
74. 甲企业在乙银行有一笔五年期固定资产贷款即将到期,但甲企业因资金暂时出现不足,无法偿还在乙银行的贷款。下列各项表述正确的是( )。
   A. 乙银行业务部门客户经理对甲企业展期条件审查核实后,可直接批准
   B. 乙银行经审批后可同意企业展期两年
   C. 甲企业应在到期后向银行提出贷款展期申请
   D. 甲企业应在到期日向银行提出贷款展期申请
75. 为了确保贷款的归还,除了在贷款合同中确定还款计划和违约责任条款外,银行应按规定时间向借款人发送( )。
   A. 催收通知书　　　　　　　　　　B. 划款通知书
   C. 支付令　　　　　　　　　　　　D. 还本付息通知书
76. 借款人还款意愿下降,对银行的贷后监控要求不予配合时,期贷款至少可以归为( )。
   A. 关注类　　　　B. 损失类　　　　C. 次级类　　　　D. 可疑类
77. 贷款担保的作用不包括( )。
   A. 降低银行存款风险,提高资金使用效率
   B. 巩固和发展信用关系
   C. 促进企业加强管理,改善经营管理状况
   D. 协调稳定商品流转秩序,维护国民经济健康运行
78. 以下关于抵债资产处置的做法中,错误的是( )。
   A. 不动产和股权应自取得起2年内予以处置
   B. 其他权利应在其有效期内尽快处置,最长不得超过自取得起的1年
   C. 动产应自取得起1年内予以处置
   D. 银行处置抵债资产应坚持公开透明的原则
79. 下面( )属于借款人挪用贷款的情况。
   A. 用贷款进行股本权益性投资　　　B. 用流动资金贷款支付货款
   C. 用流动资金贷款购买辅助材料　　D. 用中长期贷款购买机器设备
80. 甲企业主营业务收入净额为60000万元,流动资产平均余额为6000万元,固定资产平均余额为9000万元,假设无其他资产,则该企业的总资产周转率为( )。
   A. 500%　　　　　B. 300%　　　　　C. 600%　　　　　D. 400%

二、多项选择题(本大题共40小题,每小题1分,共40分。在以下各小题所给出的选项中,至少有两个选项符合题目要求,请将正确选项填入括号内)

81. 下列关于审贷分离实施要点的表述中,正确的有(　　)。
    A. 审查人员原则上不允许单独直接接触借款人
    B. 审查人员应具有最终决策权
    C. 不得违反程序审批授信业务
    D. 审贷分离指将贷款审查与贷款发放相分离
    E. 信贷审批原则上应实行集体审议机制

82. 资本回报率(ROE)可分解为(　　)三者之积。
    A. 销售利润率　　B. 财务杠杆　　C. 可持续增长率
    D. 资产使用效率　　E. 实际销售增长率

83. 客户经理在对集团客户开展贷后监控,应采取(　　)措施。
    A. 定期或不定期开展针对整个集团客户的联合调查,掌握其整体经营和财务变化情况
    B. 核查借款人或其主要股东对外担保情况
    C. 核查借款人关联方及关联交易等情况及变化趋势
    D. 核查集团客户内部股权关系变化情况
    E. 核查集团客户全部成员企业资金交易对手的情况

84. 下列选项中,通常属于公司非预期性支出的有(　　)。
    A. 逾期贷款利息　　B. 临时员工解雇的费用　　C. 公司重组的费用
    D. 法律诉讼费　　E. 保险之外的损失

85. 无论借款人申请何类贷款,均应提供的材料一般包括(　　)。
    A. 注册登记资料
    B. 借款人近三年财务报告和最近一期的财务报表
    C. 开户证明
    D. 征信报告
    E. 项目评估报告

86. 贷前调查的方法主要包括(　　)。
    A. 委托调查　　　　　　　　　　B. 客户评级
    C. 搜寻调查　　　　　　　　　　D. 通过行业协会了解情况
    E. 现场调研

87. 在授信调查中,要密切关注集团客户授信业务的风险,主要包括(　　)。
    A. 交叉违约　　B. 主业突出　　C. 关联交易
    D. 关联担保　　E. 过渡授信

88. 商业银行贷款授信额度的决定因素包括(　　)。
    A. 银行的内部授权情况
    B. 借款企业对信贷金额的需求
    C. 有关法律或条款存在的限制,以及借款合同有关的限制
    D. 借款企业的还款能力
    E. 贷款组合管理的限制和客户关系管理因素

89. 下列贷款审查内容中,属于非财务因素审查的有(　　)。
    A. 借款人的产品定价　　　　　　B. 借款人的行业地位
    C. 借款人的企业性质　　　　　　D. 借款人的发展沿革
    E. 借款人的公司治理

90. 在贷款决策中,商业银行需要使用的财务指标分析主要包括(　　)。
    A. 偿债能力指标　　　　　　　　B. 盈利能力指标
    C. 营运能力指标　　　　　　　　D. 市场竞争能力指标
    E. 风险控制能力指标

91. 下列关于贷款担保的表述,正确的有(　　)。
    A. 对有担保的贷款,只有借款人无可执行财产时,方可追索担保人
    B. 贷款担保增加贷款最终偿还的可能性
    C. 担保协议只能与借款人外的第三人签订

D. 贷款担保是一种法律行为
E. 担保为银行提供第一还款来源

92. 对抵债资产进行处置的方式包括( )。
    A. 招标处置　　　B. 委托销售　　　C. 公开拍卖
    D. 协议处置　　　E. 打包出售

93. 下列选项中,反映客户盈利能力的指标有( )。
    A. 销售利润率　　B. 营业利润率　　C. 成本费用利润率
    D. 净利润率　　　E. 固定资产折旧率

94. 下列财务指标中,属于长期偿债能力分析指标的有( )。
    A. 负债与所有者权益比率　　　　B. 现金流量比率
    C. 长期资本负债率　　　　　　　D. 资产负债率
    E. 利息保障倍数

95. 根据《民法典》的规定,担保的法定范围包括( )。
    A. 损害赔偿金　　B. 违约风险溢价　　C. 利息
    D. 违约金　　　　E. 主债权

96. 抵押贷款发放前,抵押人与银行要以书面形式签订抵押合同。抵押合同一般应包括的内容有( )。
    A. 被担保的主债权种类、数额
    B. 抵押物的名称、数量、质量、状况、所在地、所有权权属或者使用权权属
    C. 当事人认为需要约定的其他事项
    D. 债务人履行债务的期限
    E. 抵押担保的范围

97. 下列选项中,不属于贷款合规性调查内容的有( )。
    A. 对借款人的借款目的进行调查
    B. 对抵押物的价值评估情况作出调查
    C. 考察借款人保证人是否已建立良好的公司治理机制
    D. 对贷款使用合法合规性进行认定
    E. 认定授权委托人的公章和签名的真实性和有效性

98. 商业银行贷款保证担保存在的主要风险因素包括( )。
    A. 保证人不具备担保资格　　　　B. 保证手续不完备,保证合同产生法律风险
    C. 虚假保证人　　　　　　　　　D. 保证人为民营企业
    E. 保证人不具备担保能力

99. 根据《民法典》的规定,下列选项中,属于无效的格式条款有( )。
    A. 违反法律强制性规定的格式条款　　B. 有两种以上解释的格式条款
    C. 恶意串通,损害他人合法权益的格式条款　　D. 违背公序良俗的格式条款
    E. 造成对方人身损害的免责条款

100. 贷款抵押风险的防范措施有( )。
    A. 对抵押物进行严格审查　　　　B. 对抵押物的价值进行准确评估
    C. 做好抵押物登记,确保抵押效力　　D. 抵押合同期限应覆盖贷款合同期限
    E. 票据有密押的应通过联行核对

101. 银行可通过客户( )来评估借款公司由于固定资产重置导致的借款需求。
    A. 资本投资周期　　B. 设备使用年限　　C. 营运资金使用效率
    D. 设备当前状况　　E. 技术变化率

102. 下列信贷非财务因素审查内容中,属于借款人主体资格及基本情况审查的有( )。
    A. 借款人申请信贷业务是否履行了法律法规或公司章程规定的授权程序
    B. 借款人法定代表人的个人信用记录
    C. 保证人的对外担保情况
    D. 担保方式的合法、足值、有效性
    E. 借款人的股东实力及注册资金的到位情况

103. 对企业进行财务分析的方法包括( )。
    A. 结构分析　　B. 比率分析　　C. 趋势分析
    D. 比较分析　　E. 因素分析

104. 下列选项中,可以抵押的财产有(　　)。
    A. 建筑物和其他土地附着物　　　　B. 学校教学楼
    C. 土地所有权　　　　　　　　　　D. 生产设备、原材料、半成品、产品
    E. 建设用地使用权

105. 参与银团贷款的银行均为银团成员,银团成员应按照(　　)的原则自主确定各自授信行为,并按实际承担份额享有银团贷款项下相应的权利,履行相应的义务。
    A. 联合审批　　　B. 独立审批　　　C. 自主决策
    D. 风险自担　　　E. 信息共享

106. 下列关于委托贷款的表述中,错误的有(　　)。
    A. 借款人由委托人指定　　　　　　B. 委托贷款的风险由银行承担
    C. 银行确定贷款金额、期限、利率　D. 银行作为受托人收取手续费
    E. 委托贷款资金的提供方必须是银行

107. 下列项目中,属于流动资产的有(　　)。
    A. 交易性金融资产　　　　　　　　B. 应收票据
    C. 存货　　　　　　　　　　　　　D. 待处理流动资产损失
    E. 无形及递延资产

108. 构成新企业发展障碍的行业进入壁垒包括(　　)。
    A. 专利权和版权　　　　　　　　　B. 政府方面的政策方针和管制
    C. 产品同质化程度很高　　　　　　D. 在初始阶段对投资要求较高
    E. 要求较高的市场占有率

109. 商业银行对贷款进行分类时,应主要考虑的因素有(　　)。
    A. 借款人的还款能力　　　　　　　B. 贷款偿还的法律责任
    C. 银行的盈利水平　　　　　　　　D. 借款人的还款记录
    E. 贷款项目的盈利能力

110. 下列选项中,属于次级类贷款的主要参考特征的有(　　)。
    A. 借款人出现持续的财务困难,不能偿还其他债权人的债务
    B. 借款人提供的财务资料被出具保留意见的审计报告,可能影响对其还款能力的评价
    C. 借款人陷入经营和财务危机,债务重组后仍然处于停产、半停产状态,不能正常还款
    D. 超过一定期限,其应收利息不再计入当期损益
    E. 关键性财务指标(如流动比率、速动比率)高于行业平均水平

111. 下列选项中,反映客户短期偿债能力的指标有(　　)。
    A. 资产负债率　　B. 利息保障倍数　　C. 现金比率
    D. 流动比率　　　E. 速动比率

112. 财务报表分析的资料包括(　　)。
    A. 上市公司所提供的盈利报告　　　B. 会计报表
    C. 注册会计师查账验证报告　　　　D. 会计报表附注
    E. 财务状况说明书

113. 信贷授权应遵循的基本原则包括(　　)。
    A. 动态调整原则　B. 授权适度原则　　C. 权责一致原则
    D. 效率优先原则　E. 差别授权原则

114. 财务分析中的杠杆比率包括(　　)。
    A. 利息保障倍数　B. 资产收益率　　　C. 速动比率
    D. 资产负债率　　E. 负债与有形净资产比率

115. 在借款人自主支付方式下,应做到(　　)。
    A. 无须审慎测算　　　　　　　　　B. 遵守贷款与资本金同比例到位的基本要求
    C. 遵从实贷实付原则　　　　　　　D. 不得提前放贷
    E. 既要方便借款人资金支付,又要控制贷款用途

116. 5Cs是信贷分析中使用最广泛的分析框架,5Cs系统包括(　　)。
    A. 资本(Capital)　　　　　　　　　B. 授信条件(Condition)
    C. 品德(Character)　　　　　　　　D. 抵押(Collateral)
    E. 还款能力(Capacity)

117. 具有( )情形之一的流动资金贷款,原则上应采用贷款人受托支付方式。
    A. 单笔金额超过300万元
    B. 遵守贷款与资本金同比例到位的基本要求
    C. 借款人已做出正式承诺
    D. 与借款人新建立信贷业务关系且借款人信用状况一般
    E. 支付对象明确且单笔支付金额较大

118. 下列财产设定抵押担保时,必须办理抵押登记的有( )。
    A. 以招标、拍卖、公开协商等方式取得的荒地等土地使用权
    B. 房地产
    C. 船舶
    D. 企业的设备
    E. 建设用地使用权

119. 工业企业的固定成本一般包括( )。
    A. 工人工资　　B. 管理人员工资　　C. 固定资产折旧
    D. 租赁费用　　E. 利息

120. 下列选项中,属于流动负债的有( )。
    A. 应收账款　　B. 应付账款　　C. 预付账款
    D. 预收账款　　E. 应付工资

三、判断题(共20题,每小题1分,共20分。请判断以下各小题的正误,正确的为A,错误的为B)

121. 同一笔贷款,可以按不同借据还款期限进行拆分分类。( )
122. 贷款人可以根据项目融资在不同阶段的风险特征和水平,采用不同的贷款利率。( )
123. 经营活动净现金流计算中使用间接法,一般是从营业收入出发,将利润表中项目和资产负债表有关项目逐一对应,逐项调整计量的。( )
124. 行业风险分析框架理论中,通常情况下,成熟期的行业代表着最低的风险,处在启动阶段的行业代表着最高的风险。( )
125. 销售增长旺盛时期,公司新增核心流动资产和固定资产投资需求将超出净营运现金流,则需额外投资,这部分投资实际上属于短期融资需求。( )
126. 当公司实际增长率未超过可持续增长率时,公司一定不需要贷款。( )
127. 对于小额呆账核销,银行总行可以授权一级分行审批。( )
128. 从企业提供给银行的财务报表附注内容的翔实程度,可以看出企业财务管理水平、诚信程度和公司治理等方面的情况。( )
129. 对于上市公司的可流通股票,其公允价值是该股票的市场价格。( )
130. 中期贷款是指贷款期限在3年以上(不含3年)5年以下(含5年)的贷款。( )
131. 根据有关规定,保证人或抵押人为有限责任公司或股份制企业的,其出具担保时,必须提供股东大会同意其担保的决议。( )
132. 存货周转率越高,说明客户存货从资金投入到销售收回的时间越长。在营业利润相同的情况下,存货周转率高,获取的利润就越多。( )
133. 根据《贷款通则》的规定,借款人应当如实提供银行要求的资料(法律规定不能提供者除外),应当向银行如实提供所有开户行、账号及存贷款余额情况,配合银行的调查、审查和检查。( )
134. "相对于销售额(利润)而言,总资产增加过快",这属于商业银行贷款风险的预警信号系统中有关借款人管理状况的预警信号。( )
135. 一般来说,长期贷款用于长期资金需求,短期贷款用于短期资金需求。( )
136. 保证合同中要明确主债务的履行期限,而抵押合同中则可不明确主债务的履行期限,只要办妥抵押手续即可。( )
137. 债务人公益性质的职工住宅等生活设施、教育设施和医疗卫生设施不得用于抵偿债务。( )
138. 通常,处于成长阶段行业中的企业现金流入应该大于流出。( )
139. 贷款原则上可以用于借款的资本金、股本金和企业其他需自筹资金的融资。( )
140. 展期贷款只是贷款期限的延长,贷款利率不变。( )

考前摸底仿真卷(二)

一、单项选择题(本大题共80小题,每小题0.5分,共40分。在以下各小题所给出的四个选项中,只有一个选项符合题目要求,请将正确选项填入括号内)

1. 按照《民法典》的有关规定,下列不属于担保范围的是( )。
   A. 主债权   B. 主债务   C. 利息   D. 违约金

2. 银行依法收贷要按照法律程序规范、有序地进行。根据法律规定,向人民法院提起诉讼的时效为( )。
   A. 1年   B. 2年   C. 6个月   D. 3个月

3. 在银行做贷款决策时,需要使用财务指标综合反映借款人的财务状况。以下属于盈利比率指标的是( )。
   A. 总资产周转率   B. 利息保障倍数   C. 速动比率   D. 成本费用利润率

4. ( ),风险处置可以划分为预控性处置与全面性处置。
   A. 按照性质划分   B. 按照方式划分   C. 按照阶段划分   D. 按照风险划分

5. ( )重组是指完全由借款企业和债权银行协商决定。
   A. 司法型   B. 行政型   C. 自主型   D. 主动型

6. 从业务运作实质来看,福费廷就是( )。
   A. 保付代理   B. 远期票据贴现   C. 银行保函   D. 质押贷款

7. 某企业的营业收入为1000万元,营业成本为600万元,年均应收账款余额为200万元,年均应付账款余额为150万元,年均存货为100万元,该企业的运营资金周转天数为( )天。(一年按照360天计算)
   A. 45   B. 42   C. 38   D. 40

8. 贷款担保是信贷资产风险管理的一种方法,它可以减少银行对借款企业违约的担心,使贷款的偿还有了双重保证,把借款企业不还贷的风险转移给了( )。
   A. 银行   B. 债权人   C. 债务人   D. 第三者

9. 法院一般在立案之日起6个月内作出判决。银行不服一审判决的,有权在判决书送达之日起( )日内提出上诉。
   A. 3   B. 6   C. 9   D. 15

10. 关于成长阶段的企业的描述正确的是( )。
    A. 代表着最低的风险
    B. 现金和资本需求非常大
    C. 成功率最高
    D. 产品已实现标准化并被大众所接受

11. 借款人需要将其动产或权利凭证移交银行占有的贷款方式为( )。
    A. 质押贷款   B. 抵押贷款   C. 信用贷款   D. 留置贷款

12. 如借款人未经银行批准擅自改变贷款项用途。银行( )。
    A. 仍需按照合同约定贷款,因为贷款合同已经生效
    B. 有权不予支付
    C. 按比例支付贷款
    D. 无权不予支付

13. 我国中央银行目前主要按( )的差别设置不同的贷款利率水平。
    A. 金额和期限   B. 类型和金额   C. 期限和用途   D. 金额和用途

14. 下列关于抵债资产的处置描述不正确的是( )。
    A. 应以抵债协议书生效日或法院、仲裁机构裁决抵债的终结裁决书生效日,作为抵债资产取得日
    B. 不动产和股权应自取得日起1年内予以处置
    C. 银行处置抵债资产应坚持公开透明的原则
    D. 抵债资产原则上应采用公开拍卖方式进行处置——拍卖抵债金额1000万元(含)以上的单项抵债资产应通过公开招标方式确定拍卖机构

15. 下面( )不属于贷款损失准备金的计提原则。
   A. 充足性原则   B. 审慎性会计原则
   C. 及时性原则   D. 风险性原则

16. 一般来说,某区域的市场化程度越( ),区域风险越低;信贷平均损失比率越( ),区域风险越低。
   A. 高;高   B. 高;低   C. 低;高   D. 低;低

17. 以下不属于次级类贷款的特征有( )。
   A. 借款人不能偿还对其他债权人的债务
   B. 固定资产贷款项目停止时间很长,复工无望
   C. 借款人内部管理问题未解决,妨碍债务的及时足额清偿
   D. 借款人支付出现困难,并且难以按市场条件获得新的资金

18. 以下关于呆账核销的做法错误的是( )。
   A. 一级分行可向分支机构继续转授权
   B. 对于小额呆账可授权一级分行审批,并上报总行备案
   C. 对符合条件的呆账经过批准核销后,作为冲减呆账准备金处理
   D. 总行对一级分行的具体授权额度根据内部管理水平确定,并报主管财务机关备案

19. 以下属于固定成本的是( )。
   A. 租赁费用   B. 销售费用   C. 管理费用   D. 原材料

20. 下列关于《银行业保险业绿色金融指引》组织管理的说法,错误的是( )。
   A. 银行保险机构董事会或理事会负责确定绿色金融发展战略,审批高级管理层制定的绿色金融目标和提交的绿色金融报告
   B. 不能建立跨部门的绿色金融工作领导和协调机制
   C. 银行保险机构董事会或理事会应当承担绿色金融主体责任
   D. 银行保险机构应当给予绿色金融工作负责人和相关部门充分授权

21. 某商业银行根据客户信用评级办法测算出的保证人信用风险限额为100万元,目前该保证人对商业银行的负债为50万元,此次申请保证贷款本息为30万元,保证率为( )。
   A. 40%   B. 60%   C. 50%   D. 80%

22. 如借款人拟将债务转移至第三方,必须事先获得( )的同意。
   A. 中国银监会   B. 中国人民银行
   C. 借款人所属行业主管部门   D. 债权人

23. 下列各项中,不属于项目评估内容的是( )。
   A. 项目技术评估   B. 项目担保及风险分担
   C. 项目建设的必要性与建设配套条件   D. 编制可行性研究报告

24. 商业银行一般采用的保证担保是( )。
   A. 一般保证担保   B. 一般保证和连带保证其中任意一个都行
   C. 连带责任保证担保   D. 一般保证和连带保证其中任意一个都不行

25. 当某项目的累计净现值大于零时,其内部收益率( )。
   A. 可能小于零   B. 可能等于设定折现率
   C. 一定等于零   D. 一定大于设定折现率

26. ( )和( )下降可能成为长期融资和短期融资需求的借款原因。
   A. 存货周转;固定资产使用率   B. 应收账款周转率;固定资产使用率
   C. 应收账款周转率;存货周转率 D. 固定资产折旧率;应收账款周转率

27. 银行在贷后管理风险分析时,以下属于借款企业管理状况出现风险的是( )。
   A. 销售额下降,成本提高,收益减少,经营亏损
   B. 产品质量或服务水平出现明显下降
   C. 有抽逃资金的现象,同时仍在申请新增贷款
   D. 主要股东、关联企业或母子公司等发生重大的不利变化

28. 在商业银行下列贷款中,银行不承担信用风险的是( )。
    A. 自营贷款   B. 特定贷款   C. 保证贷款   D. 委托贷款
29. 下列关于商业银行审贷分离制度的表述,错误的是( )。
    A. 授信审批应按规定权限、程序进行,不得违反程序、减少程序或逆程序审批授信业务
    B. 未通过有权审批机构审批的授信可以申请复议,但必须符合一定条件,且间隔时间不能太短
    C. 如贷款审查人员对贷款发放持否定态度,可以终止该笔贷款的信贷流程
    D. 审查人员应具备经济、财务、信贷、法律、税务等专业知识,并有丰富的实践经验
30. 下列关于贷款意向书和贷款承诺的表述,错误的是( )。
    A. 贷款意向书不具有法律效力,而贷款承诺书具有法律效力
    B. 贷款意向书表明贷款要约邀请,是一种意向性的书面声明
    C. 贷款承诺书不具有法律效力,而贷款意向书具有法律效力
    D. 贷款承诺是银行同意按约定条件向借款人贷的书面承诺
31. ( )是指随市场供求关系的变化而自由变动的利率。
    A. 浮动利率   B. 法定利率   C. 市场利率   D. 本币贷款利率
32. 按照《贷款通则》的有关规定,纸质商业汇票付款期限为从出票日期起至汇票到期日止,票据贴现的贴现期限最长不得超过( )个月,贴现期限为从贴现之日起至票据到期日止。
    A. 3   B. 5   C. 6   D. 10
33. 对贷款展期的期限表述不正确的是( )。
    A. 短期贷款展期的期限累计不得超过原贷款期限
    B. 中期贷款展期的期限累计不得超过原贷款期限的一半
    C. 长期贷款展期的期限累计不得超过3年
    D. 长期贷款展期的期限累计不得超过2年
34. 根据《商业银行授信工作尽职指引》的规定,表外授信不包括( )。
    A. 保证   B. 信用证   C. 票据承兑   D. 保理
35. 公司信贷中内部意见反馈原则适用于( )。
    A. 每次业务面谈   B. 初次业务面谈
    C. 首次与最后一次业务面谈   D. 最后一次业务面谈
36. 信贷余额扩张系数指标过大则说明( )。
    A. 目标区域信贷增长相对较慢   B. 信贷处于萎缩状态
    C. 区域信贷增长速度过快   D. 说明目标区域信贷风险高于银行一般水平
37. 公司信贷的基本要素不包括( )。
    A. 信贷产品、金额、期限、利率   B. 清偿计划、担保方式
    C. 直接融资渠道   D. 借款主体
38. "应付账款"账户的期初余额为8000元,本期贷方发生额为12000元,期末余额为6000元,则该账户的本期借方发生额为( )元。
    A. 14000   B. 10000   C. 4000   D. 2000
39. 下列不属于市场需求预测内容的是( )。
    A. 潜在的市场需求量   B. 区域市场潜量
    C. 行业实际销售额   D. 行业未来可能销售额
40. 相对而言,如果借款人的短期负债小于短期资产,则( )。
    A. 短期偿债能力较强   B. 长期偿债能力较弱
    C. 长期偿债能力不受影响   D. 短期偿债能力较弱
41. 下列不属于贷前调查主要对象的是( )。
    A. 借款人   B. 抵(质)押人   C. 借款人的开户行   D. 担保人
42. 中期贷款,系指贷款期限在( )的贷款。
    A. 1年以上3年以下   B. 10年以下
    C. 1年以上5年以下   D. 6个月以上1年以下

43. 下列选项中,不属于担保类文件的是( )。
    A. 已正式签署的保证协议　　　　　　B. 保险权益转让相关协议或文件
    C. 已正式签署的抵(质)押协议　　　　D. 全体董事的名单及全体董事的签字样本
44. 在银团贷款中,贷款协议签订后的日常管理工作主要由( )负责。
    A. 参加行　　　B. 代理行　　　C. 副牵头行　　　D. 牵头行
45. ( )是判断贷款正常与否的最基本标志。
    A. 贷款目的　　　B. 贷款来源　　　C. 还款来源　　　D. 还款记录
46. 对借款人当前经营情况进行调查是对贷款的( )进行调查。
    A. 合法合规性　　　B. 安全性　　　C. 效益性　　　D. 流动性
47. 非流动资产是指借款人在一年内不能变现的那部分资产。下列不属于非流动资产的是( )。
    A. 固定资产　　　B. 长期股权资产　　　C. 存货　　　D. 无形资产
48. 关于展期贷款的偿还,下列说法错误的是( )。
    A. 展期贷款逾期后,银行有权对应收未收利息计复利
    B. 对于设立了抵押的贷款展期,在到期前银行有权行使抵押权
    C. 展期贷款逾期后,应按规定加罚利息
    D. 银行信贷部门应按展期后的还款计划,向借款人发送还本付息通知单
49. 季节性资产增加中,应付账款、应计费用属于( )融资渠道。
    A. 季节性负债　　　B. 季节性资产　　　C. 间接融资　　　D. 直接融资
50. 公司信贷管理的原则不包括有( )。
    A. 全流程管理原则　　　B. 诚信申贷原则　　　C. 协议承诺原则　　　D. 诚实信用原则
51. 某公司在某一年的销售收入为1000万元,应收账款为200万元,则该公司在该年度的应收账款周转天数为( )天。
    A. 75　　　B. 85　　　C. 73　　　D. 100
52. 社会购买力是在一定的经济发展阶段与收入水平基础上,在( )用于购买商品的货币支付能力。
    A. 国内零售市场　　　B. 国内、国际零售市场　　　C. 国内批发市场　　　D. 国内、国际批发市场
53. 下列不属于呆账核销后的管理工作的是( )。
    A. 检查工作　　　B. 抓好催收工作　　　C. 核对工作　　　D. 认真做好总结工作
54. 下列不属于流动资金估算方法的是( )。
    A. 比例系数法
    B. 资产负债表法
    C. 分项详细估算法
    D. 综合指标估算法
55. 下列有关固定利率的说法正确的是( )。
    A. 在贷款合同期内,若市场利率变动,则利率按照固定幅度调整
    B. 借款人按照不固定的利率支付利息
    C. 借贷双方所承担的利率变动风险较大
    D. 固定利率是指在贷款合同签订时即设定好固定的利率
56. 抵押人在抵押期间转让或处分抵押物的,商业银行必须要求其提出( ),并经银行同意后予以办理。
    A. 电话申请　　　B. 书面申请　　　C. 信用承诺　　　D. 口头协议
57. 票据一经背书转让,票据上的权利也随之转让给( )。
    A. 出票人　　　B. 背书人　　　C. 被背书人　　　D. 承兑人
58. 下列不属于公司信贷的接受主体的是( )。
    A. 法人
    B. 有限责任公司
    C. 股份有限公司
    D. 自然人
59. 下列各项中是借款人的权利的是( )。
    A. 如实提供银行要求的资料　　　　　　B. 按借款合同约定用途使用贷款
    C. 按借款合同的约定及时清偿贷款本息　D. 在征得银行同意后,有权向第三方转让债务

60. 下列关于盈亏平衡点的说法,不正确的是( )。
   A. 盈亏平衡点越低,盈利风险越小
   B. 当销售收入在盈亏平衡点以上时,企业要承受损失
   C. 高经营杠杆行业中的企业的盈亏平衡点普遍较高
   D. 盈亏平衡点较低,销售下滑对利润的影响通常也相对较小

61. 从净现值率考虑,下列项目中效益最好的是( )。
   A. 总投资现值为100万元,财务净现值为30万元
   B. 总投资现值为200万元,财务净现值为50万元
   C. 总投资现值为500万元,财务净现值为100万元
   D. 总投资现值为800万元,财务净现值为200万元

62. 贷款合同的签订流程是( )。
   A. 填写合同—审核合同—签订合同
   B. 审核合同—填写合同—签订合同
   C. 审核合同—签订合同—填写合同
   D. 签订合同—填写合同—审核合同

63. 银行对某企业提供的抵押物评估价值额为1000万元,拟向该企业贷款本息总额为800万元,其中利息300万元,则该企业的抵押率为( )。
   A. 80% B. 95% C. 110% D. 125%

64. 在循环的不同阶段和不同循环中,客户现金流量的特征不同,往往会出现现金流入( )现金流出,或者现金流入( )现金流出。
   A. 等于;等于 B. 滞后;大于 C. 滞后;小于 D. 有限;等于

65. 假设一家公司的财务信息如下表所示(单位:万元),一年按照365天计算。该公司第二年应收账款周转天数和第二年存货周转天数分别为( )。

项目	第一年	第二年
销售收入	1800	2000
商品销售成本	1050	1250
年度平均应收账款	150	185
年度平均存货	260	415

   A. 33.76天;121.18天
   B. 33.76天;75.74天
   C. 54.02天;75.74天
   D. 54.02天;121.18天

66. 商业银行的贷款合同不能违反法律、行政法规的强制性规定,这符合商业银行贷款合同制定的( )。
   A. 完善性原则 B. 适宜相容原则 C. 不冲突原则 D. 维权原则

67. 从理论上看,最佳资金结构是指( )最高,企业价值最大而综合成本最低时的资金结构。
   A. 企业总体风险最小 B. 企业总利润最高
   C. 企业总成本最小 D. 企业权益资本净利润率最高

68. 股份有限公司或有限责任公司的企业法人提供的保证,需要取得( )的同意。
   A. 职工达标大会或董事会决议 B. 工会或董事会决议
   C. 董事会决议或股东大会 D. 董事会决议或监事会

69. 供应阶段的核心( )。
   A. 进货 B. 销货 C. 采购 D. 生产

70. 某公司以其商标权为担保,向银行贷款1000万元。这种担保属于( )。
   A. 权利质押 B. 不动产抵押
   C. 动产质押 D. 动产抵押

71. 贷款一旦到期,银行不能通过正常途径收回贷款本息时,就必须( )。
   A. 与借款人达成还贷协议 B. 依靠法律手段,强制收回
   C. 通过担保人收回 D. 暂且搁置,待日后收回

72. 衡量流动性的指标有很多,下列不属于衡量流动性的指标的是( )。
   A. 流动比率   B. 存量存贷比率
   C. 增量存贷比率   D. 资产负债比率

73. 销量很小利润和现金流均为负值是行业( )的特点。
   A. 启动阶段   B. 成长阶段   C. 成熟阶段   D. 衰退阶段

74. 下列不属于所有者权益的是( )。
   A. 未分配利润 B. 利润 C. 资本公积金 D. 盈余公积金

75. 风险预警程序不包括( )。
   A. 信用信息的收集和传递   B. 事后评价
   C. 风险处置   D. 信用卡查询

76. ( ),按照建造过程中发生的全部实际支出计价。
   A. 无形资产 B. 流动资产 C. 递延资产 D. 自行建造的固定资产

77. 假设一家公司的净利润为786万元,所有者权益为4866万元,股息分红为304万元,则红利支付率约为( )。
   A. 39%   B. 16%   C. 22%   D. 6%

78. 抵债资产为动产的处置时限为( )。
   A. 不确定   B. 自取得日起2年内
   C. 自取得日起1年内   D. 自取得日起半年内

79. 从资产负债表的结构来看,长期资产应由( )和( )支持,短期资产则由( )支持。
   A. 长期负债;流动资产;短期资金   B. 长期投资;所有者权益;短期投资
   C. 长期投资;短期资金;所有者权益   D. 长期资金;所有者权益;短期资金

80. 某企业的资产负债表如下:(单位:万元)

银行存款	300	应付账款	500
存货	1000	短期借款	1500
应收账款	700	长期负债	1000
固定资产	3000	所有者权益	2000
资产	5000	负债及所有者权益	5000

该企业的速动比率为( )。
   A. 100%   B. 133%   C. 33%   D. 50%

二、多项选择题(本大题共40小题,每小题1分,共40分。在以下各小题所给出的选项中,至少有两个选项符合题目要求,请将正确选项填入括号内)

81. 借款人的权利包括( )。
   A. 有权向银行的上级监管部门反映、举报有关情况
   B. 有权拒绝借款合同以外的附加条件
   C. 有权按口头约定提取和使用全部贷款
   D. 可以自主向银行申请贷款并依条件取得贷款
   E. 在征得第三方同意后,有权向第三方转让债务

82. 衡量分支机构流动性的指标包括( )。
   A. 资产负债率   B. 资本回报比率   C. 速动比率
   D. 存量存贷比率   E. 增量存贷比率

83. 现金流量中的现金包括( )。
   A. 库存现金   B. 现金等价物   C. 固定存款
   D. 活期存款   E. 已办理质押的活期存款

84. 从资产负债表来看,可能导致长期资产增加的因素包括( )。
   A. 短期销售增长   B. 商业信用减少

C. 固定资产重置及扩张 D. 红利支付
E. 长期投资

85. 在分析客户财务状况时,银行所使用的效率比率指标主要包括(　　)。
    A. 总资产周转率 B. 固定资产周转率
    C. 应收账款周转天数 D. 资产收益率
    E. 所有者权益收益率

86. 目前,我国商业银行的贷款合同管理中存在的问题包括(　　)。
    A. 合同不合规、不完备 B. 合同签署审查不严
    C. 签约过程违规操作 D. 履行合同监管不力
    E. 合同救济超时

87. 公司信贷贷前调查的内容有(　　)。
    A. 贷款盈利性调查 B. 贷款安全性调查
    C. 贷款风险性调查 D. 贷款合规性调查
    E. 贷款效益性调查

88. 贷款申请材料除信贷业务申请书外,客户还需要提供的基本材料有(　　)。
    A. 企业征信报告
    B. 借款人的验资证明
    C. 借款人税务登记证
    D. 借款人最近一期的财务报表
    E. 借款人预留印鉴卡

89. 下列属于抵债资产的管理原则的有(　　)。
    A. 严格控制原则 B. 合理定价原则 C. 监督检查原则
    D. 妥善保管原则 E. 及时处置原则

90. 衡量区域信贷内部风险的信贷资产质量评价指标有(　　)。
    A. 利息实收率 B. 不良贷款剪刀差 C. 加权平均期限
    D. 相对不良率 E. 到期贷款现金回收率

91. 流动性风险是银行需要重点防范的风险。分支机构流动性考核指标通常包括(　　)。
    A. 相对不良率 B. 增量存贷比率 C. 经济增加值
    D. 不良贷款剪刀差 E. 存量存贷比率

92. 营运能力分析常用的比率主要有(　　)。
    A. 总资产周转率 B. 固定资产周转率
    C. 应收账款周转率 D. 存货周转率
    E. 资产收益率和所有者权益收益率

93. 我国银行贷款合同管理普遍存在的问题有(　　)。
    A. 很多约定不明确、不具体 B. 签约过程违规操作
    C. 履行合同监管不力 D. 合同救济超时
    E. 贷款合同不完备

94. 授信额度主要包括(　　)。
    A. 贷款额度 B. 透支额度 C. 承兑汇票额度
    D. 贸易融资额度 E. 不动产投资额度

95. 公司信贷中的中间业务收费主要包括(　　)。
    A. 担保费 B. 开证费 C. 承兑费
    D. 承诺费 E. 银团安排费

96. 下列关于5Cs系统的说法,错误的有(　　)。
    A. 品德仅指借款企业负责人的品德
    B. 资本是指借款人的财务状况及资本金状况,财务杠杆越低,意味着债务负担和违约概率越低
    C. 还款能力主要从借款人未来现金流量变动趋势方面衡量

D.抵押贷款中,商业银行对抵押品的要求权级别越高,抵押品市场价值越小,贷款风险越低
E.经营环境主要包括商业周期所处阶段、借款人所在行业状况、利率水平等因素

97.公司的应付账款周转天数下降时,( )。
  A.公司经营的风险降低	B.公司的商业信用降低
  C.公司可能进行短期融资	D.公司可能产生借款需求
  E.公司需要额外的现金及时支付供货商

98.处于启动阶段的行业( )。
  A.代表着最高的风险	B.有大量的现金需求
  C.偿付能力较弱	D.对风险投资者有较强的吸引力
  E.对银行有较强的吸引力

99.下列情况中,银行可停止发放贷款的有( )。
  A.企业用贷款控股其他公司	B.企业用贷款炒买股票、炒买房地产
  C.企业用银行贷款向其他企业放贷	D.企业用流动资金贷款建设员工福利制度
  E.企业使用贷款从事非法业务

100.财务指标分析中,存货持有天数增多,说明客户可能( )。
  A.存货销量增加	B.呆滞积压存货比重较大
  C.存货采购价格上涨	D.存货采购过量
  E.存货耗用量增加

101.商业银行信贷审批书中可附带的限制性条款包括( )。
  A.偿债优先权的要求	B.资本性支出的限制
  C.配合贷后管理的要求	D.对外担保的限制
  E.股东分红的限制

102.在商业银行贷后管理中,抵押品检查的主要内容有( )。
  A.抵押品是否被变卖出售或部分被变卖出售
  B.抵押品价值是否变化
  C.抵押品是否被妥善保管
  D.抵押品保险到期后是否及时续投保险
  E.抵押品是否被转移至不利于银行监控的地方

103.根据《项目融资业务指引》的规定,项目融资指符合( )特征的贷款。
  A.借款人通常是为建设、经营该项目或为该项目融资而专门组建的企事业法人
  B.贷款用途通常是用于建造一个或一组大型生产装置、基础设施、房地产项目或其他项目
  C.还款资金来源主要依赖该项目产生的销售收入、补贴收入或其他收入
  D.专指对在建项目的再融资
  E.借款人包括主要从事项目建设、经营或融资的既有企事业法人

104.在行业风险分析框架中,成本结构的组成主要包括( )。
  A.固定成本	B.变动成本	C.经营杠杆
  D.盈亏平衡点	E.最大利润点

105.采取常规清收手段无效后,可采取依法收贷的措施。依法收贷的步骤包括( )。
  A.提起诉讼	B.财产清收	C.申请强制执行
  D.申请债务人破产	E.重组

106.公司信贷中,初次面谈的提纲应包括( )。
  A.客户总体情况	B.客户信贷需求
  C.可承受偿还期限	D.可承受偿还利率
  E.拟向客户推介的信贷产品

107.现有企业之间的竞争常常表现在( )。
  A.替代品	B.产品介绍	C.售后服务
  D.价格	E.广告

108. 贷款发放时,银行要核查提款申请书中的( )等要素,确保提款手续正确。
    A. 提款日期　　　B. 提款金额　　　C. 划款途径
    D. 提款次数　　　E. 首次提款

109. 贷款分类需要考虑的因素包括( )。
    A. 借款人的还款能力　　　　　　　B. 贷款的担保
    C. 贷款偿还的法律责任　　　　　　D. 借款人的还款记录
    E. 借款人的还款意愿

110. 以下属于企业产品创新能力的重要指标的有( )。
    A. 产品的销售价格
    B. 能否在竞争对手之前推出新产品
    C. 新产品、专利产品在销售中所占的比例
    D. 企业的经营效益
    E. 开发下一代新产品所需的时间

111. 借款人出现挪用贷款或其他违约事件时,商业银行有权分别或同时采取( )措施。
    A. 宣布借款人在与银行签订的其他贷款合同项下的借款本息立即到期,要求借款人立即偿还贷款本息及费用
    B. 取消借款人尚未提用的借款额度
    C. 停止借款人提款
    D. 宣布贷款合同项下的借款本息全部立即到期
    E. 要求借款人限期纠正违约事件

112. 借款需求分析对银行的意义在于( )。
    A. 帮助银行有效地评估风险
    B. 帮助银行确定合理的贷款期限
    C. 为公司提供融资方面的合理建议
    D. 确定贷款总供给量
    E. 帮助银行增加盈利

113. 贷款发放前,抵押人与银行要以书面形式签订抵押合同,抵押合同应包括( )。
    A. 被担保的主债权种类、数额　　　B. 债务人履行债务的期限
    C. 抵押物的名称、数量、质量、状况、所在地　　D. 抵押担保的范围
    E. 抵押物的所有权权属或者使用权权属

114. 还本付息通知单应包括的内容有( )。
    A. 贷款项目名称
    B. 还本付息的日期
    C. 本次还本金额和付息金额
    D. 利息计算过程中涉及的利率、计息天数、计息基础
    E. 当前贷款余额

115. 影响行业风险的外部因素包括( )。
    A. 行业成熟度　　B. 成本结构　　　C. 行业政策法规
    D. 行业内竞争程度　E. 行业风险资产比例

116. 下列质押品中,其市场价格可作为抵押公允价值的有( )。
    A. 国债　　　　　　　　　　　　　B. 存款单
    C. 银行承兑汇票　　　　　　　　　D. 上市公司流通股票
    E. 非上市公司法人股权

117. 在受托支付方式下,商业银行要求借款人逐笔提交能够反映所提款项用途的详细证明材料,包括( )。
    A. 交易合同　　　B. 付款文件　　　C. 汇款申请书
    D. 共同签证单　　E. 货物单据

118. 质押贷款中,为规避司法风险,银行可采取的措施有( )。
    A. 将质押资金转为定期存单单独保管
    B. 将质押资金转入银行名下保证金账户
    C. 将质押资金存放在本行活期存款账户
    D. 将质押资金封存
    E. 将质押资金存放于借款人处

119. 关于资产与负债变化对现金流量的影响,下列表述中,正确的有( )。
    A. 非现金资产增加、负债减少,会导致现金流入
    B. 非现金资产减少会导致现金流入,负债减少会导致现金流出
    C. 非现金资产增加会导致现金流入,负债增加会导致现金流出
    D. 非现金资产减少、负债增加,会导致现金流入
    E. 非现金资产增加会导致现金流出,负债增加会导致现金流入

120. 下列债务人所有的资产中,可作为抵债资产的有( ),但根据人民法院和仲裁机构生效法律文书办理的除外。
    A. 土地使用权
    B. 公益性质的职工住宅
    C. 抵债资产本身发生的各种欠缴税费超过该财产价值的
    D. 专利权
    E. 股票

三、判断题(共20题,每小题1分,共20分。请判断以下各小题的正误,正确的为A,错误的为B)

121. 行业壁垒是指新企业在进入该行业时所遇到的有利因素。 ( )
122. 合同填写并复核无误后,贷款发放人应负责与借款人(包括共同借款人)、担保人(抵押人、出质人、保证人)签订合同。 ( )
123. 流动资产中最重要的组成部分是货币资金。 ( )
124. 盈利能力不足会导致直接借款需求产生。 ( )
125. 同一财产只能设立一个抵押权,但可设数个质权。 ( )
126. 二级档案存档后,原则上不允许借阅。 ( )
127. 盈亏平衡点的高低与企业的经营杠杆无关。 ( )
128. 借款需求是公司对资金的需求超过自身储备,从而需要借款。 ( )
129. "丧失一个或多个财力雄厚的客户",这属于商业银行贷款风险的预警信号系统中有关借款人财务状况的预警信号。 ( )
130. 委托贷款的风险由委托人承担,银行(受托人)只收取手续费,不承担贷款风险,不代垫资金。 ( )
131. 总折旧固定资产中应当包含土地。 ( )
132. 某种银行信贷产品市场上出现了大量的替代品,许多客户减少了老产品的使用,产品销售量急剧下降,价格也大幅下跌,银行利润日益减少。那么这种银行信贷产品所处的生命周期是衰退期。 ( )
133. 通常银行筹集资本金来覆盖预期损失,提取准备金来覆盖非预期损失。 ( )
134. 如果借款人贷款时约定的还款来源发生变化,但目前已偿还了部分贷款,该贷款可视为正常贷款。 ( )
135. 短期贷款一般不采用一次性还清贷款的还款方式。 ( )
136. 业务人员面谈结束后,如果客户的贷款申请不予考虑,业务人员可向客户建议其他融资渠道。 ( )
137. 以按份共有的财产抵押的,必须具有抵押人对该财产占有份额的证明及其他共有人同意以其所占份额设定抵押的书面文件。 ( )
138. 信贷结清通知书属于一级信贷文件。 ( )
139. 银行为公司并购提供的并购贷款属于固定资产贷款。 ( )
140. 固定资产重置的原因主要是设备自然老化和技术更新。 ( )

考前摸底仿真卷参考答案

考前摸底仿真卷(一)

一、单项选择题

1	2	3	4	5	6	7	8	9	10
D	A	A	B	B	C	D	C	D	D
11	12	13	14	15	16	17	18	19	20
B	B	C	C	C	D	A	C	B	B
21	22	23	24	25	26	27	28	29	30
C	C	A	C	B	A	D	D	D	A
31	32	33	34	35	36	37	38	39	40
B	D	D	D	A	A	D	C	B	A
41	42	43	44	45	46	47	48	49	50
A	B	D	C	C	A	B	D	C	A
51	52	53	54	55	56	57	58	59	60
A	C	B	A	B	D	B	D	C	C
61	62	63	64	65	66	67	68	69	70
B	B	C	B	B	C	C	D	C	B
71	72	73	74	75	76	77	78	79	80
C	C	C	B	D	A	A	B	A	D

二、多项选择题

81	82	83	84	85	86	87	88	89	90
ACE	ABD	ABC	BCDE	ABCD	ACDE	CE	BCDE	ABCDE	ABC
91	92	93	94	95	96	97	98	99	100
BD	ABCDE	ABCD	ACDE	ACDE	ABDE	BC	ABCE	ACDE	ABCD
101	102	103	104	105	106	107	108	109	110
ABDE	ABE	DE	ADE	BCDE	BCE	ABC	ABDE	ABDE	AD
111	112	113	114	115	116	117	118	119	120
CDE	BCDE	ABCE	ADE	BCDE	ACDE	DE	BCD	BCDE	BDE

· 21 ·

三、判断题

121	122	123	124	125	126	127	128	129	130
B	A	B	A	B	B	A	B	A	B
131	132	133	134	135	136	137	138	139	140
B	B	A	B	A	B	A	B	B	B

考前摸底仿真卷（二）

一、单项选择题

1	2	3	4	5	6	7	8	9	10
B	B	D	C	C	B	B	D	D	B
11	12	13	14	15	16	17	18	19	20
A	B	C	B	D	B	B	A	A	B
21	22	23	24	25	26	27	28	29	30
B	D	D	C	D	C	D	D	C	C
31	32	33	34	35	36	37	38	39	40
C	C	D	D	A	C	C	A	D	A
41	42	43	44	45	46	47	48	49	50
C	C	D	B	A	C	C	B	A	D
51	52	53	54	55	56	57	58	59	60
C	B	C	D	D	B	C	D	D	B
61	62	63	64	65	66	67	68	69	70
A	A	A	C	A	C	D	C	A	A
71	72	73	74	75	76	77	78	79	80
B	D	A	B	D	D	A	C	D	D

二、多项选择题

81	82	83	84	85	86	87	88	89	90
ABD	DE	ABD	CE	ABC	ABCDE	BDE	ABDE	ABDE	ABDE
91	92	93	94	95	96	97	98	99	100
BE	ABCD	ABCDE	ABCD	ABCDE	ACD	BDE	ABCD	ABCDE	BCD
101	102	103	104	105	106	107	108	109	110
ABCDE	ABCDE	ABCE	ABCD	ACD	ABE	BCDE	ABC	ABCDE	BCE
111	112	113	114	115	116	117	118	119	120
ABCDE	ABC	ABCDE	ABCDE	ABCD	ABCD	ABCDE	AB	BDE	ADE

三、判断题

121	122	123	124	125	126	127	128	129	130
B	A	B	A	B	B	B	B	B	A
131	132	133	134	135	136	137	138	139	140
B	A	B	B	B	A	A	A	B	A

【说明】考前摸底仿真卷带大家提前走进考场！试卷的考点分布、试题难度均与真考一致，适合考生在考前两周左右用于自我检测前期学习成果。考生做完试卷请根据上述参考答案评判分数，并根据实际得分情况制订适合自己的考前冲刺学习计划。建议得分较低的考生重点回顾试卷错题，并将错题回归教材强化知识点，这样查漏补缺可以有效提分！

我们还给大家提供了考前摸底仿真卷(一)~(二)的电子版详细解析，如有需要，请扫描下方二维码查看。

银行业专业人员职业资格考试（初级）

高频考点

公司信贷
（第3版）

银行业专业人员职业资格考试命题研究组　编著

微信扫码领取图书增值服务

视频课程	全套名师教材精讲课，单科约61课时
智能题库	套题10套/科，章节题1100+题/科
全真机考	网页端模拟机考环境，提前走进考场
直播互动	考前每周2~3次直播课，名师在线答疑，带您科学备考
答疑指导	助教邀请进入学习群，提供报考指导和产品使用咨询等
备考资料	免费获取思维导图、考试大纲、考试百事通等资料

微信扫描上方二维码领取增值服务

中国财富出版社有限公司

目 录

第一章	公司信贷	1
第二章	贷款申请受理和贷前调查	7
第三章	借款需求分析	13
第四章	贷款环境风险分析	20
第五章	客户分析与信用评级	23
第六章	担保管理	35
第七章	信贷审批	43
第八章	贷款合同与发放支付	48
第九章	贷后管理	55
第十章	贷款风险分类与贷款损失准备金的计提	62
第十一章	不良贷款管理	63
附录	公司信贷的相关法律、办法及指引	69

第一章　公司信贷

高频考点1　公司信贷基础的相关概念和基本要素（1.1*）

1. 相关概念

（1）银行信贷。

①广义上，银行信贷指银行筹集债务资金、借出资金或提供信用支持的经济活动。

②狭义上，银行信贷指银行借出资金或提供信用支持的经济活动，主要包括贷款、担保、承兑、信用证、减免交易保证金、信贷承诺等。

（2）公司信贷。

2. 基本要素

（1）借款主体。

（2）信贷产品。

（3）信贷金额。

（4）信贷期限。

①提款期指从借款合同生效之日开始，至合同规定贷款金额全部提款完毕之日为止，或最后一次提款之日为止，其间借款人可按照合同约定分次提款。

②宽限期指从贷款提款完毕之日开始，或从最后一次提款之日开始，至第一个还本付息之日为止，介于提款期和还款期之间。在宽限期内银行只收取利息，借款人不用还本，或本息都不用偿还，但是银行仍应按规定计算利息，至还款期才向借款企业收取。

③还款期指从借款合同规定的第一次还款日起至全部本息清偿日止的期间。

＊ 1.1 表示第一章第一节。所有考点均标明所属章节，可据此定位到教材对应知识点。

电子票据期限最长为6个月，使企业融资期限安排更加灵活。

（5）贷款利率。

①按照贷款币种的不同，分为本币贷款利率和外币贷款利率。

②按照借贷关系持续期内利率水平是否变动来划分，分为浮动利率和固定利率。

a.浮动利率指借贷期限内利率随物价、市场利率或其他因素变化相应调整的利率。

b.固定利率指在贷款合同签订时即设定好固定的利率。

③按照利率确定的机构不同，分为法定利率、行业公定利率和市场利率。

a.法定利率指由政府金融管理部门或中央银行确定的利率，它是国家实现宏观调控的一种政策工具。

b.行业公定利率指由非政府部门的民间金融组织确定的利率。

c.市场利率指随市场供求关系的变化而自由变动的利率。

（6）还款方式（清偿计划）。

定额还款包括等额还款和约定还款，其中等额还款通常包括等额本金还款和等额本息还款等方式。

（7）担保方式。

按照《中华人民共和国民法典》（以下简称《民法典》）的有关规定，担保方式包括保证、抵押、质押和留置等。

（8）授信条件。

①提款前提条件主要包括合法授权、政府批准、资本金要求、担保落实及其他提款条件。

②持续维护条件主要包括财务维持、股权维持、信息交流及其他持续维护条件。

高频考点2　公司信贷的种类（1.1）

1. 按贷款期限划分

（1）短期贷款：贷款期限在1年（含1年）以内的贷款。

（2）中期贷款：贷款期限在1年（不含1年）以上5年（含5年）以下的贷款。

(3) 长期贷款：贷款期限在 5 年（不含 5 年）以上的贷款。

2. 按货币种类

(1) 人民币贷款。

(2) 外汇贷款。

3. 按贷款偿还方式划分

(1) 一次还清贷款。

(2) 分期偿还贷款。

4. 按贷款经营模式划分

(1) 委托贷款。

(2) 特定贷款：指国务院批准并对贷款可能造成的损失确定相应补救措施后责成银行发放的贷款，银行不用承担贷款风险。

(3) 自营贷款。

5. 按贷款利率划分

(1) 固定利率贷款。

(2) 浮动利率贷款。

6. 按是否计入资产负债表划分

(1) 表内业务：主要包括贷款和票据贴现等。

(2) 表外业务：主要包括保证业务、银行承兑汇票业务和信用证业务等。

7. 按贷款有无担保划分

(1) 抵押贷款：指以借款人或第三人财产作为抵押发放的贷款。以按份共有的财产抵押的，必须具有抵押人对该财产占有份额的证明及其他共有人同意以其所占份额设定抵押的书面文件。

(2) 质押贷款：指以借款人或第三人的动产或权利作为质押物发放的贷款。

(3) 保证贷款。

【真题示例·多选题】公司信贷的种类按贷款期限可以分为(　　)。
A. 透支贷款　　B. 短期贷款　　C. 中期贷款
D. 长期贷款　　E. 永久贷款
【答案】BCD【解析】略。

高频考点3　公司信贷管理概述（1.2）

1. 信贷管理的流程

（1）贷款申请。

（2）受理与调查。

（3）审查及风险评价。风险评价隶属贷款决策过程，是贷款全流程管理中的关键环节之一。

（4）贷款审批：按照"审贷分离、分级审批"的原则对信贷资金的投向、金额、期限、利率等贷款内容和条件进行最终决策，逐级签署审批意见。

（5）合同签订：强调协议承诺原则。

（6）贷款发放。

（7）贷款支付：设立独立的责任部门或岗位，负责贷款支付审核和支付操作。

（8）贷后管理：监督借款人的贷款使用情况、跟踪掌握借款人经营与财务状况及其清偿能力、检查贷款抵（质）押品和担保权益的完整性。

（9）贷款回收与处置：按合同约定，收回本金及利息，是借款人履行借款合同、维护信用关系当事人各方权益的基本要求。

2. 信贷管理的原则

（1）全流程贷款管理原则。

（2）诚信申贷原则。

①借款人恪守诚实守信原则；②借款人应证明其信用记录良好、贷款用途和还款来源明确合法等。

（3）实贷实付原则：银行业金融机构根据借款人的有效贷款需求，主要通过贷款人受托支付的方式，将贷款资金支付给符合合同约定的借款人交易对象的过程。

（4）贷后管理原则。

（5）协议承诺原则：通过强调合同的完备性、承诺的法制化乃至管理的系统化，弥补过去贷款合同的不足。协议承诺原则一方面要求贷款人在合同等协议文件中清晰规定自身的权利义务，另一方面要求客户签订并承诺一系列事项,依靠法律来约束客户的行为。一旦违约事项发生,则能够切实依法保护贷款人的权益。

(6) 贷放分控原则:银行业金融机构将贷款审批与贷款发放分别管理和控制,以降低信贷业务操作风险。

3. 信贷管理的组织架构

信贷业务经营管理组织架构包括董事会及其专门委员会、监事会、高级管理层和信贷业务前台、中台、后台部门。

部门	作用	示例
信贷前台部门	银行的"利润中心",负责客户营销和维护。	公司业务部门、个人贷款部门、金融机构部门。
信贷中台部门	对信贷业务主要面临的信用风险、市场风险、合规风险等风险类型进行识别、预警以及管理。	信贷审批部门、信贷管理部门、风险管理部门、内控合规部门。
信贷后台部门	信贷业务的配套支持和保障。	财务会计部门、审计部门。

【真题示例·单选题】下列商业银行各部门中,(　　)负责客户营销和维护,也是银行的"利润中心"。
A. 信贷管理部门　　　　　　　B. 合规部门
C. 风险管理部门　　　　　　　D. 信贷前台部门
【答案】D 【解析】略。

高频考点4 绿色信贷(1.2)

1. 开展绿色信贷的一些要求

(1) 要求大力发展绿色金融。
(2) 发展绿色信贷和绿色直接融资,加大对金融机构绿色金融业绩评价考核力度。

(3) 支持金融机构和相关企业在国际市场开展绿色融资。

(4) 推动国际绿色金融标准趋同，有序推进绿色金融市场双向开放。

(5) 推动气候投融资工作。

2. 关键评价指标

(1) 定性评价指标。

(2) 定量评价指标。

高频考点5 公司信贷主要产品的概念（1.3）

(1) 流动资金贷款。

(2) 固定资产贷款。

(3) 项目融资。

(4) 银团贷款：又称辛迪加贷款，指由两家或两家以上银行基于相同贷款条件，依据同一贷款合同，按约定时间和比例，通过代理行向借款人提供的本外币贷款或授信业务。按照在银团贷款中的职能和分工，银团成员通常分为牵头行、代理行和参加行等角色，也可根据实际规模与需要在银团内部增设副牵头行、联合牵头行等，并按照银团贷款合同履行相应职责。

(5) 并购贷款。

(6) 房地产开发贷款。

(7) 贸易融资。

(8) 保证业务。

第二章　贷款申请受理和贷前调查

高频考点1　借款人的简述（2.1）

1. **主体资格**

（1）企业法人依法办理工商登记，取得市场监督管理机构颁发的营业执照。

（2）事业法人依照《事业单位登记管理暂行条例》的规定办理登记备案。

（3）特殊行业须持有相关机关颁发的营业或经营许可证。

2. **基本要求**

（1）经营管理合法合规性（新建项目企业法人所有者权益与所需总投资的比例不得低于国家规定的投资项目资本金比例）。

（2）诚信申贷。

（3）信用记录良好。

（4）信贷业务用途及还款来源明确合法。

3. **特别要求**

对固定资产贷款借款人的特别要求：

（1）固定资产贷款的借款人为新设项目法人的，其控股股东应具备良好的信用状况且无重大不良记录。

（2）国家对拟投资项目有投资主体资格和经营资质要求的，应符合其要求。

高频考点2　借款人的权利及义务（2.1）

1. **权利**

（1）可以自主向主办银行或者其他银行的经办机构申请贷款并依条

件取得贷款。

（2）有权按合同约定提取和使用全部贷款。

（3）有权拒绝借款合同以外的附加条件。

（4）有权向贷款人的上级和中国人民银行反映、举报有关情况。

（5）在征得贷款人同意后，有权向第三方转让债务。

2．义务

（1）如实提供贷款人要求的资料（法律规定不能提供者除外），应当向贷款人如实提供所有开户行、账号及存贷款余额情况，配合贷款人的调查、审查和检查。

（2）应当接受贷款人对其使用信贷资金情况和有关生产经营、财务活动的监督。

（3）应当按借款合同约定用途使用贷款。

（4）应当按借款合同的约定及时清偿贷款本息。

（5）将债务全部或部分转让给第三方的，应当取得贷款人的同意。

（6）有危及贷款人债权安全的情况时，应当及时通知贷款人，同时采取保全措施。

高频考点3 面谈访问阶段（2.2）

1．面谈准备

（1）信贷受理人员应尽可能通过安排面谈等方式进行前期调查。

（2）初次面谈前应拟订的提纲：①客户总体情况；②客户信贷需求；③拟向客户推介的信贷产品等。

2．面谈内容

（1）面谈标准。

"5C"标准原则，即品德（Character）、能力（Capacity）、资本（Capital）、担保（Collateral）和环境（Condition）。

（2）面谈中需了解的信息。

①客户的公司状况；②客户的信贷需求状况；③客户的还贷能力；

· 8 ·

④担保的可接受性；⑤客户与银行的关系。

（3）面谈结束的注意事项。

①客户的信贷申请可以考虑（但还不确定是否受理），受理人员应当向客户获取进一步的信息资料，并准备后续调查工作，注意不得超越权限作出有关承诺。

②客户的信贷申请不予考虑，受理人员应留有余地地表明银行立场，向客户耐心解释原因，并提供其他融资渠道建议，或寻找其他业务合作机会。

高频考点4　内部意见反馈阶段（2.2）

（1）客观汇报了解到的客户信息，反映情况要及时、全面和准确。

（2）客观及时撰写会谈纪要，在必要情况下，有关书面材料应送交行业内专业部门征求意见。

高频考点5　信贷意向阶段（2.2）

1. 贷款意向书和贷款承诺的比较

（1）相同点。

①适用于中长期贷款，但并非每一笔中长期贷款均需做贷款意向书或贷款承诺。

②及早介入、及时审查，须按内部审批权限批准后方可对外出具。

（2）不同点。

①贷款意向书是为贷款进行下一步的准备和商谈而出具的一种意向性的书面声明，不具备法律效力。贷款承诺是借贷双方就贷款的主要条件已经达成一致，银行同意在未来特定时间内向借款人提供融资的书面承诺，具有法律效力。

②在项目建议书批准阶段或之前，银行可以对符合贷款条件的项目按权限出具贷款意向书。在项目可行性研究报告批准阶段或之后，银行可根据信贷授权等有关规定，经有权机构审批后，对外出具贷款承诺。

2. 贷款申请资料的准备

（1）其他资料的要求。

①公司注册登记或批准成立的有关文件；②公司章程；③借款人的验资证明；④近期中国人民银行企业征信报告及许可银行查询征信的授权书；⑤借款人预留印鉴卡及开户证明；⑥法人代表或其授权代理人身份证明及其必要的个人信息；⑦有权机构作出的关于同意申请信贷业务的文件、决议；⑧借款人近3年和最近一期的财务报表；⑨借款人自有资金、其他资金来源到位或能够计划到位的证明文件；⑩相关交易合同、协议。

（2）注意事项。

①区别对待企业提交的经审计和未审计的财务报表；②新建项目应及时向信贷业务申请人获取重要的财务数据；③根据申请人或担保人公司章程中的相关规定，来确定申请人或担保人具有该笔信贷或担保业务完备的授权；④业务人员有核对义务，核对无误后须在复印件上签字确认。

【真题示例·单选题】下列关于贷款意向书与贷款承诺的说法中，错误的是（　　）。

A. 贷款意向书和贷款承诺都是贷款程序中不同阶段的成果

B. 贷款意向书和贷款承诺常见于短期贷款

C. 有的贷款操作过程中既不需要贷款意向书也不需要贷款承诺

D. 贷款意向书表明该文件是为贷款进行下一步的准备和商谈而出具的一种意向性的书面声明

【答案】B【解析】贷款意向书和贷款承诺都是贷款程序中不同阶段的成果，常见于中长期贷款。

高频考点6 贷前调查的内容（2.3）

（1）安全性调查。

(2) 合规性调查。

贷款的合规性指银行对借款人和担保人的主体资格、信贷用途及相关手续等合乎法律和监管要求的情况进行调查、认定。

①认定借款人、担保人合法主体资格。

②认定借款人、担保人的法定代表人、授权委托人、法人的公章和签名的真实性和有效性,并依据授权委托书所载明的代理事项、权限、期限认定授权委托人是否具有签署法律文件的资格、条件。

③对需董事会决议同意借款和担保的,信贷业务人员应调查认定董事会同意借款、担保决议的真实性、合法性和有效性。

④对需股东(大)会决议同意借款和担保的,信贷业务人员应调查认定股东(大)会同意借款、担保决议的真实性、合法性和有效性。

⑤对抵押物、质押物清单所列抵(质)押物品或权利的合法性、有效性进行认定。

⑥对信贷使用合法合规性进行认定。

⑦对购销合同的真实性进行认定。

⑧对借款人的借款目的进行调查。

(3) 效益性调查。

高频考点7 贷前调查报告的内容要求(2.3)

1. 一般要求

调查报告内容:①借款人基本情况;②借款人生产经营及经济效益情况;③借款人财务状况;④借款人资信及与银行往来情况;⑤资金用途;⑥还款能力;⑦担保情况;⑧银行收益预测;⑨风险评估意见;⑩结论性意见。

2. 固定资产贷款的特殊要求

项目合法性要件:①立项手续、土地利用合法性文件、规划批复、环评批复等合法性要件的取得时间、批文文号、批文内容与项目是否一致;②项目总投资、投资构成及来源;③产品名称、规模;④经济效益和社会效益评价等内容。

高频考点8　贷前调查的方法（2.3）

1. 现场调研

（1）现场会谈。

（2）实地考察。

2. 非现场调查

（1）搜寻调查。

（2）委托调查：通过中介机构或银行自身网络开展调查。

（3）其他方法：①接触客户的关联企业、竞争对手或个人获取有价值信息；②通过行业协会、政府的职能管理部门了解客户的真实情况。

【真题示例·多选题】贷前调查的方法主要包括(　　)。
A. 委托调查　　　　　　　B. 客户评级
C. 搜寻调查　　　　　　　D. 通过行业协会了解客户的真实情况
E. 现场调研
【答案】ACDE【解析】略。

第三章 借款需求分析

高频考点1　借款需求的原因及借款需求分析的意义（3.1）

1. 借款需求的原因

长期性资本支出以及季节性存货和应收账款增加等导致的现金短缺。

2. 借款需求分析的意义

（1）银行能够更有效地评估风险，更合理地确定贷款期限，并帮助企业提供融资结构方面的建议。

（2）银行在对客户进行借款需求分析时，要关注企业的借款需求原因，即所借款项的用途，同时还要关注企业的还款来源以及可靠程度。实际上，在一个结构合理的贷款中，企业的还款来源与其贷款原因应当是相匹配的，而这可以通过借款需求分析来实现。

（3）银行只有通过借款需求分析，才能把握公司借款需求的本质，从而作出合理的贷款决策。

（4）有利于公司的稳健经营，也有利于银行降低贷款风险。

（5）有利于银行进行全面的风险分析。

高频考点2　经营周转用途产生的原因（3.2）

1. 季节性销售增长

项目	内容
季节性资产增加的主要融资渠道	（1）内部融资：公司内部有价证券和现金。 （2）季节性商业负债增加：应付账款和应计费用。 （3）银行贷款。
银行可获取的信息	（1）决定季节性销售模式是否产生季节性借款需求。 （2）评估营运资本投资需求的时间与金额。 （3）决定合适的季节性贷款结构及偿还时间表。

2. 长期销售收入增长

(1) 资产增长的模式。

项目	内容
运营资本来源	①内部留存收益。 ②外部长期融资：核心流动资产增长必须由长期融资实现。
借款需求的判断方法	①判断持续的销售增长率是否足够高（简单快速的方法）。 ②销售收入是否保持快速、稳定的增长。 ③经营现金流是否可以满足营运资本投资和资本支出的增长。 ④资产效率是否相对稳定。

(2) 可持续增长率。

①可持续增长率的假设条件、决定因素及计算公式。

a.假设条件：公司的资产使用效率将维持当前水平；公司销售净利率维持当前水平，并可以涵盖负债的利息；公司的财务杠杆不变；公司保持持续不变的红利发放政策；公司未增发股票，增加负债是唯一的外部融资来源。

b.决定因素：利润率；留存利润；资产使用效率；财务杠杆。

c.计算公式。

$SGR = (ROE \times RR) / (1 - ROE \times RR)$

红利支付率 = 股息分红/净利润 × 100%

ROE = 净利润/所有者权益 × 100%

其中，SGR 表示可持续增长率；ROE 表示资本回报率；RR 表示留存比率，且 $RR = 1 -$ 红利支付率。

②引入新变量后 ROE 的组成因子。

a.净利润率 = 净利润/销售收入 × 100%

b.总资产周转率 = 销售收入/总资产 × 100%

c. 财务杠杆率=总资产/所有者权益×100%=1+总负债/所有者权益

$ROE = 净利润率 \times 总资产周转率 \times 财务杠杆率$

$= \dfrac{净利润}{销售收入} \times \dfrac{销售收入}{总资产} \times \dfrac{总资产}{所有者权益}$

$SGR = \dfrac{\dfrac{净利润}{销售收入} \times \dfrac{销售收入}{总资产} \times \dfrac{总资产}{所有者权益} \times RR}{1 - \left(\dfrac{净利润}{销售收入} \times \dfrac{销售收入}{总资产} \times \dfrac{总资产}{所有者权益} \times RR\right)}$

3. 资产效率的下降

当企业的现金需求大于现金供给时,资产效率下降和商业信用减少可能就会成为企业贷款的原因。借款需求表现为应收账款和存货的增加、应付账款的减少。

4. 商业信用的减少和改变

应付账款是企业的无成本融资来源。应付账款还款期缩短,企业以应付账款获得的资金占用量减少,造成企业现金短缺,从而引起借款需求。

5. 利润率下降

企业连续几年利润较低或几乎没有收入时,很难获得现金净收入,就需要靠银行贷款来支付各种额外支出,因此低利润有可能会引起借款需求。

高频考点3 经营周转用途的适用授信产品及融资需求测算(3.2)

1. 估算借款人营运资金量

营运资金量=上年度销售收入×(1-上年度销售利润率)×(1+预计销售收入年增长率)/营运资金周转次数

营运资金周转次数=360/(存货周转天数+应收账款周转天数-应付账款周转天数+预付账款周转天数-预收账款周转天数)

周转天数=360/周转次数

应收账款周转次数=销售收入/平均应收账款余额

预收账款周转次数=销售收入/平均预收账款余额

存货周转次数=销售成本/平均存货余额

预付账款周转次数 = 销售成本/平均预付账款余额

应付账款周转次数 = 销售成本/平均应付账款余额

2. 估算新增流动资金贷款额度

新增流动资金贷款额度 = 营运资金量 - 借款人自有资金 - 现有流动资金贷款 - 其他渠道提供的营运资金

3. 其他因素

（1）合理预测借款人应收账款、存货和应付账款的周转天数，并可考虑一定的保险系数。

（2）对集团关联客户，可采用合并报表估算流动资金贷款额度。

（3）对小企业融资、订单融资、预付租金或者临时大额债项融资等情况，根据实际交易需求确定流动资金额度。

（4）对季节性生产借款人，按每年的连续生产时段估算流动资金需求，贷款期限根据回款周期合理确定。

高频考点4 经营周转用途的融资期限结构安排（3.2）

1. 季节性销售模式

季节性融资一般是短期的，通常在一年以内。

2. 销售增长旺盛期

由于对核心资产的大量投资，经营现金流在短期内是不足以完全偿还外部融资的。因此，对于这部分融资需求，表面上看是一种短期融资需求，实际上则是一种长期融资。

3. 资产使用效率下降

应收账款和存货周转率的下降可能会是长期融资和短期融资需求的借款原因。

4. 商业信用的减少和改变

分析应收账款周转率、存货周转率的变化，判断这种变化属于长期还是短期。

5. 盈利能力不足

银行应谨慎放贷。

高频考点5 固定资产投资用途产生的原因（3.2）

项目	内容
固定资产的重置	（1）原因：技术更新以及设备自然老化。 （2）银行评估贷款的指标。 ①公司的经营和资本投资周期，设备的使用年限和目前状况。 ②影响固定资产重置的技术变化率。 （3）公式。 固定资产使用率 = 累计折旧/总折旧固定资产×100% 固定资产剩余寿命 = 净折旧固定资产/折旧支出 ①固定资产使用率中的固定资产价值代表了一个公司的整个固定资产基础。而固定资产基础可能相对较新，但有一些个人资产可能仍需要重置。 ②为了提高生产力，公司可能在设备完全折旧之前就重置资产。 ③固定资产使用价值会因折旧会计政策的变化和经营租赁的使用而被错误理解。 ④折旧并不意味着报废，使用完全折旧但未报废的机械设备是很正常的。
固定资产扩张	（1）扩张模式：阶梯式扩张。 （2）作用：决定销售收入的增长。 （3）指标分析。 ①销售收入/净固定资产比率较高或不断增长，则说明固定资产的使用效率较高。超过一定比率后，固定资产的扩张便成为企业借款的合理原因。 ②可持续增长率。

高频考点6 固定资产投资用途的适用授信产品及融资需求测算 (3.2)

1. 项目总投资

(1) 固定资产投资。

①工程费用:按照用途划分,可分为设备购置费、建筑工程费、安装工程费。

②其他费用:递延资产和无形资产。

③预备费用:基本预备费和涨价预备费。

(2) 铺底流动资金:估算方法包括扩大指标法和分类详细估算法。

(3) 利息计算。

①当年借款按年中支用考虑,计算半年利息。

②当年还款按年末偿还考虑,计算全年利息。

2. 自有资金

(1) 资本金。

《国务院关于调整和完善固定资产投资项目资本金制度的通知》和《国务院关于加强固定资产投资项目资本金管理的通知》规定各行业固定资产投资项目的最低资本金比例如下。

①城市和交通基础设施项目:城市轨道交通项目为20%,港口、沿海及内河航运项目为20%,机场项目为25%,铁路、公路项目为20%;公路(含政府收费公路)、铁路、城建、物流、生态环保、社会民生等领域的补短板基础设施项目,在投资回报机制明确、收益可靠、风险可控的前提下,可以适当降低项目最低资本金比例,但下调不得超过5个百分点。

②房地产开发项目:保障性住房和普通商品住房项目为20%,其他项目为25%。

③产能过剩行业项目:钢铁、电解铝项目为40%,水泥项目为35%,煤炭、电石、铁合金、烧碱、焦炭、黄磷、多晶硅项目为30%。

④其他工业项目:玉米深加工项目为20%,化肥(钾肥除外)项目为25%。

⑤电力等其他项目为20%。

(2) 资本溢价：如汇兑率折算差额等。

【真题示例·单选题】保障性住房项目固定资产投资的最低资本金比例为（　　）。
A. 20%　　　　B. 30%　　　　C. 35%　　　　D. 40%
【答案】A　【解析】略。

高频考点7　固定资产投资用途的融资期限结构安排（3.2）

固定资产贷款的期限通常都是长期的，不同用途、行业，期限均不同。
（1）购置设备的固定资产贷款期限一般为5年左右。
（2）厂房、办公楼的贷款期限一般为10～15年。
（3）高速公路项目贷款期限可以达到20～30年，轨道交通项目可更长。

高频考点8　债务置换用途（3.2）

项目	内容
产生的原因	（1）对现在的银行不满意。 （2）想要降低目前的融资利率。 （3）想与更多的银行建立合作关系，增加企业的融资渠道。 （4）为了规避债务协议的种种限制，想要归还现有的借款。
适用授信产品及融资需求测算	（1）置换存量债务的授信产品原则上应与原产品保持一致；穿透审查原贷款的用途。 （2）融资金额原则上应与存量贷款保持一致。（但具体应结合企业的经营情况、财务情况、现有的融资结构状况、偿债能力与还款来源、固定资产贷款对应的项目情况等来进行增减。）
融资期限结构安排	置换贷款的期限原则上也应与存量贷款保持一致。

第四章 贷款环境风险分析

高频考点1 内部因素分析（4.1）

1. 盈利性

主要通过净息差、经济资本回报率（RAROC）和经济增加值（EVA）来衡量，是抵御风险的重要保证。

2. 分支机构信贷资产质量（安全性）

分支机构信贷资产质量（安全性）是对信贷风险状况的直接反映，是衡量内部风险最重要的指标。

（1）信贷资产相对不良率：指标>1时，目标区域分支机构信贷风险高于同区域银行一般水平。

（2）不良率变幅。

①指标<0，资产质量上升，区域风险下降。

②指标>0，资产质量下降，区域风险上升。

（3）信贷余额扩张系数（衡量扩张风险）。

①指标<0时，分支机构信贷增长相对较慢，负数较大则意味着信贷处于萎缩状态。

②指标过大则说明分支机构信贷增长速度过快。

（4）不良贷款生成率。

（5）利息实收率及当地水平比例。

（6）不良贷款率：静态反映了分支机构信贷资产整体质量，该指标与区域风险成正比。

（7）不良贷款剪刀差。

（8）到期贷款现金回收率。

3. 流动性

过高或过低的流动性都意味着区域风险的上升。

高频考点2 外部因素对行业风险的影响（4.2）

1. 行业成熟度

（1）启动阶段（初级阶段）：价格比较高，消费者接受程度较低，需求有限，销售量很小；利润和现金流为负值；风险最高。

（2）成长阶段：价格下降、质量上升、销售量提高；利润为正值；现金流为负值；中等风险，机会最大。

（3）成熟阶段：价格继续下跌、销售额增度放缓、产品细分市场且推广成为影响销售的最主要因素；利润达到最大化；现金流变为正值；风险最低。

（4）衰退阶段：现金流维持在正值的时间跨度长于利润的时间跨度；销售额下降；行业利润逐步由正转负；现金流由正值逐渐减小；风险较高。

2. 行业内竞争程度

最主要和最普遍的影响因素：行业分散和行业集中；经营杠杆；产品差异；市场成长速度；退出市场的成本；动荡期等特殊时期及市场饱和度；经济周期。

3. 替代品潜在威胁

（1）替代品指的是来自其他行业以不同的方式满足与目标行业现有产品大致相同的顾客需求的产品。

（2）替代品或服务的"品牌转换成本"与该行业的利润与风险成反比。

4. 成本结构

成本结构指某一行业内企业的固定成本和可变成本之间的比例。

（1）固定成本：固定资产的折旧、企业日常开支（水、电等）、利息、租赁费用、管理人员工资等花费。

（2）变动成本：原材料、生产过程中的费用、广告及推广的费用、销售费用、人工成本（生产过程产生的）等。

（3）经营杠杆：经营杠杆越大，销售量对营业利润的影响就越大。

（4）盈亏平衡点：盈亏平衡点越低，盈利风险越小。

5. 经济周期

（1）顶峰。（2）衰退。（3）谷底。（4）复苏。（5）扩张。

6. 新进入者威胁与行业进入壁垒

（1）新进入者一般会导致行业生产能力增加，瓜分存量企业的市场份额，加剧市场竞争，降低行业利润水平。

（2）进入壁垒具有保护行业内现有企业的作用，也是潜在竞争者进入市场时必须首先克服的困难。

7. 行业政策法规

企业受政策法规的影响越大，风险越大。

【真题示例·单选题】行业发展的四个阶段分别为初级阶段、成长阶段、成熟阶段和衰退阶段。其中成熟阶段的行业销售特点是（　　）。

A. 产品价格下降的同时产品质量却取得了明显提高，销售大幅增长

B. 通常以较为平稳的速度下降，但在一些特殊行业中有可能出现快速下降

C. 产品价格继续下跌，销售额增长速度开始放缓

D. 由于价格比较高，消费者接受程度较低，需求有限，销售量很小

【答案】C【解析】成熟阶段的行业销售特点是价格继续下跌、销售额增度放缓、产品细分市场且推广成为影响销售的最主要因素。

第五章　客户分析与信用评级

高频考点1　**客户品质的基础分析（5.1）**

1. 历史分析

（1）成立动机。①人力资源；②技术资源；③客户资源；④行业利润率或发展前景；⑤产品分工；⑥产销分工。

（2）经营范围。①关注客户经营业务是否超出登记注册范围、是否取得经营特种业务的经营许可证；②特别关注主营业务的演变；③关注客户业务之间是否存在关联性。

（3）名称变更。

（4）以往重组情况：重组包括重整、改组和合并三种基本形式。

2. 法人治理结构分析

（1）法人治理结构的关注点。①上市客户；②国有独资客户；③民营客户。

（2）法人治理结构的分析。

①控股股东行为。

②激励约束机制：a.董事长和总经理是如何产生的；b.董事长、总经理和监事之间是否兼任，是否兼任子公司或关联公司的关键职位；c.董事长和总经理的薪酬结构和形式；d.决策的程序和方式，董事长、总经理和监事之间是如何相互制衡的。

③董事会结构和运作过程：a.董事会的结构，独立董事是如何产生的，是否具有独立性和必备的专业知识；b.董事会是否随时有权质询决策执行情况及采取的形式；c.董事会的业绩评价制度和方式。

3. 股东背景分析

需要引起关注的股东背景包括家庭背景、外资背景、政府背景、上市背景。

4. 高管人员素质分析

对高管人员素质评价包括教育背景、商业经验、品德修养、经营作风、进取精神。

5. 借款人信誉状况分析

分析内容：①查看客户过去有无拖欠银行贷款等事项；②分析客户的对外资信情况；③分析客户的高管层和股东。

高频考点2　客户经营管理情形的分析（5.1）

1. 供应阶段分析

（1）货品质量。

（2）货品价格。

（3）供货稳定性。

（4）进货渠道：从有无中间环节、供货地区的远近、运输方式的选择、进货资质的取得四个方面进行考虑。

（5）付款条件：由市场供求和商业信用两个主要因素决定。

2. 生产阶段分析

生产阶段分析包括技术水平（核心竞争力）、设备状况和环保情况分析。

3. 销售阶段分析

（1）目标客户。

（2）销售渠道。

（3）收款条件。

4. 竞争战略分析

（1）波特五力模型。

从行业内现有竞争者的竞争力、供应商议价能力、购买者的议价能力、替代产品或服务的威胁、潜在竞争者进入的威胁五个方面来描述行业竞争态势。

(2)竞争战略。

①成本领先战略；②差异化战略；③集中化战略。

5. 产品竞争力分析

(1)自身性价比（主要因素）：性能先进、质量稳定、售价合理的产品竞争力更强。

(2)不断进行产品创新。

6. 经营业绩分析

经营业绩分析衡量指标有经营业绩指标、市场占有率指标、主营业务指标。

高频考点3 客户财务分析概述（5.2）

1. 偿债能力分析

(1)盈利能力：盈利能力与偿债风险呈反比关系。

(2)营运能力。

(3)资金结构。

2. 评价借款人的财务指标

(1)盈利能力指标。

(2)营运能力指标。

(3)偿债能力指标：主要包括资产负债率、负债与有形净资产比率、负债与所有者权益比率、利息保障倍数、流动比率和速动比率等。

3. 分析财务报表所需的资料

(1)会计报表。

(2)会计报表附注和财务状况说明书。

①会计报表附注主要说明借款人所采用的会计处理方法；会计处理方法的变更情况、变更原因以及对财务状况和经营成果的影响。

②财务状况说明书主要说明借款人的生产经营情况、利润实现和分配状况、资金增减和周转情况及其他对财务状况发生重大影响的事项。

(3)注册会计师查账验证报告。

(4) 其他资料。

4. 财务分析方法

(1) 比较分析法。

①横向比较分析；②纵向比较分析（趋势分析）；③不同财务指标比较分析。

a. 总量比较。

b. 结构比较：既可以对单个客户的相关指标进行分析，也可以将不能直接进行比较的绝对数转化成相对数进行财务状况比较。

c. 比率比较。

(2) 因素分析法。

高频考点4 资产负债表分析（5.2）

1. 资产负债表构成

(1) 资产。

①流动资产：货币资金、预付账款、应收账款、交易性金融资产、应收票据、存货和其他应收账款等。

②非流动资产：长期股权投资、固定资产、无形资产、商誉、长期待摊费用、递延所得税资产和其他非流动性资产等。

(2) 负债。

①流动负债：短期借款、应交税费、预收账款、应付工资、应付利润、应付票据、应付账款、其他应付款等。

②非流动负债：应付债券、长期借款、长期应付款等。

(3) 所有者权益的组成。①投资者投入的资本金（实收资本或股本）；②生产经营过程中形成的资本公积金、盈余公积金和未分配利润。

2. 资产结构分析

由于借款人行业和资产转换周期的长短不同，所以其资产结构也不同。劳动力密集型行业的流动资产占比通常较高，资本密集型行业的流动资产占比通常较低。

3. 资金结构分析

（1）资金来源。

①借入资金；②自有资金（所有者权益）。

客户的长期资金是由所有者权益和长期负债构成的。

（2）资金结构应与资产转换周期相适应。

（3）长期债务与权益资本结构的关系。

①总资产利润率＞长期债务成本，加大长期债务可使企业获得财务杠杆收益，提高企业权益资本收益率。

②总资产利润率＜长期债务成本，降低长期债务的比重可使企业减少财务杠杆损失，以维护所有者利益。

（4）分析要素：整体杠杆水平、期限错配程度、异常资金结构。

最佳资金结构方案：企业对拟订的筹资总额提出多种筹资方案，分别计算各方案的综合成本并从中选择出综合成本最低的方案。

【真题示例·多选题】下列资产中，属于流动资产的项目有(　　)。
A．存货　　　　B．长期待摊费用　　C．预收账款
D．货币资金　　E．应收票据
【答案】ADE【解析】长期待摊费用属于非流动资产，预收账款属于负债类科目。

高频考点5　现金流量表分析（5.2）

1. 概述

（1）现金流量公式：现金净流量＝现金流入量－现金流出量。

（2）现金与现金等价物之间的变动属于现金管理。

2. 报表分析

（1）计算公式。

现金净流量＝经营活动的现金净流量＋投资活动的现金净流量＋筹资活动的现金净流量

(2) 计算方法。

经营活动产生的现金流量的列示方法包括直接法（自上而下法）和间接法（自下而上法）。

①直接法。

②间接法。

经营活动的现金净流量（收付实现制）= 利润表中最末一项净收益 + 没有现金流出的费用 – 没有现金流入的收入 – 不属于经营活动的损益 + 应付科目增加值 – 应收科目增加值

高频考点6　利润表分析（5.2）

1. 概念

利润表，又称损益表，通过列示借款人在一定时期内取得的收入、所发生的费用支出和所获得的利润来反映借款人一定时期内经营成果的报表。

2. 分析方法

（1）结构分析法：以产品销售收入净额为100%，计算产品销售成本、产品销售费用、产品销售利润等指标各占产品销售收入的百分比，计算出各指标所占百分比的增减变动，分析其对借款人利润总额的影响。

（2）结合资产负债表、现金流量表进行交叉分析。

高频考点7　盈利能力分析（5.2）

1. 销售毛利率

（1）销售毛利率 = 销售毛利/销售收入净额 × 100%。

（2）销售毛利 = 销售收入净额 – 销售成本。

2. 销售利润率

（1）销售利润率 = 利润总额/销售收入净额 × 100%。

（2）利润总额 = 销售收入净额 – 销售成本 – 期间费用。

3. 净利润率

（1）净利润率 = 净利润/销售收入净额 × 100%。

(2) 净利润＝利润总额－所得税。

4. 成本费用利润率

(1) 成本费用利润率＝利润总额/成本费用总额×100%。

(2) 成本费用总额＝销售成本＋销售费用＋管理费用＋财务费用。

5. 资产收益率

(1) 资产收益率＝净利润/资产平均总额×100%。

(2) 资产平均总额＝（期初资产总额＋期末资产总额）/2。

6. 净资产收益率

(1) 净资产收益率＝净利润/净资产平均额×100%。

(2) 净资产平均额＝（期初净资产＋期末净资产）/2。

【真题示例·单选题】某公司2020年利润总额为1580万元，销售成本为1200万元，销售费用为2390万元，管理费用为981万元，财务费用为1050万元。该公司的成本费用利润率为（　　）。

A. 35.74% 　　　　　　　　B. 28.11%
C. 44.01% 　　　　　　　　D. 39.21%

【答案】B【解析】成本费用利润率是借款人利润总额与当期成本费用总额的比率。其计算公式：成本费用利润率＝利润总额/成本费用总额×100%，成本费用总额＝销售成本＋销售费用＋管理费用＋财务费用。因此成本费用利润率＝1580÷(1200＋2390＋981＋1050)×100%≈28.11%。

高频考点8　偿债能力分析（5.2）

1. 长期偿债能力分析

(1) 资产负债率。

资产负债率＝负债总额/资产总额×100%

(2) 产权比率和权益乘数。

产权比率＝负债总额/所有者权益×100%

权益乘数＝资产总额/所有者权益

(3) 负债与有形净资产比率。

①负债与有形净资产比率＝负债总额/有形净资产×100%

②有形净资产＝所有者权益－无形资产－递延资产

（4）利息保障倍数。

①利息保障倍数＝息税前利润/利息费用

息税前利润＝利润总额＋利息费用

②利息保障倍数不能低于1

（5）长期资本负债率。

①长期资本负债率＝非流动负债/长期资本×100%

②长期资本＝非流动负债＋所有者权益

（6）现金流量利息保障倍数。

现金流量利息保障倍数＝经营活动现金流量净额/利息费用

（7）现金债务总额比。

现金债务总额比＝经营活动现金净流量/债务总额

（8）总债务与EBITDA比率。

①EBITDA＝息税前利润＋折旧费用＋摊销费用

②总债务与EBITDA比率＝负债总额/EBITDA

2. 短期偿债能力分析

（1）概念：短期偿债能力指客户以流动资产偿还短期债务的能力，它反映客户偿付日常到期债务的能力。

（2）流动比率。

①流动比率＝流动资产/流动负债×100%

②营运资本＝流动资产－流动负债

流动比率＝1/（1－营运资本/流动资产）×100%

其中，为保持一定的偿债能力，营运资本必须保证是正值。正值时，说明该借款人是用长期资金（所有者权益、非流动负债）支持着部分流动资产；负值时，说明该借款人是用流动负债支持部分非流动资产。流动比率不宜过高或过低。理论上，只要流动比率高于1，客户便具有偿还短期债务的能力。

（3）速动比率。

速动比率＝速动资产/流动负债×100%

速动资产＝流动资产－存货－预付账款－待摊费用

一般认为速动比率为1较为合适。若没有应收账款，允许保持低于1的速动比率，若应收账款较多，则速动比率应高于1。

（4）现金比率。

现金比率＝现金类资产/流动负债×100%

（5）现金流量比率。

现金流量比率＝经营活动现金净流量/流动负债×100%

3. 营运能力分析

（1）总资产周转率。

总资产周转率＝销售收入净额/资产平均总额×100%

资产平均总额＝（期初余额＋期末余额）/2

总资产周转天数＝计算期天数/总资产周转率

总资产周转率可以用来分析客户全部资产的使用效率。该比率越高，说明客户利用其全部资产进行经营的效率越高，客户的盈利能力越强。

（2）流动资产周转率。

流动资产周转率＝主营业务收入净额/流动资产平均净值×100%

流动资产平均净值＝（期初流动资产＋期末流动资产）/2

流动资产周转天数＝计算期天数/流动资产周转率

（3）固定资产周转率。

固定资产周转率＝销售收入净额/固定资产平均净值×100%

固定资产平均净值＝（年初固定资产净值＋年末固定资产净值）/2

固定资产周转天数＝计算期天数/固定资产周转率

（4）应收账款周转率。

应收账款周转率＝赊销收入净额/应收账款平均余额×100%

赊销收入净额＝销售收入－现销收入－销售退回－销售折让－销售折扣应收账款平均余额＝（期初应收账款余额＋期末应收账款余额）/2

应收账款周转天数 = 计算期天数/应收账款周转次数 = 应收账款平均余额×计算期天数/赊销收入净额

（5）存货周转率。

存货周转率 = 销货成本/平均存货余额×100%

平均存货余额 = （期初存货余额 + 期末存货余额）/2

存货周转天数 = 计算期天数/存货周转次数 = 存货平均余额×计算期天数/销货成本

存货周转率越高，说明客户存货从资金投入到销售收回的时间越短。在营业利润率相同的情况下，存货周转率越高，获取的利润就越多。但过快的、不正常的存货周转率，也可说明客户没有足够的存货可供耗用或销售，或是采购次数过于频繁，批量太小等。

（6）营运资本周转率。

营运资本周转率 = 销售收入净额/营运资本平均余额×100%

营运资本平均余额 = （期初营运资本 + 期末营运资本）/2

营运资本周转天数 = 计算期天数/营运资本周转率

（7）现金循环周期。

现金循环周期 = 存货周转天数 + 应收账款周转天数 – 应付账款周转天数

应付账款周转天数 = 计算期天数/（主营业务成本净额/平均应付账款）

> 【真题示例·单选题】如果流动比率大于100%，则下列结论一定成立的是（　　）。
> A. 现金比率大于100%　　　　B. 速动比率大于100%
> C. 营运资本大于0　　　　　　D. 短期偿债能力绝对有保障
> 【答案】C【解析】流动比率 = 流动资产/流动负债×100%，流动比率 = 1/(1 – 营运资本/流动资产)×100%，营运资本 = 流动资产 – 流动负债，流动比率大于100%，说明流动资产大于流动负债，营运资本大于0。

高频考点9　客户信用评级基本概念（5.3）

1. 客户信用评级的概念与功能

（1）客户信用评级是商业银行对客户偿债能力和偿债意愿的综合计量和科学评价，反映客户违约风险的大小。

（2）功能。

①能够有效区分违约客户。

②能够准确量化客户违约风险。

③整个信用评级体系的结果要具有稳定性。

2. 客户信用评级的类别

（1）外部评级。

评估依据及对象：依据主要是公开市场所披露的财务信息和经营数据，评级对象主要是企业，尤其是大中型企业。

（2）内部评级。

评估对象：银行针对已授信或拟授信对象的客户评级及银行针对所开展具体业务特定交易结构的债项评级。

高频考点10　评级方法（5.3）

1. 专家分析法的内容

对企业信用分析较为广泛的5Cs系统。①品德（Character）；②资本（Capital）；③还款能力（Capacity）；④抵押（Collateral）；⑤经营环境（Condition）。

2. 专家分析法的特点

（1）将信贷专家的经验和判断作为信用分析和决策的主要基础，主观性强，对信用风险的评估缺乏一致性。

（2）适合于对借款人进行是和否的二维决策，难以实现对信用风险的准确计量。

3. 统计分析法

违约概率模型特点：对历史数据的要求更高，需要商业银行建立一致的、明确的违约定义，并且在此基础上积累至少5年的数据。

高频考点11　客户评级主标尺 (5.3)

（1）满足监管当局监管指引的要求。

（2）满足银行内部的管理要求，如某个等级以上的客户不能少于一定比例，某个等级以下的客户不能多于一定比例。

（3）能够与国际公认的评级机构的级别相对应，以便于同行进行比较和资产管理。

第六章 担保管理

高频考点1 贷款担保概述（6.1）

1. 分类

（1）在《民法典》及其司法解释规则下，担保可以分为典型担保和非典型担保。

①典型担保指在《民法典》中明确规定担保构成和担保效力的担保方式。主要包括保证、抵押、质押、留置等。

②非典型担保指没有明文规定担保构成和担保效力的担保方式，但具有担保债权的功能，在社会交易中经常适用。主要包括所有权保留（买卖类型担保）、融资租赁、有追索权保理、让与担保和保证金质押等。

（2）无论是典型担保还是非典型担保方式，都可以分为人的担保和物的担保。银行信贷业务担保的形式一般为保证、抵押和质押。

2. 范围

《民法典》第三百八十九条规定，担保物权的担保范围包括主债权及其利息、违约金、损害赔偿金、保管担保财产和实现担保物权的费用。当事人另有约定的，按照其约定。

3. 原则

（1）平等原则。

（2）自愿原则。

（3）公平原则。

（4）诚实信用原则。

高频考点2 抵押担保概述（6.2）

1. 概念

抵押指为担保债务的履行，债务人或者第三人不转移财产的占有，将该财产抵押给债权人，债务人不履行到期债务或者发生当事人约定的实现抵押权的情形，债权人有权就该财产优先受偿。

2. 抵押额度的确定

（1）抵押物认定。

①实行租赁经营责任制的企业，要有产权单位同意的证明。

②集体所有制企业和股份制企业应核对抵押物所有权及验证董事会或职工代表大会同意的证明。

③共有财产做抵押（以抵押人所有的份额为限），应取得共有人同意抵押的证明。

（2）估价。

①估价方法：不同的估价标的因时间和地区的不同而不同。

②确定抵押率。

a. 依据：抵押物的适用性、变现能力及抵押物价值的变动趋势。

抵押物价值的变动趋势可从以下三方面进行分析。

实体性贬值，即由于使用磨损和自然损耗造成的贬值。

功能性贬值，即由于技术相对落后造成的贬值。

经济性贬值，即由于外部环境变化引起的贬值。

b. 公式：抵押率 = 担保债权本息总额/抵押物评估价值额 × 100%。

（3）确认额度。

抵押贷款额 = 抵押物评估值 × 抵押贷款率

【真题示例·单选题】某企业有一处商业办公楼，经评估价值为500万元，将此房屋作为抵押物向银行申请抵押贷款，贷款抵押率为70%，银行对该企业放款金额最多不超过（　　）万元。

A. 350　　　　　B. 500　　　　　C. 450　　　　　D. 400

【答案】A【解析】抵押率 = 担保债权本息总额/抵押物评估价值额 × 100%，所以担保债权本息总额 = 抵押物评估价值额 × 抵押率 = 500 × 70% = 350（万元）。

担保管理 | 第六章

高频考点3　保证担保的设定条件、一般规定、主要风险及管理要点（6.2）

1. 保证人资格

（1）《民法典》第六百八十三条规定，机关法人不得为保证人，但是经国务院批准为使用外国政府或者国际经济组织贷款进行转贷的除外。以公益为目的的非营利法人、非法人组织不得为保证人。

（2）公司的分支机构未经公司股东（大）会或者董事会决议以自己的名义对外提供担保，相对人请求公司或者其分支机构承担担保责任的，人民法院不予支持，但相对人不知道且不应当知道分支机构对外提供担保未经公司决议程序的除外。

（3）金融机构的分支机构在其营业执照记载的经营范围内开立保函，或者经有权从事担保业务的上级机构授权开立保函，金融机构或者其分支机构以违反《中华人民共和国公司法》关于公司对外担保决议程序的规定为由主张不承担担保责任的，人民法院不予支持。金融机构的分支机构未经金融机构授权提供保函之外的担保，金融机构或者其分支机构主张不承担担保责任的，人民法院应予支持，但是相对人不知道且不应当知道分支机构对外提供担保未经金融机构授权的除外。

（4）担保公司的分支机构未经担保公司授权对外提供担保，担保公司或者其分支机构主张不承担担保责任的，人民法院应予支持，但是相对人不知道且不应当知道分支机构对外提供担保未经担保公司授权的除外。

2. 一般规定

（1）保证担保的类型。保证的方式包括一般保证和连带责任保证。

（2）保证期间。

①《民法典》第六百九十二条规定，债权人与保证人可以约定保证期间，但是约定的保证期间早于主债务履行期限或者与主债务履行期限同时届满的，视为没有约定；没有约定或者约定不明确的，保证期间为主债务履行期限届满之日起6个月。债权人与债务人对主债务履行期限

没有约定或者约定不明确的，保证期间自债权人请求债务人履行债务的宽限期届满之日起计算。

②《民法典》第六百九十三条规定，一般保证的债权人未在保证期间对债务人提起诉讼或者申请仲裁的，保证人不再承担保证责任。连带责任保证的债权人未在保证期间请求保证人承担保证责任的，保证人不再承担保证责任。

3. 主要风险及管理要点

（1）风险。

①保证人不具备担保资格和能力；②公司互保；③虚假担保人；④保证手续不完备，保证合同产生法律风险；⑤超过诉讼时效，贷款丧失胜诉权。

《民法典》第一百八十八条规定，向人民法院请求保护民事权利的诉讼时效期间为3年。法律另有规定的，依照其规定。

诉讼时效期间自权利人知道或者应当知道权利受到损害以及义务人之日起计算。法律另有规定的，依照其规定。但是，自权利受到损害之日起超过20年的，人民法院不予保护；有特殊情况的，人民法院可以根据权利人的申请决定延长。

（2）管理要点。①核实保证（核保）；②签订好保证合同。

高频考点4 抵押担保的设定条件、一般规定、主要风险及管理要点（6.2）

1. 抵押物的范围

（1）债务人或者第三人有权处分的下列财产可以抵押：①建筑物和其他土地附着物；②建设用地使用权；③海域使用权；④生产设备、原材料、半成品、产品；⑤正在建造的建筑物、船舶、航空器；⑥交通运输工具；⑦法律、行政法规未禁止抵押的其他财产。

（2）下列财产不得抵押：①土地所有权；②宅基地、自留地、自留山等集体所有土地的使用权，但是法律规定可以抵押的除外；③学校、幼儿园、医疗机构等为公益目的成立的非营利法人的教育设施、医疗卫生设施和其他公益设施;④所有权、使用权不明或者有争议的财产;⑤依法被查封、扣押、监管的财产;⑥法律、行政法规规定不得抵押的其他财产。

2. 一般规定

(1) 抵押担保的范围。抵押担保的范围包括主债权及利息、违约金、损害赔偿金和实现抵押权的费用。如果抵押合同另有规定的,按照规定执行。

(2) 抵押物的转让。抵押期间,抵押人可以转让抵押财产。当事人另有约定的,按照其约定。抵押财产转让的,抵押权不受影响。抵押人转让抵押财产的,应当及时通知抵押权人。抵押权人能够证明抵押财产转让可能损害抵押权的,可以请求抵押人将转让所得的价款向抵押权人提前清偿债务或者提存。转让的价款超过债权数额的部分归抵押人所有,不足部分由债务人清偿。

当事人约定禁止或者限制转让抵押财产但未将约定登记,抵押人违反约定转让抵押财产,抵押权人请求确认转让合同无效的,人民法院不予支持;抵押财产已经交付或者登记,抵押权人请求确认转让不发生物权效力的,人民法院不予支持,但是抵押权人有证据证明受让人知道的除外;抵押权人请求抵押人承担违约责任的,人民法院依法予以支持。

当事人约定禁止或者限制转让抵押财产且已经将约定登记,抵押人违反约定转让抵押财产,抵押权人请求确认转让合同无效的,人民法院不予支持;抵押财产已经交付或者登记,抵押权人主张转让不发生物权效力的,人民法院应予支持,但是因受让人代替债务人清偿债务导致抵押权消灭的除外。

(3) 抵押物的保全。在抵押期间,银行若发现抵押人对抵押物使用不当或保管不善,足以使抵押物价值减少时,有权要求抵押人停止其行为。若抵押物价值减少时,银行有权要求抵押人恢复抵押物的价值,或者提供与减少的价值相等的担保。抵押人不恢复抵押财产的价值,也不提供担保的,银行有权请求债务人提前清偿债务。

3. 主要风险及管理要点

（1）风险。

①未办理有关登记手续；②抵押物虚假或严重不实；③将共有财产抵押而未经共有人同意；④以第三方的财产做抵押而未经财产所有人同意；⑤抵押物价值贬损或难以变现；⑥未抵押有效证件或抵押的证件不齐；⑦因主合同无效，导致抵押关系无效；⑧资产评估不真实，导致抵押物不足值。

（2）管理要点。

①对抵押物进行严格审查；②对抵押物的价值进行准确评估；③做好抵押物登记，确保抵押效力；④抵押合同期限应覆盖贷款合同期限；⑤续期管理。

高频考点5 质押担保的设定条件、一般规定、主要风险及管理要点（6.2）

1. 条件

（1）可以质押的财产。

①出质人所有的、依法有权处分并可移交质权人占有的动产；②汇票、支票、本票、债券、存款单、仓单、提单；③依法可以转让的基金份额、股权；④依法可转让的商标专用权、专利权、著作权等知识产权中的财产权；⑤现有的以及将有的应收账款；⑥法律、行政法规规定可以出质的其他财产权利。

（2）质押材料。

①"担保意向书"和质押财产的产权证明文件；②资格证明；③符合法律效力的质押文件、决议；④财产共有人出具的同意出质的文件。

（3）质押价值与质押率的确定。

①有明确市场价格的质押品，其公允价值即为该质押品的市场价格，包括国债、上市公司流通股票、存款单、银行承兑汇票等。

②非上市公司法人股权等没有明确市场价格的质押品，应当在以下价格中选择较低者为质押品的公允价值：公司最近一期经审计的财务报告或税务机关认可的财务报告中所写明的质押品的净资产价格；以公司最近的财务报告为基础，测算公司未来现金流入量的现值，所估算的质押品的价值；如果公司正处于重组、并购等股权变动过程中，可以交易双方最新的谈判价格作为确定质押品公允价值的参考。

③质押率的依据主要有质物的适用性、变现能力；质物、质押权利价值的变动趋势。

2. 一般规定

（1）动产质押中，质权自出质人交付质押财产时设立。

（2）权利质押中，以汇票、本票、支票、债券、存款单、仓单、提单出质的，质权自权利凭证交付质权人时设立；没有权利凭证的，质权自办理出质登记时设立。以基金份额、股权出质的，质权自办理出质登记时设立。以注册商标专用权、专利权、著作权等知识产权中的财产权出质的，质权自办理出质登记时设立。以应收账款出质的，质权自办理出质登记时设立。

3. **主要风险及管理要点**

（1）风险。

①虚假质押风险。虚假质押风险是贷款质押的最主要风险因素。

②司法风险：银行如果让质押存款的资金存放在借款人在本行的活期存款账户，是有司法风险的。为规避司法风险，质押资金可转为定期存单或转入银行名下的保证金账户。

③汇率风险。

④操作风险。

（2）管理要点。

核查质押动产在品种、数量、质量等方面是否与质押权证相符，不盲目接受质押。

高频考点6　质押与抵押的对比（6.2）

1. 质权的标的物与抵押权的标的物范围不同

（1）质权的标的物为动产和财产权利，其中动产质押比较典型。

（2）抵押权的标的物包括动产和不动产，其中不动产比较典型。

2. 标的物占有权是否发生转移不同

（1）质权的设立以转移占有为依据：动产质权为交付，权利质权为交付权利凭证或进行出质登记。

（2）不动产抵押权自登记时设立，动产抵押权自抵押合同生效时设立，未发生标的物的占有权转移。

3. 对标的物的保管义务不同

（1）质押时，质权人对质物负有善良管理人的注意义务。

（2）抵押权人没有保管标的物的义务。

4. 能否重复设置担保不同

（1）在质押担保中，由于质押合同是从质物移交给质权人占有之日起生效，因此在实际中不可能存在同一质物上重复设置质权的现象。

（2）法律允许抵押权重复设置。在抵押担保中，抵押物价值大于所担保债权的余额部分，可以再次抵押，即抵押人可以同时或者先后就同一项财产向两个以上的债权人进行抵押。

5. 对标的物孳息的收取权不同

（1）在质押期间，质权人有权收取质物所产生的天然孳息和法定孳息。

（2）在抵押期间，不论抵押物所产生的是天然孳息还是法定孳息，均由抵押人收取，抵押权人无权收取。只有在债务履行期间届满，债务人不履行债务致使抵押物被法院依法扣押的情况下，自扣押之日起，抵押权人才有权收取孳息。

第七章　信贷审批

高频考点1　信贷授权（7.1）

1. **原则**
(1) 授权适度原则。
(2) 差别授权原则。
(3) 动态调整原则。
(4) 权责一致原则。

2. **分类**
(1) 直接授权。
(2) 转授权。

3. **方式**
载体：规章制度、授权书（常用）、部门职责、岗位职责等书面形式。授权的有效期限一般为1年。

高频考点2　审贷分离（7.1）

1. **概念**
审贷分离指信贷业务办理过程中的调查、审查环节分离并分别由不同层次机构和不同部门（岗位）承担，以实现相互制约并充分发挥信贷审查人员专业优势的信贷管理制度。

2. **核心目的**
将负责贷款调查的业务部门（岗位）与负责贷款审查的管理部门（岗位）相分离以达到相互制约的目的。

3. **形式**
岗位分离、部门分离、地区分离。

4. **职责划分**
(1) 信贷业务岗位职责。

（2）信贷审查岗位职责。表面真实性审查、完整性审查、合规性审查、合理性审查、可行性审查。

5. **实施要点**

（1）审查人员与借款人原则上不单独直接接触。

（2）审查人员无最终决策权。

（3）审查人员应成为真正的信贷专家。

（4）实行集体审议机制。

（5）按权限、程序、规则审批。

高频考点3　授信额度概述（7.2）

1. **授信额度的概念**

授信额度指银行在客户授信限额以内，根据客户的还款能力和银行的客户政策最终决定给予客户的授信总额，包括贸易融资额度、保函额度、贷款额度、承兑汇票额度、透支额度等各类信贷业务额度。

2. **分类**

（1）集团授信额度。

（2）客户授信（信用）额度。

客户授信额度指银行在对借款企业的风险和财务状况进行综合评估的基础上，确定的能够和愿意承担的风险总量。

（3）单项信贷额度。

高频考点4　授信额度的决定因素（7.2）

（1）了解并测算客户的信贷需求。

（2）客户的还款能力。

（3）贷款组合管理的限制。

（4）银行或借款企业的相关法律或监督条款的限制。

（5）银行的客户政策。

（6）客户关系管理因素。

高频考点5　信贷审查事项（7.3）

1. 原则

信贷审查应坚持"了解你的客户""了解你客户的业务""了解你客户的风险"原则。

2. 基本内容

（1）信贷资料完整性及调查工作与申报流程的合规性审查。

（2）信贷业务政策符合性审查。

①借款用途是否合法合规，是否符合国家宏观经济政策、产业行业政策、土地、环保和节能政策以及国家货币信贷政策等。

②客户准入及借款用途是否符合银行区域、客户、行业、产品等信贷政策。

③借款人的信用等级评定、授信额度核定、定价、期限、支付方式等是否符合银行信贷政策制度。

（3）借款人主体资格及基本情况审查。

①借款人主体资格及经营资格（资质）的合法性，信贷业务用途是否在其营业执照规定的经营范围内。

②借款人股东的实力及注册资金的到位情况，产权关系是否明晰，法人治理结构是否健全。

③借款人申请信贷业务是否履行了法律法规或公司章程规定的授权程序。

④借款人的银行及商业信用记录以及法定代表人和核心管理人员的背景、主要履历、品行和个人信用记录。

（4）财务因素审查。

（5）非财务因素审查。

非财务因素审查主要包括借款人的企业性质、发展沿革、品质、组织架构及公司治理、经营环境、所处的行业市场、行业地位、产品定价、生产及技术、客户核心竞争能力等。

（6）担保审查。

（7）充分揭示信贷风险。

（8）提出审查结论。

【真题示例·多选题】 下列贷款非财务因素审查内容中，属于借款人主体资格及基本情况审查的有（　　）。

A. 借款人申请贷款是否履行了法律法规或公司章程规定的授权程序

B. 借款人法定代表人的个人信用记录

C. 保证人的对外担保情况

D. 担保方式的合法、足值、有效性

E. 借款人的股东实力及注册资金的到位情况

【答案】 ABE　**【解析】** 略。

高频考点6　信贷审批要素（7.3）

1. 门类

贷款审批要素具体包括授信对象、信贷品种、金额、利率、担保方式、用途、期限、币种、发放条件与支付方式、还款计划安排及贷后管理要求等。

2. 审批要点

（1）授信对象。

①固定资产贷款和流动资金贷款的授信对象是企事业法人或国家规定可以作为借款人的其他组织。

②项目融资的授信对象主要为建设、经营该项目或为该项目融资而专门组建的企事业法人。

③进口信用证的授信对象主要为进出口贸易进口方（即开证申请人），投标保函授信对象为投标方（即保函申请人）。

（2）信贷品种：信贷品种应与业务用途、客户结算方式、客户风险状况及银行信贷政策相匹配。

（3）信贷金额。

(4) 信贷用途。

(5) 信贷期限。

①符合相应信贷品种有关期限的规定；②控制在借款人相应经营的有效期限内；③与借款人资产转换周期及其他特定还款来源的到账时间相匹配；④与借款人的风险状况及风险控制要求相匹配。

(6) 信贷币种。

①尽可能与贷款项下交易所使用的结算币种及借款人还款来源币种相匹配；②充分考虑贷款币种与还款来源币种错配情况下所面临的相关风险及风险控制。

(7) 贷款利率及其他信贷产品的费率。

①符合国家规定；②应与借款人及信贷业务的风险状况相匹配，体现收益覆盖风险的原则；③考虑所在地同类信贷业务的市场价格水平。

(8) 发放条件。

贷款人与借款人协商补充贷款发放和支付条件，或根据合同约定停止贷款资金的发放和支付的情形：①信用状况下降；②不按合同约定支付贷款资金；③项目进度落后于资金使用进度；④违反合同约定，以化整为零的方式规避贷款人受托支付。

(9) 担保方式：担保方式应满足合法合规性要求；担保应具备足值性；担保应具备可控性；担保应具备可执行性及易变现性。

(10) 支付要求：根据不同情况采取受托支付或自主支付。

(11) 贷后管理要求：根据借款人及相关授信业务的风险特征进行分类管理。

第八章　贷款合同与发放支付

高频考点1　贷款合同签订（8.1）

1. 贷款合同概述

贷款合同制定原则：①不冲突原则；②维权原则；③适宜相容原则；④完善性原则。

2. 贷款合同签订

借款人的承诺内容：贷款项目及其借款事项符合法律法规的要求；及时向贷款人提供完整、真实、有效的材料；配合贷款人对贷款的相关检查；发生影响其偿债能力的重大不利事项时及时通知贷款人；进行合并、分立、股权转让、对外投资、实质性增加债务融资等重大事项前征得贷款人同意等。

（1）填写合同。合同文本应该使用统一的格式，有特殊要求的可在合同中约定。

（2）审核合同。

（3）签订合同。

①履行充分告知义务。

②担保人签字。

a. 担保人为自然人的，应在当面核实签约人身份证明之后由签约人当场签字；签约人委托他人代理的，代理人必须提交委托人委托其代理并经公证的委托授权书。

b. 借款人、担保人为法人的，加盖法人公章并由其法定代表人或其授权代理人签字，授权代理人必须提供有效的书面授权文件。

③采取抵押担保方式的，抵押物共有人在相关合同文本上签字。

④银行有权签字人审查、通过后，盖上个人印章及贷款合同专用章。

⑤银行根据实际情况自主决定合同公证与否。

高频考点2　贷款合同管理（8.1）

1. 贷款合同管理中存在的问题

（1）贷款合同存在不合规、不完备等缺陷。

（2）签约过程违规操作。

（3）合同签署前审查不严。

根据《民法典》的规定，违反法律、行政法规的强制性规定，或行为人与相对人以虚假的意思表示等，均可能会导致民事法律行为无效。

如果银行与借款人之间形成的借贷法律关系无效或效力待定，会对银行保全债权产生不确定性。

（4）履行合同监管不力。

（5）合同救济超时。

向人民法院请求保护民事权利的诉讼时效期间为3年。抵押权人应当在主债权诉讼时效期间行使抵押权；未行使的，人民法院不予保护。

2. 加强合同管理的实施要点

（1）修订和完善贷款合同等协议文件。

（2）加强贷款合同规范性审查管理。

①合同文本选用正确；②在合同中落实的审批文件所规定限制性条件准确、完备；③格式合同文本的补充条款合规；④主从合同及凭证等附件齐全且相互衔接；⑤合同的填写符合规范要求；⑥一式多份合同的形式内容一致；⑦其他应当审查的规范性内容。

（3）建立完善有效的贷款合同管理制度。

（4）实施履行监督、归档、检查等管理措施。

（5）做好有关配套和支持工作。

高频考点3　贷放分控概念（8.2）

（1）"贷"指信贷业务流程中贷款调查、贷款审查和贷款审批（区别贷款发放与支付环节）等环节。

(2)"放"指放款,特指贷款审批通过后,由银行通过审核,将符合放款条件的贷款发放或支付出去的业务环节。

高频考点4 贷放分控操作要点(8.2)

项目	内容
设立独立的放款执行部门(责任部门)	放款执行部门应独立于前台营销部门及中台授信审批部门。
明确放款执行部门的职责	(1)核心职责:贷款发放和支付的审核,集中统一办理授信业务发放,专门负责对已获批准的授信业务在实际发放过程中操作风险的监控和管理工作。 (2)主要职能。 ①审核银行内部授信流程的合法性、合规性、完整性和有效性。 ②核准放款前提条件。 a.审核合规性要求的落实情况:是否已提供项目的审批、核准或备案文件,项目用地批复,项目环评批复等。 b.审核限制性条款的落实情况。 c.核实担保的落实情况。 d.审核审批日至放款核准日期间借款人重大风险变化情况。 e.审核资本金同比例到位的落实情况。 f.审核提款申请是否与贷款约定用途一致。 ③控制客户的授信额度,审核提款是否在批准的授信额度内,是否在授信约定的提款期限内。 ④其他职责:参与贷后管理工作。

续表

项目	内容
建立并完善对放款执行部门的考核和问责机制	（1）维护放款执行部门的独立性。 （2）建立并完善放款执行部门的考核和问责机制。 （3）建立正向激励考核机制和问责机制。

高频考点5 贷款发放管理（8.2）

1. 发放原则

（1）计划、比例放款原则。

（2）进度放款原则。

（3）资本金足额原则。

①即使因特殊原因不能按时足额到位，贷款支取的比例也应同步低于借款人资本金到位的比例。

②原则上贷款不能用于借款人的资本金、股本金和企业其他需自筹资金的融资。

2. 发放条件

（1）先决条件。

首次放款的先决条件文件包括下列文件类型。

①贷款类文件包括借贷双方已正式签署的借款合同；银行之间已正式签署的贷款协议（多用于银团贷款）。

②担保类文件包括已正式签署的保证协议；已正式签署的抵（质）押协议；已正式签署的保证协议；保险权益转让相关协议或文件；其他必要性文件。

③借款人及保证人（如有）文件。

④与项目有关的协议。

⑤与登记、批准、备案、印花税有关的文件。

⑥其他类文件。

（2）完善担保手续。

对于以金融机构出具的不可撤销保函或备用信用证做担保的，应在收妥银行认可的不可撤销保函或备用信用证正本后，才能允许借款人提款。

3. 贷款发放审查

（1）贷款合同审查。

①保证合同。

②贷款合同。

③抵押合同：抵押物的名称、所在地、质量、数量、状况、所有权权属或使用权权属及抵押的范围；抵押贷款的种类和数额；抵押物是否在有关部门办理登记；借款人履行贷款债务的期限；当事人认为需要约定的其他事项。

④质押合同。

（2）提款金额与期限审查。

（3）用款申请材料检查。

（4）账户审查。

（5）提款申请书审查。

4. 停发贷款的情形及处理措施

（1）挪用贷款的情形。

①用贷款进行股本权益性投资（并购贷款除外）；②用贷款在有价证券、期货方面从事投机经营；③未依法取得经营房地产资格的借款人挪用贷款经营房地产业务；④套取贷款相互借贷谋取非法收入；⑤借款企业挪用流动资金搞基本建设或用于其他不符合合同约定的用途。

（2）其他违约情况。

①未按合同规定清偿贷款本息；②违反国家政策法规，使用贷款进行非法经营。

(3) 处置措施。

①停止借款人提款或取消借款人尚未提用的借款额度；②要求借款人限期纠正违约事件；③宣布借款人在与银行签订的其他贷款合同项下的借款本息立即到期，要求借款人立即偿还贷款本息及费用；④宣布贷款合同项下借款本息全部立即到期，根据合同约定立即从借款人在银行开立的存款账户中扣款用于偿还被银行宣布提前到期的所欠全部债务。

【真题示例·单选题】商业银行应按已批准的贷款项目年度投资计划所规定的建设内容、费用，准确、及时地提供贷款。这符合银行贷款发放的( )原则。
A. 计划、比例放款　　　　B. 实贷实付
C. 资本金足额　　　　　　D. 适宜相容
【答案】A【解析】略。

高频考点6 受托支付及自主支付（8.3）

1. **贷款人受托支付**

（1）概念：贷款人受托支付指贷款人在确认借款人满足贷款合同约定的提款条件后，根据借款人的提款申请和支付委托，将贷款资金通过借款人账户支付给符合合同约定用途的借款人交易对象。

（2）意义。

①贷款人受托支付是实贷实付的主要体现方式，最能体现实贷实付的核心要求。

②有效控制贷款用途、保障贷款资金安全。

③有利于保护借款人权益。

2. **自主支付**

（1）操作要点。

①明确贷款发放前的审核要求。

②加强贷款资金发放和支付的核查。

③审慎合规地确定贷款资金在借款人账户的停留时间和金额。

a.应遵从实贷实付原则,既要方便借款人资金支付,又要控制贷款用途。

b.应遵守贷款与资本金同比例到位的基本要求,不得提前放贷。

(2) 注意事项。

①自主支付是受托支付的补充,受托支付(主要方式)是监管部门倡导和符合国际通行做法的支付方式。

②自主支付对于借款人使用贷款设定了相关的措施限制,不同于传统意义上实贷实存。

第九章　贷后管理

高频考点1　还款账户监控（9.1）

（1）固定资产贷款。

一般而言，当借款人信用状况较好、贷款安全系数较高时，银行业金融机构可不要求借款人开立专门的还款准备金账户；当借款人信用状况较差、贷款安全受到威胁时，银行应要求其开立专门的还款准备金账户，并与借款人约定对账户资金进出、余额或平均存量等的最低要求。

（2）项目融资。

（3）流动资金贷款。

高频考点2　经营状况的监控（9.2）

1. 经营风险体现

（1）经营活动出现停产、半停产或经营停止状态。

（2）经营目标、业务性质或习惯做法改变。

（3）主要数据在行业统计中呈现出不利的变化或趋势。

（4）对生产、销售和存货的控制力下降。

（5）不能适应市场变化或客户需求的变化。

（6）不能很好地履行所持有的大额订单合约。

（7）产品结构单一。

（8）兼营不熟悉的业务、新的业务或在不熟悉的地区开展业务。

（9）在供应链中的地位关系变化，如供应商不再供货或减少信用额度。

（10）对客户或供应商过分依赖，可能引起巨大的损失。

（11）购货商减少采购。

（12）流失一大批财力雄厚的客户。

(13) 收购其他企业或者开设新销售网点,对销售和经营有明显影响。

(14) 出售、变卖主要的生产性、经营性固定资产。

(15) 厂房和设备更新缓慢,缺乏关键产品生产线。

(16) 建设项目的可行性存在偏差,或计划执行出现较大的调整。

(17) 产品质量、服务水平下降。

(18) 企业的地点发生不利的变化或分支机构分布趋于不合理。

(19) 遇到严重自然灾害或社会灾难。

(20) 企业未实现预定的盈利目标。

(21) 关联交易频繁,关联企业之间资金流动不透明或不能明确解释。

2. 针对不同类型资产的贷款所采取的监控措施

(1) 固定资产贷款:建立贷款质量监控制度和贷款风险预警体系。

(2) 项目融资业务:贷款存续期间持续监测项目的建设和经营情况,定期对项目风险进行评价,并建立贷款质量监控制度和风险预警体系。

(3) 流动资金贷款:定期或不定期进行现场检查与非现场监测。

(4) 集团客户:①定期或不定期开展针对整个集团客户的联合调查;②核查借款人关联方及关联交易等情况及变化趋势;③核查客户或其主要股东向其他企业或个人提供抵(质)押物担保或保证情况。

高频考点3 财务状况监控(9.2)

1. 企业财务风险体现

(1) 企业关键财务指标发生重大不利变化,包括资产质量、经营增长状况、盈利能力、债务风险等指标恶化。

(2) 企业销售额下降,收益减少,成本提高,经营亏损。

(3) 经营性净现金流量持续为负值。

(4) 存货周转率大幅下降。

(5) 流动资产占总资产比重大幅下降。

(6) 短期负债增加失当, 长期负债大量增加。

(7) 银行账户混乱, 到期票据无力支付。

(8) 应收账款异常增加。

(9) 会计报表不能及时报送或出现造假现象。

(10) 财务记录和经营控制混乱。

(11) 客户存在过度交易或盲目扩张行为, 表现在长期投资与投资收益相比增长过快, 营运资金与 EBITDA 相比金额较大等。

(12) 对外担保率过高、对单一客户担保额过大、有同质企业互保、担保链或对外担保已出现垫款的现象。

(13) 财务成本不合理上升、高成本融资不合理增加, 企业流动性出现问题。

2. 其他财务监控要点

(1) 核实企业提供的财务报表。

(2) 抽样核实应收账款、存货、对外投资、销售额等关键性数据, 并进行横向(同类客户之间)和纵向(同一客户不同时间)的比较。

【真题示例·单选题】下列选项中, 属于借款企业财务风险的是( )。

A. 主要数据在行业统计中呈现不利的变化或趋势

B. 产品质量或服务水平出现明显下降

C. 销售额下降, 成本提高, 收益减少, 经营亏损

D. 主要股东、关联企业或母子公司等发生重大的不利变化

【答案】C【解析】选项C属于借款企业财务风险, 选项A、选项B属于借款企业经营风险, 选项D属于借款企业管理状况风险。

高频考点4 贷款偿还与提前还款 (9.3)

1. 贷款偿还操作

(1) 业务操作部门向借款人发送还本付息通知单。

(2) 业务操作部门对逾期的贷款要及时发出催收通知单。

银行对逾期贷款的处理包括以下措施：①对贷款的本金、应收未收的利息计收利息，即计复利；②在催收的同时，对不能按借款合同约定期限归还的贷款，应按规定加罚利息，加罚的利率应在贷款协议中明确规定，应收未收的罚息也要计复利；③对不能归还或不能落实还本付息事宜的，应督促归还或依法起诉；④按照国家有关规定提取准备金，并按照核销的条件和程序核销呆账贷款及应收款项。

2. 提前还款处理

借款人可以提前偿还全部或部分本金，如果偿还部分本金，其金额应等于一期分期还款的金额或应为一期分期还款的整数倍，并同时偿付截至该提前还款日前1天（含该日）所发生的相应利息，以及应付的其他相应费用。

高频考点5 贷款展期处理（9.3）

1. 贷款展期申请

借款人不能按期归还贷款时，应当在贷款到期日之前，向银行申请贷款展期，是否展期由银行决定。

2. 贷款展期审批

（1）分级审批制度。

（2）贷款展期的担保问题。

①保证贷款的展期。银行应重新确认保证人的担保资格和担保能力；借款人申请贷款展期前，必须征得保证人的同意。

②抵押贷款展期。

3. 展期贷款管理

（1）借款人未申请展期或申请展期未得到批准，其贷款从到期日次日起，转入逾期贷款账户。

（2）贷款的展期期限加上原期限达到新的利率期限档次时，从展期之日起，贷款利息应按新的期限档次利率计收。

高频考点6　风险预警的相关概况（9.4）

1. 程序

（1）信用信息的收集和传递。

（2）风险分析。

（3）风险处置。

（4）后评价。

2. 处置

（1）列入重点观察名单。

（2）要求完善担保条件、增加担保措施。

（3）要求客户限期纠正违约行为。

（4）动态调整资产风险分类。

（5）降低整体授信额度，暂停发放新贷款或收回已发放的授信额度等。

高频考点7　保证人管理（9.5）

贷款保证的目的是对借款人按约、足额偿还贷款提供保障，因此，银行应特别注意保证的有效性，并在保证期内向保证人主张权利。

（1）保证人日常管理。

①分析保证人保证实力的变化。

②了解保证人保证意愿的变化：保证人和借款人的关系是否出现变化，保证人是否出现试图撤销和更改保证的情况。应分析其中的原因，判断贷款的安全性是否受到实质影响并采取相关措施。

（2）贷款到期后保证人管理。

①未与保证人约定保证期间的，应在债务履行期届满之日起6个月内要求保证人承担保证责任。

②连带责任保证诉讼时效自保证期间届满前债权人要求保证人承担保证责任之日起计算，诉讼时效期间为3年。

③当借款人出现贷款逾期时，银行必须在贷款逾期后10个工作日内

向保证人发送履行担保责任通知书进行书面确认。

④贷款为分期逐笔到期,则银行应逐笔进行书面确认,逐笔保证3年的诉讼时效。

高频考点8　抵（质）押品管理（9.5）

（1）抵（质）押品的检查。

①抵（质）押品价值的变化情况；②抵（质）押品是否被妥善保管；③抵（质）押品有否被变卖出售或部分被变卖出售的行为；④抵（质）押品保险到期后有没有及时续投保险；⑤抵（质）押品有否被转移至不利于银行监控的地方；⑥抵押品有无未经贷款人同意的出租情况；⑦抵（质）押品的权属证明是否妥善保管、真实有效。

（2）抵（质）押品检查要点。

①检查抵（质）押人办理押品财产保险的有效性。

②检查保管措施是否能够保障抵（质）押物的品质。

③关注抵（质）押物的价值变化。

高频考点9　担保的补充机制（9.5）

（1）追加担保品，确保抵押权益。

《民法典》第四百零八条规定,抵押人的行为足以使抵押财产价值减少的,抵押权人有权请求抵押人停止其行为；抵押财产价值减少的,抵押权人有权请求恢复抵押财产的价值,或者提供与减少的价值相应的担保。抵押人不恢复抵押财产的价值,也不提供担保的,抵押权人有权请求债务人提前清偿债务。

（2）追加保证人。

高频考点10　档案管理的相关内容（9.6）

1. 档案管理的原则

人员职责明确、档案门类齐全、管理制度健全、信息利用充分、提供有效服务。

2. 档案管理的具体要求

（1）信贷档案实行集中统一管理原则。

（2）信贷档案采取分段管理、专人负责、按时交接、定期检查的管理模式。

3. 信贷档案管理

（1）分类。

①一级信贷档案主要指信贷抵（质）押契证和有价证券及押品契证资料收据和信贷结清通知书。其中押品主要包括银行开出的本、外币存单，银行本票，银行承兑汇票，上市公司股票，政府和公司债券，保险批单，提货单，产权证或他项权益证书及抵（质）押物的物权凭证，抵债物资的物权凭证等。

②二级信贷档案主要指法律文件和贷前审批及贷后管理的有关文件。

（2）管理要求。

一级信贷档案是信贷的重要物权凭证，在存放保管时视同现金管理，可将其放置在金库或保险箱（柜）中保管，指定双人（以下简称押品保管员），分别管理钥匙和密码，双人入、出库，形成存取制约机制。

第十章 贷款风险分类与贷款损失准备金的计提

高频考点1 相关概述（10.1）

1. 贷款风险分类原则

真实、及时、审慎、独立性原则。

2. 贷款分类标准

依据《商业银行金融资产风险分类办法》，商业银行金融资产按照风险程度划分为正常类、关注类、次级类、可疑类和损失类，后三类合称为不良资产。

（1）正常类：债务人能够履行合同，没有客观证据表明本息、利息或收益不能按时足额偿付。

（2）关注类：虽然存在一些可能对履行合同产生不利影响的因素，但债务人目前有能力偿付本金、利息或收益。

（3）次级类：债务人无法足额偿付本金、利息或收益，或金融资产已经发生信用减值。

（4）可疑类：债务人已经无法足额偿付本金、利息或收益，金融资产已发生显著信用减值。

（5）损失类：在采取所有可能的措施后，只能收回极少部分金融资产，或损失全部金融资产。

高频考点2 贷款风险分类的参考因素（10.2）

（1）借款人的还款记录。
（2）借款人的还款能力。
（3）借款人的还款意愿。
（4）贷款的担保。
（5）贷款项目的盈利能力。
（6）贷款偿还的法律责任。
（7）银行的信贷管理状况。

第十一章　不良贷款管理

高频考点1　不良贷款的概述（11.1）

（1）概念：不良贷款指借款人未能按原定的贷款协议按时偿还商业银行的贷款本息，或者已有迹象表明借款人不可能按原定的贷款协议按时偿还商业银行的贷款本息而形成的贷款。

（2）信贷资产分类：正常类、关注类、次级类、可疑类、损失类。不良贷款主要指次级类、可疑类和损失类贷款。

高频考点2　现金清收（11.2）

1. 现金清收准备

（1）债权维护。

①将能够证明主债权和担保债权客观存在的档案材料妥善保管。

②确保主债权和担保权利具有强制执行效力。

a. 向人民法院申请保护债权的诉讼时效期间通常为3年。诉讼时效中断的，从中断时起，重新计算诉讼时效期间仍然为3年。

b. 没有约定的，保证人的履约期限为从借款企业偿还借款的期限届满之日起的6个月内。

③防止债务人逃废债务。

（2）财产清查。

2. 常规清收

（1）方式：直接追偿、协商处置抵（质）押物、委托第三方清收。

（2）注意事项：分析债务人拖欠贷款的真正原因；引导债务人自愿还款；利用政府和主管机关向债务人施加压力；将依法收贷作为常规清收的后盾。

3. 依法收贷（常规清收的后盾）

（1）提起诉讼：立案之日起6个月内作出判决；判决书送达之日起15日内不服的，可向上一级人民法院提起上诉。

（2）财产保全。

①作用：防止债务人的财产被隐匿、转移或者毁损灭失，保障日后执行顺利进行；对债务人财产采取保全措施，影响债务人的生产和经营活动，迫使债务人主动履行义务。

②分类：诉前财产保全（担心合法权益受到损失）和诉中财产保全（债权人申请或法院认为必要时自行裁定）。

（3）申请支付令。

《中华人民共和国民事诉讼法》第二百二十一条规定，债权人请求债务人给付金钱、有价证券，符合下列条件的，可以向有管辖权的基层人民法院申请支付令：债权人与债务人没有其他债务纠纷的；支付令能够送达债务人的。

（4）申请强制执行。

强制执行情形：人民法院发生法律效力的判决、裁定和调解书；依法设立的仲裁机构的裁决；公证机关依法赋予强制执行效力的债权文书；债务人接到支付令后既不履行债务又不提出异议。

【真题示例·单选题】人民法院审理债务诉讼案件，一般应在立案之日起( )内作出判决。

A. 1年
B. 6个月
C. 3个月
D. 2年

【答案】B 【解析】略。

高频考点3 呆账核销与金融企业不良资产批量转让管理（11.2）

1. 呆账核销的概念

呆账核销指银行经过内部审核确认后，动用呆账准备金将无法收回或者长期难以收回的贷款或投资从账面上冲销，从而使账面反映的资产和收入更加真实。

2. 呆账核销的审批要点

（1）呆账核销理由是否合规。

（2）贷款责任人是否已经认定、追究。

（3）呆账数额是否准确。

（4）银行债权是否充分受偿。

银行发生的呆账：

（1）经逐级上报，由银行总行（总公司）审批核销。

（2）小额呆账，可授权一级分行（分公司）审批，并上报总行（总公司）备案。

（3）总行（总公司）对一级分行（分公司）的具体授权额度根据具体情况而定，报主管财政机关备案。

（4）一级分行不得再向分支机构转授权。

3. 不得作为呆账核销的情形

借款人或者担保人有经济偿还能力，银行未按《金融企业呆账核销管理办法》规定，履行所有可能的措施和实施必要的程序追偿的债权。

4. 呆账核销后的管理

（1）开展检查工作：重点检查材料真实性。

（2）抓好催收工作：债权人享有债务追索权（法律法规规定终结的债务除外）。

（3）认真做好总结。

5. 金融企业不良资产批量转让管理

金融企业应在每批次不良资产转让工作结束后30个工作日内，向同级财政部门和国务院银行业监督管理机构或属地银保监局地报告转让方案及处置结果。

【真题示例·单选题】关于呆账核销审批，下列说法正确的是( )。

A. 对于任何一笔呆账，分行都没有权力审批
B. 一级分行可以向分支机构转授一些比较小的权力，处理日常工作
C. 对符合条件的呆账经批准核销后，做冲减呆账准备处理
D. 除法律法规和《金融企业呆账核销管理办法》的规定外，其他任何机构和个人不得干预、参与银行呆账核销运作，债务人除外

【答案】C【解析】选项A，对于小额呆账，可授权一级分行审批，并上报总行备案；选项B，一级分行一般不得再向分支机构转授权；选项D，其他任何机构和个人包括债务人均不得干预、参与银行呆账核销运作。

高频考点4 自主型贷款重组（11.2）

1. 条件

（1）通过债务重组，借款企业能够改善财务状况，增强偿债能力。
（2）通过债务重组，能够使银行债务先行得到部分偿还。
（3）通过债务重组，能够追加或者完善担保条件。
（4）通过债务重组，能够弥补贷款法律手续方面的重大缺陷。
（5）通过债务重组，可以在其他方面减少银行风险。

2. 方式

（1）变更担保条件。
（2）调整利率。
（3）调整还款期限。
（4）借款企业变更。
（5）债务转为资本。
（6）以资抵债。
①范围。
a.动产：机器设备、交通运输工具、借款人的原材料、产成品、半

成品等。

b.不动产：包括土地使用权、建筑物及其他附着物等。

c.无形资产：包括专利权、著作权、期权等。

d.有价证券：包括股票和债券等。

e.其他有效资产。

②保管：每个季度应至少组织一次对抵债资产的账实核对，并做好核对记录。

③处置。

a.抵债资产取得日：抵债协议书生效日，或法院、仲裁机构裁决抵债的终结裁决书生效日。

b.不动产、股权及除股权外的其他权利应自取得日起2年内予以处置。

c.动产应自取得日起1年内予以处置。

④监督检查。

有下列情况之一者，应视情节轻重进行处理；涉嫌违法犯罪的，应当移交司法机关，依法追究法律责任：

a.截留抵债资产经营处置收入的。

b.擅自动用抵债资产的。

c.未经批准收取、处置抵债资产的。

d.恶意串通抵债人或中介机构，在收取抵债资产过程中故意高估抵债资产价格，或在处理抵债资产过程中故意低估价格，造成银行资产损失的。

e.玩忽职守，怠于行使职权而造成抵债资产毁损、灭失的。

f.擅自将抵债资产转为自用资产的。

⑤考核指标。

a.抵债资产年处置率＝1年内已处理的抵押资产总价（列账的计价价值）/1年内待处理的抵债资产总价（列账的计价价值）×100%

b. 抵债资产变现率 = 已处理的抵债资产变现价值/已处理抵债资产总价（原列账的计价价值）×100%

高频考点5　司法型贷款重组（11.2）

（1）破产重整。破产重整指债务人不能清偿到期债务时，债务人、债务人股东或债权人等向法院提出重组申请，在法院主导下，债权人与债务人进行协商，调整债务偿还安排，尽量挽救债务人，避免债务人破产以后对债权人、股东和雇员等人，尤其是对债务企业所在地的公共利益产生重大不利影响。

（2）破产重整程序。进入破产重整程序以后：

①其他强制执行程序都应立即停止，包括对担保物权的强制执行程序。

②债权人组成债权人会议，与债务人协商债务偿还安排。

附录　公司信贷的相关法律、办法及指引

高频考点1　贷款的种类

1. 自营贷款、委托贷款和特定贷款

（1）自营贷款。

自营贷款指贷款人以合法方式筹集的资金自主发放的贷款，其风险由贷款人承担，并由贷款人收回本金和利息。

（2）委托贷款。

委托贷款指由政府部门、企事业单位及个人等委托人提供资金，由贷款人（受托人）根据委托人确定的贷款对象、用途、金额、期限、利率等代为发放、监督使用并协助收回的贷款。贷款人（受托人）只收取手续费，不承担贷款风险。

（3）特定贷款。

2. 短期贷款、中期贷款和长期贷款

（1）短期贷款。

短期贷款指贷款期限在1年以内（含1年）的贷款。

（2）中期贷款。

中期贷款指贷款期限在1年以上（不含1年）5年以下（含5年）的贷款。

（3）长期贷款。

长期贷款指贷款期限在5年（不含5年）以上的贷款。

3. 信用贷款、担保贷款和票据贴现

（1）信用贷款。信用贷款指以借款人的信誉发放的贷款。

（2）担保贷款。

担保贷款指保证贷款、抵押贷款、质押贷款。保证贷款，指按《民法典》规定的保证方式以第三人承诺在借款人不能偿还贷款时，按约定

承担一般保证责任或者连带责任而发放的贷款。

（3）票据贴现。票据贴现指贷款人以购买借款人未到期商业票据的方式发放的贷款。

高频考点2　贷款期限

1. 贷款期限

贷款期限根据借款人的生产经营周期、还款能力和贷款人的资金供给能力由借贷双方共同商议后确定，并在借贷合同中载明。自营贷款期限最长一般不得超过10年，超过10年应当报中国人民银行备案。票据贴现的贴现期限最长不得超过6个月，贴现期限为从贴现之日起到票据到期日止。

2. 贷款展期

不能按期归还贷款的，借款人应当在贷款到期日之前，向贷款人申请贷款展期。是否展期由贷款人决定。申请保证贷款、抵押贷款、质押贷款展期的，还应当由保证人、抵押人、出质人出具同意的书面证明。已有约定的，按照约定执行。

短期贷款展期期限累计不得超过原贷款期限；中期贷款展期期限累计不得超过原贷款期限的一半；长期贷款展期期限累计不得超过3年。国家另有规定者除外。借款人未申请展期或申请展期未得到批准，其贷款从到期日次日起，转入逾期贷款账户。

高频考点3　借款人

1. 概念

借款人应当是经工商行政管理机关（或主管机关）核准登记的企（事）业法人、其他经济组织、个体工商户或具有中华人民共和国国籍的具有完全民事行为能力的自然人。

2. 权利和义务

（1）借款人的权利。

①可以自主向主办银行或者其他银行的经办机构申请贷款并依条件取得贷款。

②有权按合同约定提取和使用全部贷款。

③有权拒绝借款合同以外的附加条件。

④有权向贷款人的上级和中国人民银行反映、举报有关情况。

⑤在征得贷款人同意后,有权向第三人转让债务。

(2) 借款人的义务。

①应当如实提供贷款人要求的资料(法律规定不能提供者除外),应当向贷款人如实提供所有开户行、账号及存贷款余额情况,配合贷款人的调查、审查和检查。

②应当接受贷款人对其使用信贷资金情况和有关生产经营、财务活动的监督。

③应当按借款合同约定用途使用贷款。

④应当按借款合同约定及时清偿贷款本息。

⑤将债务全部或部分转让给第三人的,应当取得贷款人的同意。

⑥有危及贷款人债权安全情况时,应当及时通知贷款人,同时采取保全措施。

【真题示例·多选题】根据《贷款通则》的规定,借款人的义务包括( )。

A. 应当按借款合同约定用途使用贷款

B. 应当接受借款合同以外的附加条件

C. 应当拒绝向银行提供所有开户行、账号及存贷款余额情况

D. 债务全部或部分转让给第三方的,应当取得贷款人的同意

E. 应当拒绝贷款人对其信贷资金使用情况的监督

【答案】AD【解析】略。

高频考点4 《商业银行授信工作尽职指引》

1. 分析与评价尽职要求

第二十五条 商业银行应对客户的非财务因素进行分析评价,对客户公司治理、管理层素质、履约记录、生产装备和技术能力、产品和市

场、行业特点以及宏观经济环境等方面的风险进行识别，风险提示参见《附录》中的"非财务因素分析风险提示"。

第三十条 在客户信用等级和客户评价报告的有效期内，对发生影响客户资信的重大事项，商业银行应重新进行授信分析评价。重大事项包括：

（1）外部政策变动；
（2）客户组织结构、股权或主要领导人发生变动；
（3）客户的担保超过所设定的担保警戒线；
（4）客户财务收支能力发生重大变化；
（5）客户涉及重大诉讼；
（6）客户在其他银行交叉违约的历史记录；
（7）其他。

2. 授信工作尽职调查要求

第五十一条 商业银行应根据授信工作尽职调查人员的调查结果，对具有以下情节的授信工作人员依法、依规追究责任。

（1）进行虚假记载、误导性陈述或重大疏漏的；
（2）未对客户资料进行认真和全面核实的；
（3）授信决策过程中超越权限、违反程序审批的；
（4）未按照规定时间和程序对授信和担保物进行授信后检查的；
（5）授信客户发生重大变化和突发事件时，未及时实地调查的；
（6）未根据预警信号及时采取必要保全措施的；
（7）故意隐瞒真实情况的；
（8）不配合授信尽职调查人员工作或提供虚假信息的；
（9）其他。

高频考点5 《银行业保险业绿色金融指引》

1. 政策制度及能力建设

第十一条 银行保险机构应当根据国家绿色低碳发展目标和规划以

及相关环保法律法规、产业政策、行业准入政策等规定，建立并不断完善环境、社会和治理风险管理的政策、制度和流程，明确绿色金融的支持方向和重点领域，对国家重点调控的限制类以及有重大风险的行业制定授信指引，实行有差别、动态的授信或投资政策，实施风险敞口管理制度。

2. 投融资流程管理

第二十一条　银行保险机构应当通过完善合同条款督促客户加强环境、社会和治理风险管理。对涉及重大环境、社会和治理风险的信贷客户和投资项目，应当在合同正文或附件中要求客户提交环境、社会和治理风险报告，订立客户加强环境、社会和治理风险管理的声明和承诺条款，以及客户在管理环境、社会和治理风险方面违约时的救济条款。

3. 内控管理与信息披露

第二十八条　银行保险机构应当公开绿色金融战略和政策，充分披露绿色金融发展情况。借鉴国际惯例、准则或良好实践，提升信息披露水平。对涉及重大环境、社会和治理风险影响的授信或投资情况，应当建立申诉回应机制，依据法律法规、自律管理规则等主动、及时、准确、完整披露相关信息，接受市场和利益相关方的监督。必要时可以聘请合格、独立的第三方，对银行保险机构履行环境、社会和治理责任的活动进行鉴证、评估或审计。

高频考点6　《流动资金贷款管理办法》

1. 概述

第三条　本办法所称流动资金贷款，是指贷款人向企（事）业法人或国家规定可以作为借款人的其他组织发放的用于借款人日常生产经营周转的本外币贷款。

第七条　贷款人应将流动资金贷款纳入对借款人及其所在集团客户的统一授信管理，并按区域、行业、贷款品种等维度建立风险限额管理制度。

第八条　贷款人应根据经济运行状况、行业发展规律和借款人的有效信贷需求等，合理确定内部绩效考核指标，不得制订不合理的贷款规模指标，不得恶性竞争和突击放贷。

第九条　贷款人应与借款人约定明确、合法的贷款用途。

流动资金贷款不得用于借款人股东分红，以及金融资产、固定资产、股权等投资；不得用于国家禁止生产、经营的领域和用途。

对向地方金融组织发放流动资金贷款另有规定的，从其规定。

2. 风险评价与审批

第二十条　贷款人应根据贷审分离、分级审批的原则，建立规范的流动资金贷款评审制度和流程，确保风险评价和信贷审批的独立性。

贷款人应建立健全内部审批授权与转授权机制。审批人员应在授权范围内按规定流程审批贷款，不得越权审批。

3. 合同签订

第二十六条　贷款人应与借款人在合同中约定，出现以下情形之一时，借款人应承担的违约责任，以及贷款人可采取的提前收回贷款、调整贷款支付方式、调整贷款利率、收取罚息、压降授信额度、停止或中止贷款发放等措施，并追究相应法律责任：

（1）未按约定用途使用贷款的；
（2）未按约定方式进行贷款资金支付的；
（3）未遵守承诺事项的；
（4）突破约定财务指标的；
（5）发生重大交叉违约事件的；
（6）违反借款合同约定的其他情形的。

4. 贷款的发放和支付

第二十九条　贷款人应根据借款人的行业特征、经营规模、管理水平、信用状况等因素和贷款业务品种，合理约定贷款资金支付方式及贷款人受托支付的金额标准。

第三十条　具有以下情形之一的流动资金贷款，应采用贷款人受托支付方式：

（1）与借款人新建立信贷业务关系且借款人信用状况一般；

（2）支付对象明确且向借款人某一交易对象单笔支付金额超过一千万元人民币；

（3）贷款人认定的其他情形。

5. 流动资金贷款需求量的测算公式

（1）估算借款人营运资金量。

营运资金周转次数 = 360/（存货周转天数 + 应收账款周转天数 – 应付账款周转天数 + 预付账款周转天数 – 预收账款周转天数）

周转天数 = 360/周转次数

应收账款周转次数 = 销售收入/平均应收账款余额

预收账款周转次数 = 销售收入/平均预收账款余额

存货周转次数 = 销售成本/平均存货余额

预付账款周转次数 = 销售成本/平均预付账款余额

应付账款周转次数 = 销售成本/平均应付账款余额

（2）估算新增流动资金贷款额度。

新增流动资金贷款额度 = 营运资金量 – 借款人自有资金 – 现有流动资金贷款 – 其他渠道提供的营运资金

高频考点7　《项目融资业务指引》

1. 项目融资贷款的特征

（1）贷款用途通常是用于建造一个或一组大型生产装置、基础设施、房地产项目或其他项目，包括对在建或已建项目的再融资。

（2）借款人通常是为建设、经营该项目或为该项目融资而专门组建的企事业法人，包括主要从事该项目建设、经营或融资的既有企事业法人。

（3）还款资金来源主要依赖该项目产生的销售收入、补贴收入或其他收入，一般不具备其他还款来源。

2. 项目融资业务的注意事项

第六条 贷款人从事项目融资业务，应当充分识别和评估融资项目中存在的建设期风险和经营期风险，包括政策风险、筹资风险、完工风险、产品市场风险、超支风险、原材料风险、营运风险、汇率风险、环保风险和其他相关风险。

第七条 贷款人从事项目融资业务，应当以偿债能力分析为核心，重点从项目技术可行性、财务可行性和还款来源可靠性等方面评估项目风险，充分考虑政策变化、市场波动等不确定因素对项目的影响，审慎预测项目的未来收益和现金流。

高频考点8 《银团贷款业务指引（修订）》

1. 银团贷款的概念及原则

（1）概念：银团贷款指由两家或两家以上银行基于相同贷款条件，依据同一贷款合同，按约定时间和比例，通过代理行向借款人提供的本外币贷款或授信业务。

（2）坚持的原则：坚持平等互利、公平协商、诚实履约、风险自担的原则。

2. 银团贷款管理

第三十条 银团贷款的日常管理工作主要由代理行负责。代理行应在银团贷款存续期内跟踪了解项目的进展情况，及时发现银团贷款可能出现的问题，并以书面形式尽快通报银团成员。

第三十一条 银团贷款存续期间，银团会议由代理行负责定期召集，或者根据银团贷款合同的约定由一定比例的银团成员提议召开。银团会议的主要职能是讨论、协商银团贷款管理中的重大事项。

第三十七条 开办银团贷款业务的银行应当定期向当地银行业协会报送银团贷款有关信息。内容包括：银团贷款一级市场的包销量及持有量、二级市场的转让量，银团贷款的利率水平、费率水平、贷款期限、担保条件、借款人信用评级等。

【真题示例·单选题】开办银团贷款业务的银行应当定期向当地(　　)报送银团贷款有关信息。
A. 人民银行　　　　　　　　B. 金融工作办公室
C. 银行业协会　　　　　　　D. 银行业监管机构
【答案】C【解析】略。

高频考点9　《商业银行金融资产风险分类办法》

1. 风险分类的原则

(1) 真实性原则。风险分类应真实、准确地反映金融资产风险水平。

(2) 及时性原则。按照债务人履约能力以及金融资产风险变化情况，及时、动态地调整分类结果。

(3) 审慎性原则。金融资产风险分类不确定的，应从低确定分类等级。

(4) 独立性原则。金融资产风险分类结果取决于商业银行在依法依规前提下的独立判断。

2. 风险的分类

(1) 正常类：债务人能够履行合同，没有客观证据表明本金、利息或收益不能按时足额偿付。

(2) 关注类：虽然存在一些可能对履行合同产生不利影响的因素，但债务人目前有能力偿付本金、利息或收益。

(3) 次级类：债务人无法足额偿付本金、利息或收益，或金融资产已经发生信用减值。

(4) 可疑类：债务人已经无法足额偿付本金、利息或收益，金融资产已发生显著信用减值。

(5) 损失类：在采取所有可能的措施后，只能收回极少部分金融资产，或损失全部金融资产。

3. 风险分类管理

第二十五条　商业银行应健全金融资产风险分类管理的治理架构，

明确董事会、高级管理层和相关部门的风险分类职责。

第二十六条 董事会对金融资产风险分类结果承担最终责任，监督高级管理层履行风险分类职责。

第二十七条 高级管理层应制定金融资产风险分类制度，推进风险分类实施，确保分类结果真实有效，并定期向董事会报告。

第三十一条 商业银行应至少每季度对全部金融资产进行一次风险分类。对于债务人财务状况或影响债务偿还的因素发生重大变化的，应及时调整风险分类。

第三十二条 商业银行应至少每年对风险分类制度、程序和执行情况进行一次内部审计，审计结果应及时向董事会书面报告，并报送银保监会及其派出机构。